『第二个结合』论纲

DI-ER GE JIEHE LUNGANG

田鹏颖 著

历史与现实相呼应、理论与实际相结合、中国与世界相联系

体现历史厚度、理论深度、中国高度、世界广度

兼具理论性、科学性、可读性、普及性

充分展现『第二个结合』的时代价值和世界影响

天津出版传媒集团

天津教育出版社
TIANJIN EDUCATION PRESS

图书在版编目(CIP)数据

“第二个结合”论纲 / 田鹏颖著. -- 天津 : 天津教育出版社, 2024. 6. -- ISBN 978-7-5309-9182-4

Ⅰ. D61; K203

中国国家版本馆CIP数据核字第2024Q5J862号

“第二个结合”论纲

DI-ER GE JIEHE LUNGANG

出 版 人　黄　沛

作　　者　田鹏颖
选题策划　杜　平
责任编辑　董玲岑
装帧设计　郭亚非

出版发行　天津出版传媒集团
天津教育出版社
天津市和平区西康路35号　邮政编码　300051
http://www.tjeph.com.cn

经　　销　新华书店
印　　刷　北京中科印刷有限公司
版　　次　2024年6月第1版
印　　次　2024年6月第1次印刷
规　　格　16开(710毫米×1000毫米)
字　　数　278千字
印　　张　21.5

定　　价　65.00元

序 言

把马克思主义基本原理同中国具体实际相结合、同中华优秀传统文化相结合，是坚持和发展马克思主义必须做到（好）的“两个结合”。把马克思主义基本原理同中华优秀传统文化相结合，是“两个结合”中的“第二个结合”。“第二个结合”以一个“同”字，把马克思主义基本原理和中华优秀传统文化“联结”起来，不仅把中国共产党的历史自信、文化自信提升到前所未有的新高度，而且为人民大众学习和掌握马克思主义、以中国式现代化全面推进中华民族伟大复兴提供了强大精神文化力量。

“第二个结合”在中国生发，由新时代中国共产党人创造性提出，是当代中国马克思主义、21世纪马克思主义的重大理论创新命题，体现了习近平总书记对马克思主义、中华优秀传统文化及二者关系的“明体达用、体用贯通”，是习近平文化思想的重要标识。2023年6月2日，习近平总书记在文化传承发展座谈会上明确指出，“‘第二个结合’，是我们党对马克思主义中国化时代化历史经验的深刻总结，是对中华文明发展规律的深刻把握，表明我们党对中国道路、理论、制度的认识达到了新高度，表明我们党的历史自信、文化自信达到了新高度，表明我们党在传承中华优秀传统文化中推进文化创新的自觉性达到了新高度”[1]。

按照我的理解，“第二个结合”因其彰显着新时代中国共产党人推进马克思主义中国化时代化的历史自信、文化自信，因而成为更为基本、更显深沉、更需把握的重大命题。如果说，“第二个结合”是“又一次的思想解放”，那么，对“第二个结合”命题本身就需要通过解放思想以认识之、理解之、把握之。作为学者，最可取同时也是最富有意义的工作恐怕就是形成思想结晶、撰写成书吧！我的想法恰好同天津教育出版社的出版愿景契合，于是便有了《“第二个结合”论纲》这本书。

在我看来，回答“究竟什么是中华优秀传统文化，怎样对待中华优秀传统文化，如何把握马克思主义基本原理同中华优秀传统文化的关系”问题，是“第二个结合”的基本主题；在新的历史起点上，继续推动文化繁荣，建设文化强国，建设中华民族现代文明，是“第二个结合”的时代使命；守好马克思主义魂脉和中华优秀传统文化根脉，坚持历史自信、文化自信，推进马克思主义中国化时代化，是“第二个结合”的历史责任；在人类文明新的十字路口，回答世界现代化之问，推动构建人类命运共同体，创造人类文明新形态，是“第二个结合”的世界担当。

这样的基本主题、时代使命、历史责任、世界担当，在本书当中具体呈现为对“第二个结合”的生成逻辑论、深层本质论、重大关系论、魂脉根脉论、伟大意义论、文化使命论、实践智慧论、时代要求论、守正创新论、世界影响论的分别探讨。这样的“十论”，既在把握古代中国、现代

---

① 《习近平在文化传承发展座谈会上强调 担负起新的文化使命 努力建设中华民族现代文明》，《人民日报》2023年6月3日。

中国、未来中国的贯通中深入探讨了“第二个结合”之命题的生成发展方法论，又揭示了“第二个结合”何以是“又一次的思想解放”，何以能赓续中华历史文脉、谱写马克思主义当代华章，还诠说了“第二个结合”之深远厚重的世界影响。

“第二个结合”，既让我们深刻感受到辩证唯物主义和历史唯物主义的永恒魅力，又让我们深刻体会到必须以更高远的历史站位、更宽广的世界视野、更深邃的战略眼光，充分运用中华优秀传统文化的宝贵资源，探索面向现代化、面向世界、面向未来的理论和制度。虽然马克思主义的故乡在欧洲，但马克思主义的理论视野在整个世界；虽然中华优秀传统文化的故乡在中国，但中华优秀传统文化的宏阔视域是整个人类。我们要在“第二个结合”中，在更广阔的文化空间中，充分感知马克思主义的真理魅力，充分运用中华优秀传统文化的宝贵资源，充分把握习近平文化思想的鲜明特征，让中国特色社会主义文化自信更牢固、更广泛、更深厚，以更好担负起建设中华民族现代文明的时代使命。

目　录

第一章

生成逻辑论

“第二个结合”的生成有深刻的理论逻辑、深厚的历史底蕴、坚实的现实基础，体现了中国共产党对马克思主义形成、发展的根本规律和内在要求的深刻把握，对“马克思主义基本原理同中华优秀传统文化相结合”的理论前提的深度认识，是党在全面掌握“第二个结合”历史进程基础上的认识升华，是在谛听时代呼声、立足实践需要基础上的理论创新。

一、认识升华的理论创新

“第二个结合”在马克思主义的形成、发展中起首，贯穿中国共产党的百余年奋斗历程，在新时代的实践中不断发展，在习近平文化思想的引领中确立。

马克思主义理论的形成和发展本身就对“结合”原则提出了要求，普遍真理与各国的历史文化、具体实际的深相结合，是马克思主义展现真理力量的逻辑理据。马克思主义基本原理与中华优秀传统文化的内在契合性也是“第二个结合”得以确立的理论基础。党将“结合”上升为重大理论，是在坚持“结合”原则基础上的理论创新。

（一）马克思主义发展的内在理论要求

马克思主义是在"人类知识总和"中汲取优秀思想和文化资源而形成的理论。就马克思主义哲学的确立和发展而言，马克思和恩格斯继承以往的德国哲学的合理思想精髓，摆脱主观的、人本的、思辨的旧哲学的局限，创造了辩证唯物主义和历史唯物主义，实现了哲学发展的革命性变革。换言之，马克思主义哲学本身就是各种先进思想的集大成，在与自然科学、社会科学的深相结合中，吸收和改造人类思想文化的一切优秀成果，创造了认识自然界、人类社会和人的思维发展规律的思想体系。马克思主义政治经济学形成和应用的场域是经济较为发达的西欧资本主义国家，其以阐明资本主义生产方式为逻辑起点，批判地继承了古典政治经济学的优秀成果，着重剖析资本主义的经济关系，揭露了无产阶级与资产阶级之间阶级对立和斗争的问题根源，创造性地提出了剩余价值理论，科学地回答了以往的资产阶级经济学家无法解答的根本性问题，并积极探索走出资本主义内在矛盾的办法。马克思主义政治经济学不是解决各国经济问题的万应灵药，但是其一般原理是世界性的、普遍性的，尤其是其所提出的"生产力与生产关系、经济基础与上层建筑"的关系原理是超越时空限制的经世致用的理论。科学社会主义亦是马克思、恩格斯在理论与实践、民族与世界、历史与现实的统一中确立的。马克思和恩格斯所主张的共产主义，不是以某一个国家、民族的具体情况为依据而形成的理论，而是以综合各个文明国家的实际为前提，不断拓宽研究视域，尽力掌握西方与非西方、当代与古代的事实。譬如，马克思和恩格斯后期极为关注东方国家，撰写了数篇关于中国和俄国的文章，包括对华贸易、鸦片战争，等等，在分析不同民族国家的历史和现实的基础上，丰富原有的思想，曾结合俄国的历史文化和现实情况，提出俄国的发展可能会跨越卡夫丁峡谷的观点，这是对其早期以西方资本主义国家为样本而形成的社会形态思想的拓展。概言之，马克思主义三大组成部分蕴含着“结合”的特性，一方面，其本身就是在结合不同国家的历史文化和具体实际的基础上而创立的，英国、法国、德国、俄国、中国等国家的具体实际和文化传统经由抽象而形成了一般性原理；另一方面，具有普适性、一般性、世界性、包容性、开放性特征的基本原理，为各国历史文化、具体实际与之深相结合提供了广阔空间。

坚持“结合”是马克思主义经典作家对应用原理的要求。马克思主义的世界观不是教义而是方法，马克思主义基本原理同中华优秀传统文化相结合，是坚持和发展马克思主义的必然要求。马克思主义经典作家三番五次强调要注重“结合”，要将理论同本国历史文化、具体实际相结合。《共产党宣言》是马克思主义诞生的标志，在1872年德文版序言中，马克思、恩格斯提出“这个《宣言》中所阐述的一般原理整个说来直到现在还是完全正确的……这些原理的实际运用，正如《宣言》中所说的，随时随地都要以当时的历史条件为转移”[①]。这是马克思主义经典作家对于自己的经典著作和思想的态度，换言之，在应用马克思主义经典原理时，既不能离开马克思主义所指的根本方向，又不能脱离各国的具体实际和历史文化的土壤，不能将原理当作教条来理解。马克思和恩格斯在分析和研究西欧国家历史和现实的基础上，运用历史唯物主义的原理，说明了资本主义制度

① 《马克思恩格斯选集》第一卷，人民出版社2012年版，第376页。

代替封建制度具有历史进步性，这是其思想的重要组成部分，但并非其思想的全貌。资本主义存在不可调和的内在矛盾，马克思和恩格斯也论证了资本主义必然灭亡、社会主义和共产主义必然在全世界取得胜利的趋势和规律。恩格斯在晚年反复强调：“马克思的整个世界观不是教义，而是方法。它提供的不是现成的教条，而是进一步研究的出发点和供这种研究使用的方法。”[①]马克思主义经典作家反复强调的问题，归根结底就是坚持和发展马克思主义的正确原则，即具体问题具体分析，理论与实际、历史与现实相结合，理论不能成为可套用到任何事物上的公式，每个国家运用马克思主义，必须让马克思主义穿起本民族的服装，而各国的民族文化就是最美的服装。

马克思主义是抽象的、普遍性的理论，要求与各国历史文化、具体实际紧密结合，以形成具体的、民族的、指导实践的理论。列宁清醒地认识到，“一切民族都将走向社会主义，这是不可避免的，但是一切民族的走法却不会完全一样，在民主的这种或那种形式上，在无产阶级专政的这种或那种形态上，在社会生活各方面的社会主义改造的速度上，每个民族都会有自己的特点”[②]。在应用《共产党宣言》中的基本原理时，列宁曾指出“这些原理的应用具体地说，在英国不同于法国，在法国不同于德国，在德国又不同于俄国”[③]，列宁的观点表明了“结合”的必要性，发展了关于“结合”的理论认识。马克思主义传入中国之后，以毛泽东同志为主要代表的中国共产党人思考如何应用和发展这一抽象的、世界性的理论，

---

① 《马克思恩格斯文集》第十卷，人民出版社2009年版，第691页。

② 《列宁选集》第二卷，人民出版社2012年版，第777页。

③ 《列宁选集》第一卷，人民出版社2012年版，第274—275页。

毛泽东曾在1938年10月阐述中国共产党在民族战争中的地位问题时指出，“马克思列宁主义的伟大力量，就在于它是和各个国家具体的革命实践相联系的”[①]，强调只有使得马克思列宁主义这一革命理论更进一步地和中国革命实践、中国历史、中国文化深相结合起来，才能搞得好中国革命。如果不从中国实际、中国历史出发，只背诵某些具体的语句，只能有一个千篇一律的格式，中国的事业是不可能搞好的。毛泽东撰写的《矛盾论》《实践论》等著作，可谓是将马克思主义与中国实际、中国文化融通一体的思想结晶。

（二）马克思主义唯物史观的内在规定性

“第二个结合”建立在马克思主义唯物史观的基础之上，必须从哲学的高度深刻领悟“第二个结合”的生成。“第二个结合”是一个重大的理论问题，也是重大的政治问题，更是重大的哲学问题，从马克思主义哲学的高度去认识和把握其生成逻辑，能更深刻、更彻底地阐释清楚这一重大问题。

“第二个结合”直接建立在经济基础与上层建筑的辩证关系原理之上。唯物史观认为，在不同的经济和社会环境中，人们会生产不同的思想和文化，思想和文化建设虽然取决于经济基础，但又对经济基础具有反作用，先进的思想文化一旦被群众掌握，就会转化为强大的物质力量。反之，落后的、错误的观念如果不破除，就会成为社会发展进步的桎梏。习近平总书记在文化传承发展座谈会上谈及的“第二个结合”问题，是唯物

① 《毛泽东选集》第二卷，人民出版社1991年版，第534页。

史观的具体应用和时代表达，启示我们要立足中华民族伟大历史实践和当代实践，贯通坚持马克思主义中国化时代化和传承发展中华优秀传统文化等实践，落脚于继续推动文化繁荣、建设文化强国、建设中华民族现代文明，将“第二个结合”与我们正在做的事相贯通，加快造就一个有机统一的新的文化生命体，与中国式现代化的经济基础相适应，增强经济、政治、文化间的相互推动、相互支撑作用，整体推进中国特色社会主义事业。

习近平总书记对马克思主义的形成与发展看得很深、很透，曾明确指出，“马克思主义基本原理是普遍真理，具有永恒的思想价值，但马克思主义经典作家并没有穷尽真理”[①]，“只有把马克思主义基本原理同中国具体实际相结合、同中华优秀传统文化相结合，坚持运用辩证唯物主义和历史唯物主义，才能正确回答时代和实践提出的重大问题，才能始终保持马克思主义的蓬勃生机和旺盛活力”[②]，从理论的形成、发展及价值等方面，将为什么结合讲得透彻、明了。因而，立足马克思主义理论本身，能更好理解和把握“第二个结合”的生成逻辑。

（三）对马克思主义同中华优秀传统文化关系的理论把握

“第二个结合”的创新理论之所以生成，是因为党把握了事物间的相互关系，掌握了马克思主义基本原理与中华优秀传统文化发生化学反应的可能性和现实性。马克思主义和中华优秀传统文化来源不同，但是彼此高度契合。马克思主义发轫于19世纪的西欧资本主义国家，但超越了时空

① 《习近平著作选读》第一卷，人民出版社2023年版，第211页。

② 《习近平著作选读》第一卷，人民出版社2023年版，第14页。

的界限，具有普遍性、一般性的特点。一方面，马克思主义是在吸收和改造人类思想文化的一切优秀成果的基础上生成的，是在对世界工人运动和无产阶级革命经验的总体概括下确立的，是对自然界、人类社会发展历史和人的思维与实践的最一般规律的深刻揭示。另一方面，马克思主义以批判资本主义生产方式本身的内在矛盾为逻辑起点，探索走出资本主义危机的方法，消除资本逻辑的束缚，以实现人的自由全面发展为价值追求，因而具有超越国度、超越民族、超越时空的世界历史意义，是无产阶级争取自身解放和整个人类解放的科学世界观和方法论，是世界无产阶级政党的指导思想，指向着全人类发展进步的正确方向。马克思主义是具有一般性、抽象性、包容性、开放性的科学理论，为世界无产阶级革命提供了根本性的方向和原则指导。但是，马克思和恩格斯提出的部分具体思想是以生产力较为发达的资本主义社会为土壤的，因而，在无产阶级革命史中，当某些政党直接“拿来”马克思主义基本原理去使用时，出现了明显的“排异”反应。就中国而言，马克思主义传入中国时，中国正值民族危亡之际，在帝国主义、封建主义的压迫下，生产力处于极度落后的状态，完全不符合马克思主义经典作家所说的无产阶级革命的社会条件，但是马克思主义在中国不仅没有“水土不服”，反而在古老的中华文明土壤中生根发芽，进而开花结果，生机盎然，在与中国工人运动深相结合中，创立了中国共产党，为中国革命从被动转向主动提供了主体力量和科学理论，为社会主义革命、建设和改革提供了根本原则和正确的行动方向。毫无疑问，这是马克思主义发展史上的一个伟大奇迹。奇迹的产生归根结底来源于“第二个结合”，换言之，正是因为马克思主义基本原理与中华优秀传统文化具有高度的契合性，因而在紧密结合中，马克思主义进入中国、扎根中国进而“变成中国的”。“第二个结合”的理论逻辑在于二者的内在契合性。

1.马克思主义哲学的基本规律与中华优秀传统文化中的辩证哲学思维具有高度契合性

中华民族在几千年的生产和生活中创造了辉煌的中华文明，中华文化世代相传、延绵至今，其中蕴藏大量的辩证法思想，充满深邃的哲学智慧。譬如，阴阳相生的五行哲学、《道德经》中阐发的“祸兮福所倚，福兮祸所伏”等辩证思想、“千丈之堤，以蝼蚁之穴溃”等传世格言，与马克思主义哲学中的对立统一规律、量变质变规律、否定之否定规律具有内在相通性。中国古代具有朴素的唯物主义传统，古人曾力图寻找世界的本原，他们从某种具体的实物中寻找，形成了独特的唯物主义的思想资源。譬如，《管子》说，“地者，万物之本原，诸生之根菀也”，将“地”视为万物的本原；“五行说”认为“金”“木”“水”“火”“土”五种物质构成世界的本原；北宋张载提出“太虚即气”“凡可状皆有也，凡有皆象也，凡象皆气也”的唯物主义思想主张，等等。尽管中国古人对世界本原的认知具有局限性，但是其对世界本原的探索与追求同马克思主义哲学基本问题的“题干”是一致的，其中蕴含的“物质第一性、意识第二性”的唯物主义思想的朴素反映与“物质决定意识”的科学世界观是存在内在联系的。除此之外，中国古人“知行合一”的实践精神、“仓廪实而知礼节，衣食足而知荣辱”的重视精神世界的观念、“天行有常，不为尧存，不为桀亡”的关于客观规律的认识、“天人合一”“民胞物与”的生态智慧，等等，都是中华优秀传统文化的重要组成部分，几千年来，对中华民族产生了深远影响，为近现代中国人民主动接受并自觉应用马克思主义提供了重要的理论前提。

总而言之，中华优秀传统文化是几千年来中华民族的智慧结晶，其中蕴含的唯物主义、辩证法的思想精髓，影响着中国人民为人处世之道，为中国人民接受马克思主义提供了哲学基础。因而，马克思主义同中华优秀传统文化相结合是合乎理论逻辑的，“第二个结合”是中国共产党在合乎逻辑的基础上的话语和理论创新。

2. 马克思主义的根本立场与中华优秀传统文化中的民本思想具有内在的契合性

蕴藏着“民为邦本”人文精神、执政理念的中华优秀传统文化与以人民立场为根本政治立场的马克思主义具有高度的契合性，是中国共产党坚持以人民为中心的发展思想的重要来源。儒家主张“民惟邦本，本固邦宁”，强调“敬德保民”，这一执政理念和道德要求是中华优秀传统文化的重要组成部分，对中国封建统治产生了巨大影响。孔子提倡“仁者爱人”，孟子云“民为贵，社稷次之，君为轻”“得天下有道：得其民，斯得天下矣；得其民有道：得其心，斯得民矣”，荀子言“水则载舟，水则覆舟”，朱熹持“国以民为本，社稷亦为民而立”“民为邦本”的观点，这些治国思想是中国古代封建王权得以稳固和持续的密码。

人民立场是马克思主义的根本政治立场。马克思和恩格斯曾在《共产党宣言》中指出：“过去的一切运动都是少数人的，或者为少数人谋利益的运动。无产阶级的运动是绝大多数人的，为绝大多数人谋利益的独立的运动。”[①]这就规定了马克思主义政党的性质、宗旨。始终站在最广大人

① 《马克思恩格斯文集》第二卷，人民出版社2009年版，第42页。

民的立场上，为了最广大人民的根本利益，是马克思主义政党区别于其他政党的显著标志。中国共产党是马克思主义执政党，是中华优秀传统文化的传承者和弘扬者，既从“为政以德”这一传统执政之道中汲取营养，又始终坚持人民立场，凝练并升华出“人民至上”的执政理念，生发了“江山就是人民，人民就是江山”的新时代执政立场。[①]百余年来，党心中常思百姓疾苦，脑中常谋富民之策，将马克思主义基本原理同中华优秀传统文化相结合的原则贯彻得十分深入。可以说，“第二个结合”是党百余年来坚持以人为本、执政为民的理论逻辑，是党坚定政治立场、永葆忠诚本色的逻辑理据。新时代新征程，以习近平同志为核心的党中央明确提出“第二个结合”的创新理论，这是在深入贯彻“第二个结合”逻辑基础上的理论创造，具有坚实的理论根基。

3. 马克思主义对未来社会的擘画与中华文明中的“天下大同”理想具有高度的契合性

儒家思想是中国传统文化中的主流思想，其所宣扬的“天下大同”的理想社会，与马克思主义经典作家擘画的“自由人联合体”，具有高度一致性。中国古代经典蕴藏着“大道之行，天下为公”的大同社会理想，《诗经》提出“民亦劳止，汔可小康”的富裕社会理念，孔子道出“不患寡而患不均，不患贫而患不安”的价值标准，表达了古人对安宁、和谐、富裕社会的向往，构想了人与人之间公平分配、人们安居乐业的理想世界，表达了人类对物质生活富足、体力和智力获得充分发展的未来社会的美好憧憬。可以说，中华文化中的“天下大同”理想延绵数千年，是中国

① 参见孙冰：《传承“民为邦本”的为政之道》，《解放军报》2023年2月6日。

人民心中最为理想的社会状态。虽然这种理想与当时的社会条件不相适应，但是表明了中华民族的崇高追求，与马克思主义经典作家对人类社会形态的构想具有高度一致性。马克思和恩格斯在批判资本逻辑的基础上，擘画了未来社会的理想状态——奴隶般地服从分工的情形消失，脑力体力对立消失，劳动本身成为生活的第一需要，生产力高度发达，集体财富的一切源泉充分涌流，各尽所能，按需分配①，实现每个人自由全面发展。

中国共产党始终是中华优秀传统文化的传承者和弘扬者，并自成立之时，便把马克思主义写在自己的旗帜上。党的二大将“建立劳农专政的政治，铲除私有财产制度，渐次达到一个共产主义的社会”作为最高纲领，在“结合”上迈出了重要的一步。改革开放之后，党提出建设小康社会，将“实现共同富裕”作为社会主义的本质要求和根本目标，继续推动“第二个结合”向前发展。可以说，“第二个结合”如同灯塔，始终指引着中国共产党人在中华民族伟大复兴的道路上奋力前行。而今，党明确提出“第二个结合”这一重大命题，这是在认识上的理论创新，是马克思主义基本原理同中华优秀传统文化相结合升华至理论高度的历史必然。

二、改变中国的历史选择

“第二个结合”是中国共产党在探索中国发展道路过程中得出的规律性认识，是党在总结改变近代中国命运的实践经验的基础上，对历史选择和成功密码的确证。“第二个结合”在党关于马克思主义基本原理同中华

① 参见《马克思恩格斯文集》第三卷，人民出版社2009年版，第435—436页。

优秀传统文化相结合的认识不断发展的逻辑中生成。因而，“第二个结合”这一重大创新理论的生成，是中国共产党对人类社会发展的一般性规律和中国特色社会主义文化发展的特殊性规律的认识提高到新水平的结果，习近平新时代中国特色社会主义思想为“第二个结合”这一重大命题的提出提供了根本性推动力。新时代以来，以习近平同志为主要代表的中国共产党人承前启后、继往开来，不断探索在新的历史时期传承发展中华优秀传统文化、推进马克思主义中国化时代化等问题，形成了学理化体系化成果，构成了习近平新时代中国特色社会主义思想的文化篇，成就了“第二个结合”的生成。

（一）中国共产党对“第二个结合”的认识缘起

在新民主主义革命时期，中国共产党初步形成了关于“结合”的认识，提出了如何正确对待马克思主义、中国传统文化的问题，回答并解决了半殖民地半封建国家如何实现民族独立和人民解放的问题。

马克思主义发轫于19世纪的西方资本主义大工业社会，以批判资本逻辑为起首，揭示了人类社会发展的一般规律，落脚于人的自由全面发展，因而超越时空，成为关于无产阶级乃至全人类解放的学说。当马克思主义零星地传入各种主义交织的中国后，曾遭到过误解和质疑，直到俄国十月革命取得胜利，马克思主义才得以在各种外来思想文化中脱颖而出，逐步成为部分先进中国知识分子救国济世的良方，并与中国工人运动相结合，中国共产党由此诞生，将马克思主义写在自己的旗帜上。然而，相对于中国具体实际而言，马克思主义是抽象的、普遍性的理论，相对于延绵数千年的中华优秀传统文化而言，马克思主义是外来的，相对于中国的民族性矛盾和问题而言，马克思主义是世界性的，因而，中国共产党在实际运用马克思主义的过程中，曾唱过抽象空洞的调头，走过教条主义的弯路，曾使党的革命事业受挫。

为科学回答半殖民地半封建国家何以实现民族独立、人民解放之问，以毛泽东同志为主要代表的中国共产党人清除教条主义影响，创造性地提出“马克思主义基本原理同中国具体实际相结合”的思想，确立了实事求是的思想路线。毛泽东尖锐批判那些“把国际主义的内容和民族形式分离起来”的一点也不懂国际主义的人，批判热衷于从书本中找答案的人，强调“共产党员是国际主义的马克思主义者，但是马克思主义必须和我国的具体特点相结合并通过一定的民族形式才能实现”，“使马克思主义在中国具体化，使之在其每一表现中带着必须有的中国的特性”。[①]在对“结合”原则的准确把握下，毛泽东提出了“农村包围城市”“武装夺取政权”等带有中国特性的战略，走十月革命的路，但是采用不同于十月革命的形式，为中国革命转危为安、走向胜利指明了正确的方向。彼时，毛泽东语境下的“民族形式”“中国特性”主要表征的是中国革命的具体实际，根本上想要解决的是理论与实践、主观与客观不统一的矛盾，从而实现用马克思主义之“矢”去射中国革命之“的”的目的。

为科学回答经济落后的国家何以进行社会主义建设之问，以毛泽东同志为主要代表的中国共产党人将马克思主义基本原理与中国具体实际进行第二次结合。新民主主义革命胜利之后，中国共产党和中国人民面临新的问题，即在经济落后的传统农业大国何以推进社会主义现代化。在回答和

① 《毛泽东选集》第二卷，人民出版社1991年版，第534页。

解决这一新问题的过程中，我们曾走过弯路，曾借鉴学习苏联的社会主义建设模式，但在实践中出现了一些错误的倾向。以毛泽东同志为主要代表的中国共产党人及时反思，深刻认识到"学的是属于普遍真理的东西，并且学习一定要与中国实际相结合"[①]，坚持马克思主义基本原理和坚定地走中国的道路缺一不可，如果脱离了马克思主义理论的指导，那么就丢失了社会主义的根本方向，如果脱离中国具体实际，那么社会主义不可能在"复制""粘贴"中取得成功。在《论十大关系》中，毛泽东明确地指出坚持"结合"。

在新民主主义革命、社会主义革命和建设的实践探索中，以毛泽东同志为主要代表的中国共产党人注重从中国的历史文化中汲取养分。早在新民主主义革命时期，毛泽东便强调"我们是马克思主义的历史主义者，我们不应当割断历史。从孔夫子到孙中山，我们应当给以总结，承继这一份珍贵的遗产"[②]。毛泽东以"小学生"自称，表明尊重、学习中国历史文化遗产的重要性和必要性，并要求广大党员要正确对待封建旧文化和民族新文化。一言以蔽之，以毛泽东同志为主要代表的中国共产党人坚持实事求是的态度，不割断历史、不厚今薄古，尊重历史、继承文化遗产，在回顾中国的昨天、总结中国的今天和宣示中国的明天中，走好自己的路。

以毛泽东同志为主要代表的中国共产党人虽并未明确提及"第二个结合"，但是，明确了对待中国历史文化、应用马克思主义的科学态度，形

---

① 《毛泽东文集》第七卷，人民出版社1999年版，第42页。

② 《毛泽东选集》第二卷，人民出版社1991年版，第534页。

成了关于“结合”的正确认识，为中国共产党和中国人民在处理“知与行”“理论与实践”“民族性与世界性”等关系问题上，指明了正确方向，提供了思想精髓。

（二）中国共产党对“第二个结合”的认识不断深化

以邓小平同志为主要代表的中国共产党人坚定“相结合”的历史选择，拓展了关于“结合”认识的深度和广度。在新民主主义革命的实践探索中，我们确立了“马克思主义基本原理同中国具体实际相结合”的正确原则，在此基础上，制定了行动战略，使我们取得了革命的胜利。邓小平对“结合”原则予以高度肯定，将其视为“普遍真理”，同时探索原则的实际运用问题，他曾指出：“原则的运用还会遇到许多具体问题。一个国家的问题是多方面的，不论是革命时期还是建设时期，如何使马克思列宁主义与各个时期的具体情况相结合，这是一个需要不断解决的问题。”[①]面对前无古人的改革开放事业，为打破改革开放的阻力和障碍，邓小平坚持把马克思主义普遍真理和中国实际、历史文化相结合的原则，从人类知识中汲取优秀文化思想和资源，创造性地提出“小康”，来表达中国式现代化的目标和内涵，较为系统地提出了建设有中国特色的社会主义的发展道路、根本任务、发展动力、领导力量、依靠力量等问题，推动中国特色社会主义向前进。以邓小平同志为主要代表的中国共产党人坚决反对经验主义、教条主义、本本主义的错误倾向，打破一时一地一国的束缚，注重从历史文化、人类文明、世界经验中寻找发展中国的办法。概而言之，邓

① 《邓小平文选》第一卷，人民出版社1994年版，第258页。

小平坚持马克思主义基本原理，坚持从中国的具体实际出发，并汲取中华优秀传统文化中的养分，提出“小康社会”“共同富裕”等凸显中国特性、传统基因、社会主义性质的理论认识和行动策略，丰富和发展了对“两个结合”的认识。

在国际动荡和世界社会主义低谷时期，江泽民坚持“马克思主义基本原理同中国具体实际相结合”的历史真理，坚持解放思想、实事求是的思想路线，集中力量展现社会主义优势，探索发扬中华优秀传统文化之方法。1991年，江泽民提出当代中国共产党人的庄严使命，其中便有建设有中国特色社会主义的文化，继续深化了党对传承和发展中华优秀传统文化的认识。江泽民指出，“中华民族是有悠久历史和优秀文化的伟大民族。我们的文化建设不能割断历史。对民族传统文化要取其精华、去其糟粕，并结合时代的特点加以发展，推陈出新，使它不断发扬光大”①。这与党过往的认识是一脉相承的。

以胡锦涛同志为主要代表的中国共产党人在实践中，继续坚持“结合”原则，把对马克思主义基本原理同中国具体实际相结合、同中华优秀传统文化相结合的认识提高到了新水平。胡锦涛曾指出，“建设有中国特色社会主义是前无古人的事业，没有现成经验可以借鉴。特别是建立社会主义市场经济体制将会遇到许多新情况新问题”②。在胡锦涛的视域下，我们必须始终坚持马克思主义基本原理，并把它同当代中国实际和时代特征紧密结合起来，将我们的宝贵文化遗产和精神财富继承起来。一方面，

① 《江泽民文选》第一卷，人民出版社2006年版，第159—160页。

② 《胡锦涛文选》第一卷，人民出版社2016年版，第63页。

必须用好马克思主义基本原理的世界观和方法论，保证社会主义发展的正确方向，坚持马克思主义同中国具体实际相结合而形成的科学理论，也就是当代中国马克思主义，筑牢我们的精神支柱。另一方面，“吸收和借鉴中华民族优秀文化成果和人类创造的一切文明成果；坚持贯彻古为今用、洋为中用的方针，反对食古不化和食洋不化”[①]，在继承和创新中打破思想禁锢，持续推动改革开放和社会主义现代化建设。

（三）中国共产党对“第二个结合”的认识达到新高度

以习近平同志为主要代表的中国共产党人对马克思主义基本原理同中国具体实际相结合、同中华优秀传统文化相结合的规律性认识达到新高度。习近平总书记在庆祝中国共产党成立100周年大会上首次提出“坚持把马克思主义基本原理同中国具体实际相结合、同中华优秀传统文化相结合”[②]的重要论断，并在党的二十大报告中表明“两个结合”的实践意义，指出“中国共产党人深刻认识到，只有把马克思主义基本原理同中国具体实际相结合、同中华优秀传统文化相结合，坚持运用辩证唯物主义和历史唯物主义，才能正确回答时代和实践提出的重大问题，才能始终保持马克思主义的蓬勃生机和旺盛活力”[③]。再到召开文化传承发展座谈会，

① 《胡锦涛文选》第一卷，人民出版社2016年版，第383页。

② 习近平：《在庆祝中国共产党成立100周年大会上的讲话》，《人民日报》2021年7月2日。

③ 习近平：《高举中国特色社会主义伟大旗帜 为全面建设社会主义现代化国家而团结奋斗——在中国共产党第二十次全国代表大会上的报告》，人民出版社2022年版，第17页。

习近平总书记阐明了中华文明的五个突出特性，重点阐述了“第二个结合”的前因后果、结合方式、践行路径、重大意义，将“第二个结合”摆在了突出位置。总而言之，以习近平同志为主要代表的中国共产党人对马克思主义基本原理同中华优秀传统文化相结合的认识越发深刻且具体，进一步拓展了党对建设中华民族现代文明、开辟马克思主义中国化时代化新境界认识的广度和深度。

“第二个结合”是习近平文化思想的重要组成部分，是党坚持守正创新原则，在实践中逐步形成的科学认识，是在深刻把握党长期以来传承发展中华优秀传统文化的宝贵经验的基础上确立的，是对近代以来中国共产党和中国人民的历史选择的延续，具有无比深厚的历史底蕴。党的十八大以来，以习近平同志为主要代表的中国共产党人站在中华文明永续发展的战略高度，坚持辩证唯物主义和历史唯物主义的世界观和方法论，提出一系列具有中国特色、历史底蕴、文化传统的理论思想和战略主张。可以说，“第二个结合”并非从天而降，而是蕴藏在习近平新时代中国特色社会主义思想，特别是习近平文化思想之中，“结合”原则，尤其是“第二个结合”被中国特色社会主义理论中的人民群众观、自然观、世界观等所表现和反映。譬如，党既坚持马克思主义群众观、坚持人民立场，又汲取中国古代民为邦本、仁者爱人的民本思想，提出并始终坚持以人民为中心的发展思想；既坚持马克思主义的人与自然观，又汲取中国古代哲学中天人合一、民胞物与的生态智慧，提出了人与自然和谐共生的习近平生态文明思想；既坚持马克思主义世界历史观，又从中华优秀传统文化的天下为公、大同社会、协和万邦的天下观中汲取养分，提出构建人类命运共同体思想、“一带一路”倡议、全球文明倡议、全球发展倡议、全球安全倡议。换言之，正是以习近平同志为主要代表的中国共产党人对“结合”原则的深刻把握，对“第二个结合”的认识不断成熟，才让马克思主义真理之树牢牢根植于中华民族历史文化沃土并结出累累硕果，才让马克思主义以科学的思维方法激活中华文明，从而使得中华优秀传统文化关注现实、契合现实，实现接续发展。经由“结合”，也让我们从传统文化和基本原理的双重视角，回答和解决中国特色社会主义之问。概而言之，以习近平同志为主要代表的中国共产党人在前人的理论和实践成果的基础上，立足实践，以高度的理论水平、政治素养、创新能力，打通了马克思主义基本原理同中华优秀传统文化相结合的思维阻点，作出理论创新，提出了“第二个结合”的重大命题。

为什么提出“第二个结合”，我们不妨从以习近平同志为主要代表的中国共产党人对待中华优秀传统文化的态度来分析。“第二个结合”蕴藏于中国共产党对待中华优秀传统文化的态度中，在党思考、探索如何更好传承、弘扬和创新中华优秀传统文化的过程中成熟。党的十八大以来，习近平总书记高度重视中华优秀传统文化，特别注重从延续民族文化血脉中开拓进取，曾系统阐述了中华优秀传统文化的历史演变、历史地位、基本内涵、当代价值。诸如习近平总书记所强调的，“中国优秀传统文化的丰富哲学思想、人文精神、教化思想、道德理念等，可以为人们认识和改造世界提供有益启迪”①，“优秀传统文化是一个国家、一个民族传承和发展的根本，如果丢掉了，就割断了精神命脉”②，“要认识今天的中国、今

① 《习近平著作选读》第一卷，人民出版社2023年版，第278页。

② 《习近平著作选读》第一卷，人民出版社2023年版，第281页。

天的中国人，就要深入了解中国的文化血脉，准确把握滋养中国人的文化土壤”①，等等，这些论述都生动形象地表明了党对待中华优秀传统文化的科学态度，正是因为党对中华优秀传统文化有科学、成熟的认识，才能回答“何以使中华优秀传统文化成为现代的”这一重大命题，酝酿出“第二个结合”的重大理论。

从世界百年未有之大变局的视野来更好把握“第二个结合”的提出。在当今时代，科技、信息技术的赋能极大地加快了世界各国文化传播的速度，不同文化之间相互交流、碰撞。而某些国家或通过各种形式，向他国渗透本国的文化，制造无声的战争，或在国际舞台上，贬低他国的文化样态。在多种文化的冲击下，一些人“以洋为尊”“以洋为美”，跟在别人的后面亦步亦趋、东施效颦，热衷于“去思想化”“去价值化”“去历史化”“去中国化”“去主流化”那一套，丢掉了本国的文化基因，这是绝对没有前途的。习近平总书记高度重视世界文化间的交流，提出了中华优秀传统文化“是我们在世界文化激荡中站稳脚跟的坚实根基”②这一深刻的认识，指出“求木之长者，必固其根本；欲流之远者，必浚其泉源”，要求广大人民群众增强文化自觉、文化自信。我们拥有延绵至今从未中断的中华文明，其中蕴含着向上向善的价值理念，这是我们自信的来源与根基。以习近平同志为主要代表的中国共产党人深刻认识到博大精深的中华优秀传统文化是我们在世界文化激荡中站稳脚跟的根基，是中华民族的根与魂，要以高度的文化自觉和文化自信对待和继承中华优秀传统文化，以巨

① 《习近平著作选读》第一卷，人民出版社2023年版，第281页。

② 习近平：《在文艺工作座谈会上的讲话》，人民出版社2015年版，第25页。

大的历史责任感担负起建设中华民族现代文明的重大使命。因而，中国共产党提出“第二个结合”的重要原因之一，就是党科学认识和准确把握了时代大势、世界文化发展趋势。

中国共产党对中国道路、理论、制度的认识达到了新高度，催生了“第二个结合”。改革开放四十多年来，我们高举中国特色社会主义伟大旗帜，取得了经济快速发展、社会长期稳定、人民安居乐业的辉煌成就，在长期实践的过程中，党对中国特色社会主义本质、特色的认识越发成熟。以习近平同志为主要代表的中国共产党人充分认识到，中国特色社会主义既是在马克思主义指导下走出来的，也是从五千多年中华文明史中走出来的，中国共产党之所以会成功，归根到底是因为马克思主义行，是因为中国化时代化的马克思主义行。党掌握了成功秘诀，对如何继续行进、如何继续成功的重大问题的认识也达到了新高度，从这个意义上来说，“第二个结合”就是党在过去与现在、历史与现实的对话中作出的战略性选择，为我们走出一条具有更为坚实的文化根基、更加宏阔深远的历史纵深、更加深厚的历史底蕴的中国特色社会主义道路提供了根本性指导。

总之，马克思主义基本原理同中国具体实际相结合、同中华优秀传统文化相结合，尤其是“第二个结合”的思想认识是从历史中走来的，是中国共产党在开创、坚持、捍卫和发展中国特色社会主义的实践中作出的历史选择，是党将在长期实践中积淀的认识理论化、学理化的成果。通过“结合”，让我们能够在更广阔的理论和文化空间中，探索面向未来的理论和实践创新。

三、谛听时代的实践需要

时代是思想之母，实践是理论之源。一切划时代的理论，都是满足时代需要的产物。以习近平同志为核心的党中央立足实践、总结实践经验，提出“第二个结合”的创新理论，这不是坐在象牙塔内的空想，而是在感知时代脉搏、谛听实践需要、回答时代之问、解决时代课题的基础上凝结成的时代思想精华。

（一）在回答时代课题中生成

“第二个结合”生成于党和人民面向时代之需、把握时代之势、回答时代之问的过程中。经过长期努力，我们已经处于最接近中华民族伟大复兴的历史阶段，但是我们所面临的时代课题不是更容易了，而是更复杂了。当今世界正处于百年未有之大变局，多重挑战和危机交织叠加，世界经济复苏艰难，发展鸿沟不断拉大，生态环境持续恶化，冷战思维阴魂不散，给各国人民提出了大量亟待回答的理论和实践课题。对于正在进行深刻而宏大的改革创新的中国而言，改革发展稳定任务之重、矛盾风险挑战之多、治国理政考验之大都前所未有。因而，我们不仅需要回答“新时代坚持和发展什么样的中国特色社会主义、怎样坚持和发展中国特色社会主义，建设什么样的社会主义现代化强国、怎样建设社会主义现代化强国，建设什么样的长期执政的马克思主义政党、怎样建设长期执政的马克思主义政党”的重大时代课题，还要科学地回答“世界怎么了，我们怎么办”的问题。如果不能科学回答和解决好时代课题，党和国家的前途和事业将无法更好地推进，马克思主义也会失去生命力、说服力。

1.在回答“新时代坚持和发展什么样的中国特色社会主义、怎样坚持和发展中国特色社会主义”的时代课题中，生发了“第二个结合”的思想

中国特色社会主义既坚持科学社会主义原则，又根据实践发展和时代进步，不断赋予自身新的内涵。但国内外对此长期存在着一些质疑，诸如个别人以偏概全，认为中国实行市场经济，便是“国家资本主义”“资本社会主义”或“新官僚资本主义”，等等，更有甚者，一些舆论以苏联解体、东欧剧变事件唱衰中国，“中国崩溃论”“历史终结论”不绝于耳。诸如此类的观点，不仅影响人们的判断，更影响人们建设中国特色社会主义的信心。尽管近年来中国的发展奇迹让“历史终结论”等观点暂时隐匿于世，但是回答好“新时代坚持和发展什么样的中国特色社会主义、怎样坚持和发展中国特色社会主义”的问题仍具有战略性意义。

对于这一问题的回答，催生了“第二个结合”的诞生。根据习近平新时代中国特色社会主义思想，中国特色社会主义无论如何改革和发展，都要坚持中国特色社会主义道路、中国特色社会主义理论体系、中国特色社会主义制度和中国特色社会主义文化。而满足这些客观条件，就不能丢了马克思主义，不能丢了中华优秀传统文化，历史和现实不断向我们证明，丢了马克思主义，就会犯颠覆性的错误，苏联的解体就是一切社会主义国家的前车之鉴，而丢了中华优秀传统文化，我们就好比“无根浮萍”，只能“任飘零”。因而，“在五千多年中华文明深厚基础上开辟和发展中国特色社会主义，把马克思主义基本原理同中国具体实际、同中华优秀传统文化相结合是必由之路”[①]，这是习近平总书记在历史与现实、理论与实践的对话中作出的深刻总结，是在新时代坚持和发展中国特色社会主义的根本遵循。进言之，党在回答和思考这一时代命题时，逐步形成了马克思主义基本原理同中华优秀传统文化相结合的价值取向。

2.在回答“建设什么样的社会主义现代化强国、怎样建设社会主义现代化强国”的时代课题中，生发了“第二个结合”的思想

建设社会主义现代化国家是党和人民的伟大目标，早在中华人民共和国成立初期，毛泽东便明确提出要把我国建设成为一个强大的社会主义国家。在党的坚强领导和中国人民的艰苦奋斗下，社会主义现代化建设取得了辉煌的成就，创造了经济快速发展和社会长期稳定的奇迹，夺取了全面建成小康社会的伟大胜利，用几十年的时间走完了发达国家几百年走过的现代化发展道路。但是我们不能满足于现有的成绩，而忘记来时的路和未来的路。客观地说，在社会主义现代化建设的过程中，我们有过不少教训，在未来全面建设社会主义现代化国家的新征途上，也并非毫无阻碍、一马平川，正所谓越是接近目标，越是布满荆棘。因而，如何在现有的成绩上实现再进步，如何在新的征程上吹响夺取全面建设社会主义现代化国家的伟大胜利的冲锋号，是我们必须解决的时代课题。习近平总书记对其进行宏观展望和总体谋划，绘制了具有前瞻性、全局性、引领性的宏伟蓝图。

新时代全面建设社会主义现代化国家以富强民主文明和谐美丽为标

---

① 《习近平在文化传承发展座谈会上强调 担负起新的文化使命 努力建设中华民族现代文明》，《人民日报》2023年6月3日。

志，以人的现代化为本质，贯通“五位一体”“四个全面”等现代化建设的重要方面，目标更加高远。可以说，“第二个结合”正是党在回答如何实现远大目标这一问题的基础上逐渐形成的。具体而言，在对“建设什么样的社会主义现代化强国、怎样建设社会主义现代化强国”这一问题的考量中，党既坚持马克思主义所指明的根本性原则，诸如人的全面发展、人与自然的关系等，又从中华优秀传统文化中汲取智慧，如“天人合一”“万物并育”“天下为公”“天下大同”，等等，在二者的结合中，党关于现代化建设的方向的认识更加明确，关于现代化目标的认识更加深刻，关于现代化建设中的种种困难的考量更加精深。在新的赶考之路上，实现建成社会主义现代化强国的目标，决定了必须通过“第二个结合”促进思想解放，引领广大人民以新理念、新思想，在更广阔空间、更高层次上向着目标奋勇前行。

3.在回答“建设什么样的长期执政的马克思主义政党、怎样建设长期执政的马克思主义政党”的时代课题中，生发了“第二个结合”的思想

中国共产党是马克思主义政党，在马克思主义科学理论的指导下，团结带领中国人民实现民族独立和人民解放的目标，建立了社会主义国家，这不是党的使命的完成式，在经济基础极其薄弱的国家，要达到马克思主义经典作家所指明的社会状态，必须保证代表无产阶级、代表最广大人民根本利益的中国共产党长期执政。综观古今中外的事实，绝大多数政党难以跳出治乱兴衰的历史周期率而立于不败之地。因而，对于中国共产党这个拥有百余年历史的世界大党来说，“建设什么样的长期执政的马克思主义政党、怎样建设长期执政的马克思主义政党”是必答题、应答题。在回答这一时代课题的过程中，孕育了“第二个结合”的思想。

以习近平同志为主要代表的中国共产党人总结国内外的历史经验，深刻地认识到党的长期执政来自党保持自身性质宗旨的坚韧，来自为人民执政的决心，来自自我革命的勇气，来自永葆初心使命、永葆先进性和纯洁性的自觉，深化了对党的执政规律的认识。在新时代新征程上，要继续推进长期执政的马克思主义政党的建设，而在这个过程中，必然会面临具有新的历史特点的伟大斗争，会面临具有新的外在特征表现的矛盾问题，会面对错综复杂的新环境新挑战。伟大实践呼唤理论创新，为回答好这一伟大实践课题，党聚焦马克思主义所指明的根本方向与中华优秀传统文化所蕴含的精髓，并在二者的结合中，思考、探寻世界上最大的马克思主义政党的建设之道。可以说，“第二个结合”是党在回答、解决“建设什么样的长期执政的马克思主义政党、怎样建设长期执政的马克思主义政党”的重大时代课题中应运而生的。

4.在回答“世界怎么了，我们怎么办”的时代课题中，生发了“第二个结合”的思想

当今世界正处于百年未有之大变局，在和平赤字、发展赤字、安全赤字、治理赤字日益加重的世界，人类站在了历史的十字路口。以习近平同志为核心的党中央深刻把握人类发展面临的重大挑战，思考并回答“世界怎么了，我们怎么办”的时代课题。我们可以看到，为了回答和解决这一问题，习近平总书记多次向世界发出号召，提供了多种中国智慧、中国方案。诸如，加快构建人类命运共同体，提出全球发展倡议以解决当代发展难题，提出全球文明倡议以推进人类文明进步，提出全球安全倡议以解决世界范围内的安全危机，等等。这些智慧和方案不仅从中国发展的经验中抽象而来，还从马克思主义基本原理、中华优秀传统文化的科学因子中生发而来。客观地讲，面向未来，解决世界之问、时代之问，推进世界共同发展、文明共同进步的实践任重而道远，如果没有思想解放，没有理论创新，便回答不好甚至难以回答“世界怎么了，我们怎么办”这一问题。而“第二个结合”的思想解放正与回答和解决这一问题、推进前所未有的实践相适应。

“在‘两个大局’加速演进并深度互动的时代背景下，人类社会面临许多亟待解决的共同问题，我国改革发展稳定、内政外交国防、治党治国治军等各个领域也都面临着一系列新的重大课题，中国之问、世界之问、人民之问、时代之问给我们提出的新考题比过去更复杂、更难”①。以习近平同志为主要代表的中国共产党人观察时代、把握时代、引领时代，创造性地提出“第二个结合”的时代命题。我们把握“第二个结合”的生成逻辑，绝不能脱离所处的时代。

（二）在满足人民需要中生成

“人民对美好生活的向往就是我们的奋斗目标”②，这是以习近平同志为核心的党中央向全国各族人民作出的郑重承诺，“让老百姓过上好日子”是中国共产党一切工作的出发点和落脚点。马克思主义基本原理告诉我们，人民群众是历史变革的决定力量，中国共产党是马克思主义执政

① 《习近平在中共中央政治局第六次集体学习时强调 不断深化对党的理论创新的规律性认识 在新时代新征程上取得更为丰硕的理论创新成果》，《人民日报》2023年7月2日。

② 《习近平谈治国理政》第三卷，外文出版社2020年版，第234页。

党，尊重人民群众的主体地位是马克思主义的理论要求。回望党的形成与发展过程，中国共产党来自人民、根植人民、服务人民，赢得广大人民的拥护和支持，从而取得革命、建设、改革的伟大胜利。镌刻在石碑、匾额上的“为人民服务”五个大字，就是中国共产党永远不变的追求，是党的最高价值取向。将历史的镜头转回脱贫攻坚的主战场，我们可以看到多少扶贫干部舍小家为大家，将贫困群众放在首位，将帮助贫困群众脱掉帽子、过好日子作为一切工作的出发点和落脚点。“永远为村里的老百姓做事！带上我们村的老百姓，过上更美好的生活”，这是扶贫干部们最真实的心愿，也是为人民服务最好的写实。

新时代以来，党始终坚持一切为了人民，将为人民幸福而奋斗视为世界上最大的幸福，不断履行承诺，为了满足人民的需要而奋斗，为给人民创造幸福而努力，取得了辉煌的成绩，解决了困扰中国数千年的贫困问题，打赢了脱贫攻坚的硬仗，实现了全面建成小康社会的目标。人民群众的生活水平普遍提升了，百姓的生活环境更加优美了，人民当家作主的意愿更加强烈了，等等，党和国家创造出了很多让人民满意的人间奇迹。

走在新征程上，发展起点更高了，同时群众的需要更多元了，人们不再仅仅满足于单一的物质需要，对精神世界、心理空间的需要更为强烈。唯物史观认为，全部人类历史的第一个前提无疑是有生命的个人的存在，这决定了人类首先必须满足吃、穿、住、行等物质生活需要，随着生产力水平的提升、物质资源的丰富，人们对发展性、享受性的需要和对精神富有的追求越发强烈。因而，习近平总书记总结新时代发展的成就，牢牢把握现实问题，抓住我国发展中的症结，以强烈的责任心、高度的使命感，提出我国社会主要矛盾的转化问题，从“人民日益增长的物质文化需要同落后的社会生产之间的矛盾”转化为“人民日益增长的美好生活需要和不平衡不充分的发展之间的矛盾”，既生动鲜明地反映了我国经济社会发展的巨大进步，又表明了人民需要的变化，在此基础上，为党和国家工作的根本任务定向。在党的二十大报告中，习近平总书记明确提出中国式现代化的中国特色，强调中国式现代化是物质文明与精神文明相协调的现代化，“物质富足、精神富有是社会主义现代化的根本要求。物质贫困不是社会主义，精神贫乏也不是社会主义”①。这是对中国式现代化的“性质”的战略判断，也表明了建设精神文明的战略意义，为此，习近平总书记进一步提出：“我们不断厚植现代化的物质基础，不断夯实人民幸福生活的物质条件，同时大力发展社会主义先进文化，加强理想信念教育，传承中华文明，促进物的全面丰富和人的全面发展。”②这既是对我国当前及未来一段时期发展任务的战略安排，又彰显了党对满足人民精神需要、丰富人民精神世界、增强人民精神力量的必要性的认识达到了新高度。

满足人民群众对精神文化的需要，对马克思主义基本原理同中华优秀传统文化相结合提出了客观要求。就当下的中国而言，人民需要科学理论武装头脑，需要历史文化拓展生命的宽度。如何满足人民群众的需要，是党需要不断思考和解决的问题。在这个过程中，我们面临很多阻

---

① 习近平：《高举中国特色社会主义伟大旗帜 为全面建设社会主义现代化国家而团结奋斗——在中国共产党第二十次全国代表大会上的报告》，人民出版社2022年版，第22—23页。

② 习近平：《高举中国特色社会主义伟大旗帜 为全面建设社会主义现代化国家而团结奋斗——在中国共产党第二十次全国代表大会上的报告》，人民出版社2022年版，第23页。

碍，诸如历史虚无主义、文化虚无主义干扰主流价值观，影响人们对中华优秀传统文化和科学理论的认识，历史虚无主义者、文化虚无主义者借助网络，贬低我国历史文化，否定中华文化的历史贡献，以功利化、娱乐化的价值观冲击社会主义核心价值观。如果不解决这些问题，就难以满足人民群众真正的文化需要，影响人们的思想进步，甚至会让人们丢掉对马克思主义的信仰和对社会主义、共产主义的信念。党的十八大以来，以习近平同志为核心的党中央高度重视意识形态工作和精神文明建设。一方面，不断探索如何挖掘中华优秀传统文化中的向上向善的因素，推进中华优秀传统文化创造性转化和创新性发展，为满足人民的精神需要提供深厚的文化滋养；另一方面，巩固马克思主义在意识形态领域的指导地位，不断推进马克思主义中国化时代化，积极探寻马克思主义与中华优秀传统文化、广大人民日用而不觉的价值观念之间的融通之处，让能满足人民精神文化需要、增强人民精神力量的源泉充分涌流。概言之，满足人民群众的需要是党推进理论创新和实践创新的出发点和落脚点，“第二个结合”生成于满足人民需要的实践之中。

（三）完成党和人民使命任务的客观需要

百余年奋斗初心如磐，雄关漫道使命在肩。“第二个结合”为何在现在被提出，我们不妨将这一问题放在当前以及未来一段时间内党和人民的使命任务中去思考。习近平总书记在党的二十大报告中提出，“从现在起，中国共产党的中心任务就是团结带领全国各族人民全面建成社会主义现代化强国、实现第二个百年奋斗目标，以中国式现代化全面推进中华民族伟大复兴”[①]，明确了当前以及未来一定时期内党和人民的奋斗目标以及党和国家事业的发展方向。

实现中华民族伟大复兴的中国梦是近代以来中国人民最伟大的梦想。中华民族曾从辉煌鼎盛到陷入苦难，无数先辈奋起抗争力求改变这一局面，但各种道路方案无疾而终。中国共产党自成立起，便将民族复兴的重任扛在肩上，在马克思主义和中国化时代化的马克思主义的指导下，中华民族迎来了从站起来、富起来到强起来的伟大飞跃，中国从一穷二白到世界瞩目，从面临开除球籍的风险到成为世界经济的增长极。经过长期努力，我们已经处于最接近中华民族伟大复兴的历史阶段。在党的二十大上，党立足所取得的历史成就，对使命任务进行战略性谋划，以全面建成社会主义现代化强国为目标导向，明确了未来的工作安排，提出两步走战略，进一步细化了党和人民使命任务的时间表、路线图。

人在路上，路在脚下，在新征程上，实现中华民族伟大复兴仍然存在各种风险挑战，危与机并存。如何在新时代新征程上完成党和人民的使命任务？中国共产党以强大的理论思维力、历史感知力和实践行动力，从马克思主义基本原理同中华优秀传统文化的结合中总结历史成就的经验，探寻当下及未来的道路。回望已经走过的中华民族伟大复兴的历史征程，要实现中国人民最伟大的梦想，始终离不开马克思主义同中华优秀传统文化相结合的沃土。在新征程上，党抓住历史经验中的重点和关键，将对马克思主义之魂脉和中华优秀传统文化之根脉有机结合的认识提升到了更高的

① 习近平：《高举中国特色社会主义伟大旗帜　为全面建设社会主义现代化国家而团结奋斗——在中国共产党第二十次全国代表大会上的报告》，人民出版社2022年版，第21页。

水平，行动自觉性和自主性也提升到了更高水平，明确提出“第二个结合”这个重大命题，这与中国共产党人对新时代我们怎样实现中华民族伟大复兴的重大时代课题的认识的深化是分不开的。因而，“第二个结合”这个重大命题，是实践主体在新的时空条件下对完成伟大事业的新认识、新探索，赋予了党和人民的事业以更深厚的文化底蕴和更强大的真理力量。

以习近平同志为核心的党中央谛听时代之呼声，把握实践之需要，不断追求真理、揭示真理、笃行真理，对马克思主义基本原理同中国具体实际相结合、同中华优秀传统文化相结合的历史真理做到深刻领会、精准把握、深入落实，以一往无前的奋斗姿态和永不懈怠的精神状态，提出“第二个结合”，实现又一次的思想解放，使马克思主义呈现更多中国特色、中国风格、中国气派。

总而言之，“第二个结合”思想的提出，是理论创新主体坚持“结合”这一马克思主义形成与发展的内在要求的体现，是党对马克思主义基本原理同中华优秀传统文化内在契合性的准确把握的反映，是认识主体自觉、自信地总结和传承历史经验、把握历史主动的结果，是中国共产党对实践客体所处的时代场域的深刻认识和对时代重任和实践要求的积极回应的显现。“第二个结合”的提出具有一定的理论逻辑、历史逻辑和实践逻辑。

第二章

深层本质论

从大历史观视野看，“第二个结合”的提出有其深刻的思想必然、文明应然、历史使然，是辩证唯物主义和历史唯物主义之思维方式在当代中国的鲜活具体呈现，是新时代继续推进实践基础上的理论创新的需要，是继续创造中华民族现代文明与人类文明新形态的需要，是在新的历史阶段继续走好中国式现代化道路的需要。“第二个结合”就其深层本质而论，源于马克思主义与中华优秀传统文化在价值层面的高度契合性、在实践层面的现实融通性、在文明层面的互相成就性。

一、马克思主义同中华优秀传统文化高度契合

党的二十大报告指出：“中华优秀传统文化源远流长、博大精深，是中华文明的智慧结晶，其中蕴含的天下为公、民为邦本、为政以德、革故鼎新、任人唯贤、天人合一、自强不息、厚德载物、讲信修睦、亲仁善邻等，是中国人民在长期生产生活中积累的宇宙观、天下观、社会观、道德

观的重要体现，同科学社会主义价值观主张具有高度契合性。”[①]这一重要论述高度肯定了中华优秀传统文化所具有的杰出文明特质，客观揭示了马克思主义同中华优秀传统文化相结合的理论线索，科学阐释了中国特色社会主义道路之所以能于“困顿长夜”中“横空出世”、于“事之多艰”中“劈波斩浪”、于“上下求索”中“斗志愈坚”的历史依据。

（一）契合于人民性

人民性是马克思主义的重要哲学特质。早在旅居巴黎时期，马克思就已经意识到了人民群众的历史主体地位，预感到了蕴藏于其中的巨大革命力量，认为彼时青年黑格尔学派的哲学庸人所绘就的那种漫画式的精神史观是幼稚可笑的。他和恩格斯在《神圣家族》中指出：“布鲁诺先生所发现的‘精神’和‘群众’的关系，事实上不过是黑格尔历史观的批判的漫画式的完成，而黑格尔的历史观又不过是关于精神和物质、上帝和世界相对立的基督教日耳曼教条的思辨表现。”[②]马克思将推动历史发展演变的主体动力返还群众、赋予现实的个人，真正为自身的现实哲学打上了人民性的烙印，实现了对过往一切“精神”哲学的历史性超越。中国特色社会主义新时代，习近平总书记站在辩证唯物主义和历史唯物主义的理论高度，从大历史观视域出发，对马克思主义的人民性理论品格进一步作出了科学阐释，指出：“马克思主义第一次站在人民的立场探求人类自由解放

---

① 习近平：《高举中国特色社会主义伟大旗帜 为全面建设社会主义现代化国家而团结奋斗——在中国共产党第二十次全国代表大会上的报告》，人民出版社2022年版，第18页。

② 《马克思恩格斯文集》第一卷，人民出版社2009年版，第291页。

的道路，以科学的理论为最终建立一个没有压迫、没有剥削、人人平等、人人自由的理想社会指明了方向。”[①]马克思主义的理论视线始终聚焦人本身，谋求人的“自由个性”的实现，其哲学追求归根结底就是——为人类求解放。

中华优秀传统文化作为中华文明的智慧结晶，其立世之本也体现在对芸芸众生的终极关怀、对人的本质回归之向往当中。《尚书》中有言，“民惟邦本，本固邦宁”；《淮南子》中说道，“治国有常，而利民为本”；孟子强调，“民为贵，社稷次之，君为轻”；南宋哲人朱熹认为，“国以民为本，社稷亦为民而立”。中国传统民本思想始终贯穿中华文化的演进脉络，于吐故纳新的天地之法中愈益生辉，绽放出璀璨夺目的价值光芒。可以说，人民至上的哲学立场为马克思主义与中华优秀传统文化的高度契合提供了思想之起点、文明之本源和历史之根基。

（二）共筑于自信自立

纵览人类文明发展史，如果说有哪一种思想可以被冠以世界文明璀璨花朵之芯蕊，有哪一种理论可以被彪炳为自信智慧之典范，有哪一种主义可以被书写进人类跃向“自由王国”的恢宏史篇之中，那么马克思主义当之无愧。唯物史观和剩余价值学说的创立真正揭示了人类社会的发展规律。彼时，在共产主义幽灵尚游荡于欧洲大陆之际，以傅立叶、圣西门和欧文等为代表的空想社会主义的倡导者们悲天悯人、理想美好，在理论方

---

① 习近平：《在纪念马克思诞辰200周年大会上的讲话》，《人民日报》2018年5月5日。

面，通过著书立说高声谴责资本主义的罪恶行径；在实践方面，通过建立“法郎吉”和共产主义移民区等试验区，幻想人类社会能够有朝一日直接进入理想境地。与此同时，那些祈祷资本主义制度万古长青的形形色色的社会庸医企图“消除一切社会弊病而毫不危及资本和利润”，希望将资本主义的生产方式和交换方式，即资本主义的所有制关系传延至千秋万代，使其“长生不老”。

与两者截然不同，马克思主义第一次站在历史唯物主义的高度，辩证地论述了资本主义的历史作用，阐述了其必然灭亡的历史命运。马克思认为资本主义的历史进步性在于其彻底破坏了“一切封建的、宗法的和田园诗般的关系”，斩断了“形形色色的封建羁绊”[①]，逐渐将世界连为一体，开启了世界历史的宏伟诗篇，等等。但是，他更敏锐地把握到资本主义本身所蕴含的否定因素。社会化大生产和生产资料私人占有之间的根本矛盾是资本主义制度所无法解决的。马克思和恩格斯在《共产党宣言》中指出：“资产阶级不能统治下去了，因为它甚至不能保证自己的奴隶维持奴隶的生活……就是说，它的生存不再同社会相容了。”[②]这种以“过去支配现在”为主要生产关系基调的资本主义社会终究会被以“现在支配过去”为核心特征的共产主义社会所替代和重塑。总而言之，马克思和恩格斯既肯定了资本主义社会的历史进步性，赞叹“它第一个证明了，人的活动能够取得什么样的成就”[③]，同时又从资本主义社会所固有的不可调和的矛盾中看到了其必然灭亡的历史结局，并且认为只有“每个人的自由发展是一

① 《马克思恩格斯文集》第二卷，人民出版社2009年版，第33—34页。

② 《马克思恩格斯选集》第一卷，人民出版社2012年版，第412页。

③ 《马克思恩格斯选集》第一卷，人民出版社2012年版，第403页。

切人的自由发展的条件”[①]的联合体才是人类社会的幸福终点。马克思主义对于“资产阶级的灭亡和无产阶级的胜利是同样不可避免的”这一客观事实的揭示，充分彰显了其对于自身理论科学性的强大信心。

与此同时，马克思和恩格斯也强调，“工人阶级的解放应当是工人阶级自己的事情”[②]，无产阶级的前途命运应当由“共产主义的工人”自己主宰，并主张“使无产阶级形成为阶级，推翻资产阶级的统治，由无产阶级夺取政权”[③]。马克思主义关于不能将革命的前途希望寄托于各种非共产主义派别团体身上的主张，表明了其关于革命实践活动的独立性立场。

马克思主义自信自立的理论特质与中华优秀传统文化的内在哲学气质具有异曲同工之妙。中华文明绵延存续五千余年，其间古印度、古巴比伦、古埃及文明曾经与其共同繁荣于世界文明百花园，缔造人类文明发展史上的光辉篇章，创造汇聚天地灵气、与日月争辉的文明繁荣新纪元，然而论及生命张力却只有中华文明始终鲜活多彩，从先秦诸子学、两汉经学、魏晋玄学，到隋唐佛学、宋明清理学，中华文化一脉相承，中华文明是迄今为止世界上唯一延续至今未曾中断的伟大人类文明。数千年来，中华文明既孕育出“有朋自远方来，不亦乐乎”“志合者，不以山海为远”“水利万物而不争”的广阔胸襟，又淬炼出“胜人者有力，自胜者强”“合抱之木，生于毫末；九层之台，起于累土”的自立与坚忍不拔之品质，还出现了“粉骨碎身浑不怕，要留清白在人间”“天下兴亡，匹夫有责”等崇高价值追寻。中华优秀传统文化中所蕴含的无数经世真理界定着一代代

① 《马克思恩格斯选集》第一卷，人民出版社2012年版，第422页。

② 《马克思恩格斯选集》第三卷，人民出版社2012年版，第739—740页。

③ 《马克思恩格斯选集》第一卷，人民出版社2012年版，第413页。

中国人民繁衍生息、为人处世的基本准则。可以说，中华优秀传统文化的自信自强气质从根本上是由中华文明的连续性决定的，并最终与马克思主义的自信自立特质达成了高度统一。

（三）相融于创新性

理论的生命力在于创新。一种理论只有能够持续回答时代所提出的重大问题，不断化解实践过程中遇到的风险挑战，用创新的形式解决当下的矛盾或困难，才能使自身的生命活力得到充分释放。从世界社会主义发展史看，我们什么时候坚持了真正的马克思主义，什么时候无产阶级的事业才能打开新的局面、迈入新的发展阶段。离开守正，放弃马克思主义基本原理这个“历史运动的真实关系的一般表述”，则必然会使社会主义事业遭受到严重挫折和毁灭性打击；而拒绝创新，把马克思主义教条化、本本化，则会令社会主义事业发展受到阻滞。马克思、恩格斯指出，“不管最近25年来的情况发生了多大的变化，这个《宣言》中所阐述的一般原理整个说来直到现在还是完全正确的。某些地方本来可以作一些修改。这些原理的实际运用，正如《宣言》中所说的，随时随地都要以当时的历史条件为转移”[①]。毛泽东在《反对本本主义》中强调：“读过马克思主义‘本本’的许多人，成了革命叛徒，那些不识字的工人常常能够很好地掌握马克思主义。马克思主义的‘本本’是要学习的，但是必须同我国的实际情况相结合。我们需要‘本本’，但是一定要纠正脱离实际情况的本本主义。”[②]进入中国特色社会主义新时代后，党对于坚持和发展马克思主

① 《马克思恩格斯选集》第一卷，人民出版社2012年版，第376页。

② 《毛泽东选集》第一卷，人民出版社1991年版，第111—112页。

义的规律性认知达到了新高度。党的二十大报告指出："我们要以科学的态度对待科学、以真理的精神追求真理，坚持马克思主义基本原理不动摇，坚持党的全面领导不动摇，坚持中国特色社会主义不动摇，紧跟时代步伐，顺应实践发展，以满腔热忱对待一切新生事物，不断拓展认识的广度和深度，敢于说前人没有说过的新话，敢于干前人没有干过的事情，以新的理论指导新的实践。"[①]正是由于中国共产党坚持了守正创新，坚持了真正的马克思主义，才使得中国特色社会主义充满了生机活力，使得中国式现代化成为有别于西方现代化的全新现代化模式，使得今日之中华民族以崭新形象屹立于世界民族之林。

创新作为中华文明的优秀精神品质，也同样体现在中华优秀传统文化的观点理念之中。《大学》中有云："汤之《盘铭》曰：'苟日新，日日新，又日新。'"《杂卦传》中有云："《革》，去故也；《鼎》，取新也。"上至"五经"，下至明清典籍，字里行间彰显着创新性精神品质，充分展现了中华民族注重创新、敢于创新的民族特征。正如习近平总书记在文化传承发展座谈会上所指出的，"中华文明具有突出的创新性，从根本上决定了中华民族守正不守旧、尊古不复古的进取精神，决定了中华民族不惧新挑战、勇于接受新事物的无畏品格"[②]。由此可以看出，守正创新的马克思主义理论与富含创新性的中华文明的历史性结合是思想演绎和实践活动的必然。

---

① 习近平：《高举中国特色社会主义伟大旗帜 为全面建设社会主义现代化国家而团结奋斗——在中国共产党第二十次全国代表大会上的报告》，人民出版社2022年版，第20页。

② 《习近平在文化传承发展座谈会上强调 担负起新的文化使命 努力建设中华民族现代文明》，《人民日报》2023年6月3日。

（四）聚合于实践性

马克思主义的实践性是其区别于一切旧唯物主义和唯心主义哲学的根本标志。马克思早在青年时期就已经开始对实践观的探索，其和恩格斯在《神圣家族》中指出：“这些群众的共产主义的工人……他们知道，财产、资本、金钱、雇佣劳动以及诸如此类的东西决不是想象中的幻影，而是工人自我异化的十分实际、十分具体的产物，因此，也必须用实际的和具体的方式来消灭它们，以便使人不仅能在思维中、在意识中，而且也能在群众的存在中、在生活中真正成其为人。”[①]而后，马克思和恩格斯在《德意志意识形态》中首次将人类现存的感性世界归结为人的感性活动，特别是物质生活的生产结果，并将至今的人类社会发展史或阶级斗争史的根本推动力归结为人类劳动。马克思和恩格斯的这个伟大发现——唯物史观首次向普罗大众揭示了人类社会历史发展的本质奥秘，他们指出：“历史不外是各个世代的依次交替。每一代都利用以前各代遗留下来的材料、资金和生产力；由于这个缘故，每一代一方面在完全改变了的环境下继续从事所继承的活动，另一方面又通过完全改变了的活动来变更旧的环境。”[②]他们在《共产党宣言》中更是对这一基本观点进行了展开论述，并以资产阶级的形成为例，生动阐释了实践观的特定呈现样式，例如，“美洲的发现、绕过非洲的航行，给新兴的资产阶级开辟了新天地。东印度和中国的市场、美洲的殖民化、对殖民地的贸易、交换手段和一般商品的增加，使

---

① 《马克思恩格斯文集》第一卷，人民出版社2009年版，第273页。

② 《马克思恩格斯选集》第一卷，人民出版社2012年版，第168页。

商业、航海业和工业空前高涨，因而使正在崩溃的封建社会内部的革命因素迅速发展”[①]，“现代资产阶级本身是一个长期发展过程的产物，是生产方式和交换方式的一系列变革的产物”[②]，等等。总而言之，马克思和恩格斯鲜明地指出了旧唯物主义所理解的感性直观的学理缺陷，深刻剖析了唯心主义派别所推崇的抽象能动的哲学根源，彻底掀起了一场席卷西方哲学史的存在论革命。

马克思主义的这种现实地改变世界的实践性理论品格与中华优秀传统文化中的实践性哲学主张具有高度的“同构性”，均强调实践的重要性。例如，儒家思想作为中国传统文化的典型代表，其主张“见之不若知之，知之不若行之”，突出强调“行”的关键作用；“学而时习之，不亦说乎”，则尤为强调“习”的重要地位。此外，“不积跬步无以至千里”“知行合一”“绝知此事要躬行”等，也强调认知层面的践行优先意识。应该说，马克思主义同中华优秀传统文化的成功结合，其重要原因之一即在于两者在实践性哲学本源层面实现了同频共振。

（五）致力于和平性

和平性是马克思主义的重要特征。马克思以市民社会的存在合理性的基础——私有制为起点，对其到处充斥着的对抗性生产关系——以人身依附为主的关系和以物的依赖为主的关系进行批判，并将建立一个没有统治阶级和被统治阶级、剥削阶级和被剥削阶级之间的斗争，不存在以社会产

① 《马克思恩格斯选集》第一卷，人民出版社2012年版，第401页。

② 《马克思恩格斯选集》第一卷，人民出版社2012年版，第402页。

品的占有为基础来剥削他人劳动的权利，人人充分享有物质生产资料的极大丰富的占有，以人的个性的充分发展为本质特征的理想社会，即人类的“桃花源”作为最终目标。

马克思主义的和平观与中华文明所崇尚的和平文化具有精神上的共鸣之处。中华民族具有百万年的人类史、一万年的文化史、五千多年的文明史，和平性是中华文明思想理念的精华，是中华民族深沉的精神追求。这一点，从中国古人对待战争的态度即可略知一二。《道德经》中有云，“以道佐人主者，不以兵强天下”，“夫兵者，不祥之器”。《管子》言道：“兵强而无义者，残。”《孙子兵法》有云：“兵者，国之大事，死生之地，存亡之道，不可不察也。”《荀子》也说：“彼兵者，所以禁暴除害也，非争夺也。”总而言之，中国兵家、道家等诸学派以及历朝历代的众多哲人皆对战争持谨慎态度，认为只有不得不战时才可付诸剑戟，和平理应是国家和人民永恒探索的历史主题，“协和万邦”“亲仁善邻”才是人类社会本应绘就的政治图景。回望历史的纵深，我们不难发现，正是由于马克思主义与中华优秀传统文化在和平主张方面的音声相和，才使得两者的有机结合具备现实的可能性，才让两者的相互激活真正发生。

（六）和鸣于天下性

马克思主义是关于无产阶级革命和全人类解放的学说，其理论视野始终着眼于全世界。马克思和恩格斯在创立这门科学理论之初，就坚持运用阶级分析法看待人类社会历史发展走向。例如，马克思和恩格斯曾揭露披着民族外衣的资产阶级所大肆宣扬的“共同体”谬论，指出真正的共同体绝不是建立在“政治解放”基础之上的，而是在实现“人的解放”这一革命性突破后才会成功的；他们指明了历史由民族的、地方的向世界的转变这一客观发展规律；马克思在《哥达纲领批判》中对拉萨尔的错误观点进行猛烈抨击，指出他是从狭隘的民族视角来看待工人运动。

马克思主义的天下情怀与中华优秀传统文化历来讲求的“推己及人”“天下大同”等“和合”观念具有异曲同工之妙。中华优秀传统文化向来将“协和万邦”“讲信修睦”等“仁义”主张作为本民族的价值追求，憧憬“天下一家”的世界秩序和社会图景。《论语》有云：“己欲立而立人，己欲达而达人。”从“立己达人”等立意高远的价值观念即可看出，中华文明始终倡导共赢而非零和、多边而非单边、民主而非霸权，完全不同于建立在“丛林法则”基础之上的扭曲观念。经过审视思量与理性辨析，我们不难发现，马克思主义与中华优秀传统文化理论视野的相似性为彼此的结合创造了先决条件，为其高度契合提供了理论依据。

总之，马克思主义与中华优秀传统文化这两种有着不同历史背景的思想智慧结晶，因具有相近的人民性、自信自立、创新性、实践性、和平性和天下性理论特质而高度契合，从而为两者的彼此融通和相互成就奠定了根本理论前提。

二、马克思主义同中华优秀传统文化彼此融通

如果说马克思主义同中华优秀传统文化高度契合强调的是两种思想在价值层面的“合拍共鸣”，是对其结合的理论依据的客观揭示，那么彼此融通则侧重于探寻“第二个结合”的实践维度，是对其何以为之的现实阐发。马克思主义同中华优秀传统文化彼此融通，其本质原因在于两者所各

自代表的思想体系都具备开放性的融通品质、具有融通的独特历史环境并拥有推动融通的实践主体。

（一）共同彰显开放性的融通品质

马克思主义作为一种以事实为依据、以规律为对象、以实践为检验标准的科学理论，其强大的理论张力尤其体现在开放性上。正如历史唯物主义所认为的那样，马克思主义本身绝不是什么“先哲”所臆想出来的“救世神学”，不是自我思维着的意识、绝对精神、抽象思维等精神产品的“客观”演绎结果，而是构建在人们长期的经验、实践活动基础之上的理论一般，是时代的产物，并且将随着时代、实践和科学的发展而不断演绎。例如，马克思曾在《〈政治经济学批判〉序言》中提道：“1842—1843年间，我作为《莱茵报》的编辑，第一次遇到要对所谓物质利益发表意见的难事……关于自由贸易和保护关税的辩论，是促使我去研究经济问题的最初动因。”①出于对一定社会发展阶段下的物质生产活动的本质规律性研究以及验证共产主义理论科学性的需要，马克思必须将自身的理论视野拓展至政治经济学领域，从而为正确认识市民社会（现代资产阶级社会）运行规律做好理论准备。人类社会步入20世纪后，资本主义的迅猛发展使得自身的存在形态逐步由自由竞争转入垄断，阶级矛盾和资本主义国家之间的对抗冲突持续激化，并最终爆发了世界范围内的资本热战。然而，彼时在第二国际内部却出现了否定这场战争的帝国主义性质的声音，一时间社会沙文主义、超帝国主义论等机会主义理论“招摇过市”，

① 《马克思恩格斯选集》第二卷，人民出版社2012年版，第1—2页。

误导了无产阶级阵营内部的一些成员。面对如此纷繁复杂的国际革命斗争形势，列宁在马克思主义的指导下，通过科学总结世界资本主义发展变化新特征新趋势，开创性地作出了资本主义已经进入帝国主义阶段的历史论断，为国际共产主义运动指明了前进方向和路线。

同样，在中国革命的伟大斗争中，针对一系列在革命实践中产生的新问题新变化新特点，毛泽东亦曾在《实践论》中指出："客观现实世界的变化运动永远没有完结，人们在实践中对于真理的认识也就永远没有完结。马克思列宁主义并没有结束真理，而是在实践中不断地开辟认识真理的道路。"①在实践中把握真理、开辟理论创新之路这一科学论断，为日后中国共产党人创造性地把马克思主义基本原理同中国具体实际相结合、同中华优秀传统文化相结合提供了根本的认识论前提，为开辟中国特色社会主义道路奠定了科学的方法论基础。改革开放后，面对如何建设有中国特色的社会主义、怎样解决人民日益增长的物质文化需要同落后的社会生产之间的矛盾等重大社会发展问题，邓小平创造性地提出了社会主义初级阶段理论，并将社会主义与市场经济有机结合起来，确立了包括社会主义市场经济体制在内的一系列原创性制度，为中国特色社会主义的稳步发展提供了理论、制度等层面的必要保障。中国特色社会主义进入新时代以来，面对时代所提出的一系列重大课题，中国共产党人在马克思主义哲学、政治经济学和科学社会主义领域，先后提出了许多前瞻性、引领性的新思想新观点新论断，进一步深化了对共产党执政规律、社会主义建设规律、人类社会发展规律的真理性认识，为丰富和发展马克思主义作出了原

① 《毛泽东选集》第一卷，人民出版社1991年版，第296页。

创性贡献，形成了一大批具有“自主知识产权”的理论成果，创立了习近平新时代中国特色社会主义思想这一马克思主义中国化时代化的最新理论成果。通过总结历史发展的经验，我们不难看出，马克思主义之所以能够在实践中不断接近事实、把握真理，重要的原因之一就在于它始终坚持开放的思维方式，能够在实践中汲取理性智慧，并将其纳入自身思想体系的“汪洋大海”之中，因而成其大者。

开放性同样体现在中华优秀传统文化的实践内涵之中。《诗经》有言：“呦呦鹿鸣，食野之蒿。我有嘉宾，德音孔昭。视民不恌，君子是则是效。我有旨酒，嘉宾式燕以敖。”《论语》曾道：“有朋自远方来，不亦乐乎?”《抱朴子》中曰：“志合者，不以山海为远。”从上述论述中不难解读出中华民族怀有与志趣相投的各国各民族友人相交往之愿景。《尚书》中有云：“必有忍，其乃有济。有容，德乃大。”反映了中华优秀传统文化一贯主张的宽容、博大的情怀。《管子》中言道：“海不辞水，故能成其大。”体现了中国传统文化内在的谦逊特质。中华民族在数千年的生产生活实践中领悟到的价值真谛，赋予了中华优秀传统文化以开放性的精神特质，塑造了“百花齐放，百家争鸣”之文明景观。中华文明所具有的开放包容、兼收并蓄、海纳百川、融会贯通的根脉品性，使得王朝交替与文明演进呈现出并行不悖的整体趋势，造就了中华文明虽历经劫难却生生不息、历久弥新的灿烂史篇。

总体而言，中华优秀传统文化在长期实践活动中孕育而成的开放性文化特质，与马克思主义在现实活动中追求包罗万象、普惠共生的基本精神殊途同归，两者皆具有在实践活动中领悟智慧伟力的思想发展轨迹、在实践中丰富现世的哲学内涵之科学方法论、探寻“道法自然”的本体界哲学追求。因而，从本质上讲，正是两者所具备的相同实践观哲学根基，才使得彼此的有机结合成为可能。

（二）具有融通的特定历史环境

马克思主义与中华优秀传统文化虽根植于不同的思想文化体系，彼此相隔时间之遥、山海之远，发轫于不同的“乡土”文化背景，但是两者却能够在中国“擦出”革命的火花，令真理的闪电彻底击中这块朴素的人民园地，使得马克思主义的真理光芒照耀于华夏大地之上。从世界历史演进维度看，两者的“邂逅”绝非机遇之偶然，实为人类社会历史发展之必然。两者所交汇共生的独特历史场域是彼此实现融通的关键。

1.现代大工业的发展为马克思主义同中华优秀传统文化相结合奠定了物质基础

在19世纪的欧洲，以蒸汽机的改良、新机器的发明与应用、电力的迅速普及等为代表的工业化运动，助力欧洲社会迈入了以资本主义模式为基本特征的现代化发展阶段。现代大工业的建立、化学在工业和农业中的运用、陆路交通和航海运输业的飞速发展及商业的繁荣等，使得各类商品在世界范围内的生产、分配、交换和消费成为可能。由于开辟新市场的需要，充当资本人格化形象的资产者们必须奔走于世界各地，尽最大可能将资本的触手伸及各个民族国家和地域，努力将商品交换活动推行至每一个角落。而作为“自由贸易”的产物，一大批代表资本主义社会先进生产力的科学技术手段也得以在中国推广，铁路的铺设、通信技术的革新、新式机器的应用等，第一次赋予传统中国社会的生产方式以大工业的、现代的资本主义元素，加速了中国封建社会所赖以形成的生产方式的变革与创新，在一定程度上提高了农业、手工业、工业等领域的综合生产力，促进了社会经济关系的转变和革新，为推动先进革命思想的传播与发展奠定了必要的物质基础和社会经济前提。通过审视历史演进的历程，我们不难发现，现代大工业的发展为不同思想体系的交流互鉴、融合统一构筑了必要的社会整体架构，创造了必要的物质前提，在客观上促成了起源于海洋文明的现代资本主义文明和生发于农耕文明的中华文明的历史性交汇，从而为马克思主义同中华优秀传统文化的交汇融通提供了时代可能。

2.近代中国的社会状况为马克思主义同中华优秀传统文化相结合提供了天然“土壤”

近代以来，中国内外交困之整体局势日益严峻，既面临着极为尖锐的国内阶级矛盾，又遭受外部帝国主义的野蛮侵略，国家长期陷于战乱冲突，原有的封建社会逐步沦为半殖民地半封建社会。近代中国的社会性质总体上决定了中国特定的社会面貌，即既有封建主义的生产关系，又有资本主义的生产关系；既有顽固守旧的群体，又有变革图强的群体；既有侵略的势力，又有反侵略的势力；既有本国的思想文化，又有外国的思想文化。彼时，帝国主义、封建主义、官僚资本主义与中国人民之间的矛盾冲突已然达到白热化，整个社会处于即将崩裂的“临界”状态。封建守旧势力、资产阶级维新和革命势力曾经尝试解决中国社会所面临的矛盾问题，但由于缺乏科学的革命理论指导和对中国传统文化存在错误认知，其变革活动必然难逃失败之命运。“风雨飘摇”的中国社会有机体使得处于各个生产环节的人们产生了严重的生产和生活危机感，一场彻底的、自下而上的社会革命迫在眉睫，一种启示人民以正确生存出路的革命思想呼之欲出。这种经济基础处于崩溃边缘、新旧势力和思想错综交织、外国帝国主义入侵的独特社会条件，为马克思主义同中华优秀传统文化进行“化合反应”提供了历史条件。

3.社会主义革命和建设的成功实践为马克思主义同中华优秀传统文化相结合提供了坚实的社会制度保障

在社会主义革命和建设时期，党团结带领全国各族人民稳步有序地推动新民主主义向社会主义的转变，将一个曾经备受欺凌的国家建设成一个逐步受到国际社会尊重和认可的社会主义国家，取得了旧中国几百年、几千年所没有取得过的进步。其中，在经济领域确立了国有经济的主导地位，大力开展农业、工业生产建设，显著增加了社会生产生活资料总量；在政治领域确立并完善了一系列制度设计，有力地巩固了党的领导地位，保证红色江山永不变色；在文化领域主张推进以人民大众为主体的文化建设工程，提升人口整体文化素质；在社会领域实施一系列民生保障制度措施，有效提升了人民群众的生活幸福感。《中共中央关于党的百年奋斗重大成就和历史经验的决议》指出：“中国共产党和中国人民以英勇顽强的奋斗向世界庄严宣告，中国人民不但善于破坏一个旧世界、也善于建设一个新世界，只有社会主义才能救中国，只有社会主义才能发展中国。”[①] 我国社会主义革命和建设的成功实践，充分凸显了社会主义社会本身所具有的制度优越性，确证了马克思主义的科学性和真理性，在制度层面为马克思主义同中华优秀传统文化相结合奠定了必要基础。

---

① 《中共中央关于党的百年奋斗重大成就和历史经验的决议》，人民出版社2021年版，第14页。

4.改革开放和社会主义现代化建设新时期所取得的巨大成就为马克思主义同中华优秀传统文化相结合提供了强大的实践依据

20世纪70年代末，我国曾遭遇重大发展困难和挑战，一度面临着被开除球籍的风险。值此危难关头，党中央作出了将党和国家工作重心转移到经济建设上来的科学决策，建设有中国特色的社会主义。经过数十年的发展，我国国内生产总值已稳居世界第二位，农业生产力水平显著提升，并且是世界上唯一具有完整工业体系的国家，人民生活幸福指数明显提升，人均寿命实现了跨越式增长，国际影响力显著增强。不难看出，坚持在中国具体实际基础上摹画社会主义图景，在中华优秀传统文化底蕴之上探寻现代化建设之历史智慧，是改革开放和社会主义现代化建设能够取得成功的重要原因。总体而言，我国数十年的现代化建设成就为马克思主义基本原理同中华优秀传统文化相结合提供了强大的实践依据。

5.中国特色社会主义新时代的伟大探索为马克思主义同中华优秀传统文化相结合提供了充分的时代底气

党的十八大以来，以习近平同志为核心的党中央统筹把握中华民族伟大复兴战略全局和世界百年未有之大变局，聚焦中国和时代发展之前沿问题，在已有基础上坚持以“两个结合”特别是“第二个结合”推进马克思主义中国化时代化，不断实现中国式现代化理论和实践的创新突破，成功推进和拓展了中国式现代化，历史性地实现了第一个百年奋斗目标，并开启了全面建设社会主义现代化国家新征程，向第二个百年奋斗目标迈进的崭新阶段。中国式现代化在中国特色社会主义新时代所取得的伟大成就，充分证明了坚持以“两个结合”特别是“第二个结合”推进马克思主义中国化时代化、推进中国式现代化建设的正确性，为马克思主义同中华优秀传统文化相结合提供了充分的时代底气。

（三）中国共产党是推动融通的主体力量

中国化时代化的马克思主义的继承与发展绝不是意识自我进化的结果，而是创造主体自觉性发挥的“劳动杰作”。中国共产党在推进马克思主义中国化时代化的历史进程中，对于“第二个结合”的规律性认识有了更深刻的把握。

百余年来，中国共产党人充分发挥主体性自觉，团结带领中国人民将马克思主义这个“舶来品”融入具有五千多年文明史的中国社会，同时又将中华优秀传统文化纳入马克思主义的理论视野，大力推动马克思主义基本原理同中华优秀传统文化相结合，继而为中国、中华文明找到了正确发展方向，成功开辟了集革命、建设、改革于一体的正确道路——中国特色社会主义道路，形成了毛泽东思想、邓小平理论、“三个代表”重要思想、科学发展观和习近平新时代中国特色社会主义思想等马克思主义中国化时代化理论成果。

中国化时代化的马克思主义之所以拥有如此强大的历史穿透力、洞察力、引领力，本质原因就在于中国共产党人始终善于从中国历史发展的经验中总结与把握社会演变的一般规律和特殊规律并将之运用于伟大的斗争实践，把握马克思主义思想精髓与要义。在第一次和第二次国内革命战争时期，如何在各方军阀势力犬牙交错的状态下找寻真正的革命力量是中国革命必须解决好的紧迫问题。毛泽东在《中国社会各阶级的分析》中指出：“谁是我们的敌人？谁是我们的朋友？这个问题是革命的首要问题。中国过去一切革命斗争成效甚少，其基本原因就是因为不能团结真正的朋友，以攻击真正的敌人。”[①]而马克思主义所坚持的阶级分析法作为共产党人看待人类社会发展和革命运动走势的科学方法论，是我们正确寻找革命力量的主要理论依据。中国共产党人在阶级分析法的科学指导下，找到了以无产阶级、农民阶级和城市小资产阶级为主的基础革命力量，在众多反革命势力的包围之中不断开辟中国革命事业的新前景。在全面抗日战争时期，中国共产党人在马克思主义的引领下，科学总结历朝历代治乱兴衰之历史经验，批判吸收中国传统文化中的合纵连横、以战止战、革弊求新等价值理念，将取得抗日战争胜利的三大法宝归结为统一战线、武装斗争、党的建设，把马克思主义中国化理论创新推上了新高度。百余年来中国共产党人正是在深刻把握中华文明发展特点和规律的前提下，将马克思主义灵活运用于中国实践，因而创造了中国化时代化的马克思主义，形成了许多伟大的思想理论，将一个理想中的社会主义中国现实地呈现在人们面前。

总而言之，马克思主义与中华优秀传统文化作为来源、生长环境和表达方式完全不同的两种思想体系，两者的创新、融通与发展绝不是诸如“自我意识”等抽象名词的自行演绎，而是在中国共产党人自觉性意识充分觉醒之后，在中国具体实践之中不断深化对两者相结合的理性认识并推动其结合的结果。

---

① 《毛泽东选集》第一卷，人民出版社1991年版，第3页。

三、马克思主义同中华优秀传统文化互相成就

从理论创新发展脉络来看，推进马克思主义中国化时代化是马克思主义基本原理同中华优秀传统文化相结合的必然结果。但是，这种结合绝不是“非此即彼”式的理论产物，既不会出现马克思主义取代中华优秀传统文化的情形，也不会发生中华优秀传统文化“吞噬”马克思主义的状况，而是一种“双向奔赴”“融通共生”式的发展关系，最终形成的是“1+1>2”的理想效果。正如习近平总书记在文化传承发展座谈会上所指出的，“‘结合’的结果是互相成就，造就了一个有机统一的新的文化生命体，让马克思主义成为中国的，中华优秀传统文化成为现代的，让经由‘结合’而形成的新文化成为中国式现代化的文化形态”[①]。

（一）“第二个结合”使马克思主义讲中国话语

《共产党宣言》的发表标志着马克思主义的公开问世。发生于19世纪的欧洲革命，使陈旧的欧洲社会陷于无产阶级群众革命意志的汪洋大海之中。马克思主义的科学光芒自跃然于海平面之时，便已将历史的光亮播撒于蓝色星球的每一寸土地，在中国亦是如此。俄国十月革命的伟大胜利，让众多中国的先进分子直观感受到了马克思主义的真理力量，看到了从危难中挽救民族的新希望。从此，中国人民拿起了这个强大的世界观和方法

① 《习近平在文化传承发展座谈会上强调 担负起新的文化使命 努力建设中华民族现代文明》，《人民日报》2023年6月3日。

论武器，用于改造陈旧的中国社会。然而，那种“不加雕琢”的、“原装进口”的、“本本”的马克思主义在指导中国革命运动的初期亦是举步维艰、命运多舛，马克思主义似乎到中国便不灵验了。面对马克思主义“本本”该何去何从的重大问题，毛泽东在《新民主主义论》中指出，“必须将马克思主义的普遍真理和中国革命的具体实践完全地恰当地统一起来，就是说，和民族的特点相结合，经过一定的民族形式，才有用处”[①]。这里所谓的“民族的”和“民族形式”，即是“第一个结合”中带有的中华优秀传统文化因素的具体表现形式。具体而言，就是要让马克思主义直面中国的具体实际、特殊问题，坚持讲好“孔夫子”“天地道法”等中国话语，使其具备中国气质、中国风格、中国底色，做到被中国所接受、被时代所接受、被人民所接受，真正解决好在中国革命进程中出现的一系列重大问题。相反，与此形成鲜明对比，苏联共产党由于在相当长的一个时期内，没有正确处理好马克思主义与本民族特色文化之间的关系，加之其他诸多因素的共同作用，使得马克思主义丧失了自身在意识形态领域的指导地位，最终导致了苏联的解体。

自马克思主义诞生以来，诋毁和企图扼杀这一世间真理的声音和势力就一直存在，从未断绝和消散。历史上，肆意制造马克思主义过时论的行径曾广泛出现。敌对势力最惯用的拙劣伎俩就是针对马克思主义经典著作中的某些词句或论断，进行断章取义式或污名化理解，以此达到动摇和否定马克思主义的思想指导地位的险恶目的。例如，有言论指出，马克思没有论述过社会主义社会中市场经济的作用和功能，因此在社会主义制度下

---

① 《毛泽东选集》第二卷，人民出版社1991年版，第707页。

实行市场经济体制就不能被理解为坚持真正的马克思主义；马克思主义并没有向世人指明那个美好的共产主义社会伟大远景的详尽形貌是什么样的，因此这种理论是“不靠谱”的、早就“过时”了的；马克思主义是一种崇尚暴力革命、阶级斗争的思想理论，在当今世界和平与发展的时代主题下，这种理论显然已经“不合时宜”了，等等。提出这些扭曲观点的人很显然不懂得或者故意回避思想发展的客观规律，在辩证唯物主义和历史唯物主义面前停下了脚步。马克思主义基本原理告诉我们必须以发展的眼光看待马克思主义。只要实践不止步，思想创新就将持续。因此，通过总结世界社会主义发展史和中国革命、建设和改革的历史经验，我们得知只有坚持把马克思主义同本民族本国的具体实际相结合、同本民族本国的特色文化相结合，才能使本国社会主义事业的发展走在正确的轨道上。因此，在20世纪末，当世界社会主义运动陷入低谷之时，中国共产党人没有被眼前的形势所吓倒、困扰或阻滞，而是始终聚焦推进马克思主义基本原理同中国具体实际相结合、同中华优秀传统文化相结合，不断开创马克思主义中国化时代化新局面，使得社会主义中国始终充满着生机活力，用实际行动回应了质疑和否定之声，让真正的马克思主义持续散发真理的光芒。正如邓小平所说：“一些国家出现严重曲折，社会主义好像被削弱了，但人民经受锻炼，从中吸收教训，将促使社会主义向着更加健康的方向发展。因此，不要惊慌失措，不要认为马克思主义就消失了，没用了，失败了。哪有这回事！”①

党的十八大以来，以习近平同志为核心的党中央坚持以科学的态度对

① 《邓小平文选》第三卷，人民出版社1993年版，第383页。

待科学，以真理的精神追求真理，在推进马克思主义基本原理同中华优秀传统文化相结合的自觉上有了新的飞跃，始终在中华优秀传统文化这个根脉基础上对马克思主义进行“二次开发”，持续深化两者结合的深度和广度，不断开辟马克思主义中国化时代化新境界，使中国特色社会主义事业持续展现出青春的色彩，绽放出真理的光芒，彰显出强大的文化自信，以铁一般的事实确证了马克思主义的科学性和真理性，使得马克思主义的命运同中国共产党的命运、中国人民的命运、中华民族的命运紧紧连在了一起。

（二）“第二个结合”使中华优秀传统文化具备现代外观

中华民族在长期的耕作劳动中积累了无数的自然科学知识和哲学社会科学成果，形成的文化典籍汗牛充栋，孕育出独特的宇宙观、天下观、社会观、道德观，创造了璀璨的中华文明，这是中国人最引以为傲的精神财富。然而，自近代以来，这种中华民族在精神上长期保持自信的局面却被残酷的现实所打破。鸦片战争爆发后，面对西方资本主义的坚船利炮和思想侵蚀，面对强大工业文明的强势来袭，农耕文明和君主专制制度“黯然失色”，中国传统文化和大刀长矛在西方工业文化和坚船利炮面前吃了败仗，昔日的“天朝上国”走到了生命的尽头。面对国家蒙辱、人民蒙难、文明蒙尘的历史现状，如何找到能够实现民族复兴、文明发展的新路，成为中华民族必须回答的时代课题。彼时，中国社会各阶级纷纷救亡图存，太平天国运动、洋务运动、戊戌变法、义和团运动、辛亥革命接连而起，这些历史性事件确实在中国社会发展进程中留下了独特痕迹，为促进中国社会革命起到了一定的作用。但是，这些运动既缺乏科学的理论指导，又没有意志坚定的、始终起推动作用的革命先锋力量加以引领，最后都难逃失败之命运。总体来看，彼时的中国面对西方帝国主义的入侵，显然已经束手无策，早已落入“四面楚歌”之境地，最终造成了国家的衰落。

中国传统文化作为中国封建社会统治阶级的意识形态输出工具，其中原本包括内涵丰富的尚武精神，但是在某些历史时期，统治阶级出于阶级统治的需要，这种宝贵的民族精神被人为地淡化、遗忘、边缘化，浩如烟海的尚武诗词、兵法典籍、武装斗争哲学箴言被刻意隐藏、封禁、销毁，系统化、长期化、强制化的“重文轻武”理念，导致民众甚至国家在面对外敌入侵时以武力捍卫自身生命财产安全的斗争意志和能力趋于薄弱，民族精神中的“和合”基因有被曲解为以退让求和平、以损失自身核心利益换取侵略者的暂缓入侵等的趋势。尽管近代以来梁启超、孙中山等人极力推崇武力反抗帝国主义侵略的思想，然而由于缺乏科学的世界观和方法论的指引，中华优秀传统文化本身无法胜任外御强敌、重构社会有机体的思想引领工作，无法做到示民众以历史发展真理之逻辑，更无法揭示出寻求真正的革命同盟军，团结真正的朋友以攻击真正的敌人这个颠扑不破的革命真理。中华优秀传统文化需要被有效地激活和赋能，才能具备在资本主义历史时代继续生存的前提和可能。

历史的发展总是在偶然的联系中勾勒出必然的脉络。1917年，俄国十月革命一声炮响，给中国送来了马克思列宁主义。自此，中国革命的前景发生了根本性扭转，中华优秀传统文化亦显示出现代化的转变趋势。其中，这个转变的重要使命就是赋予中华优秀传统文化中的“和合”理念以全新的时代内涵。马克思列宁主义的阶级斗争学说告诉我们，在一切对抗性的生产关系面前，在“人类社会的史前时期”，和平从来都不能靠改良运动、投降主义实现，而是要依靠武装斗争达到“以战止战”，直至“不战而屈人之兵”，此为和平之正解也。那些习惯于和资本主义侵略者讲道理、求同情的人们是要犯革命问题上的幼稚病的。正是因为马克思主义激活了中华优秀传统文化当中的尚武精神，才使其学会了运用斗争的正确形式面对现代资本主义文明，与之交往，引导社会有机体向着更有利于提升自身生产力和战斗力的方向发展，从而让中华民族在战略上拥有更为主动、强大的精神指引力量，重拾延续了几千年的文化自信。

回望党的百余年历史，我们不难发现正是“第二个结合”赋予了中国革命以光明前景，完成了拯救中华文明于水深火热之中的时代使命，使中华优秀传统文化在现代化进程中生存下来并重新焕发生机活力，让中华民族重拾文化自信。无数实践证明，只有马克思主义才是挽救中华民族、中华文明的唯一科学理论，只有持续深入推进“第二个结合”，才能真正使中华文明永久绽放光芒。

（三）“第二个结合”擘画中华民族现代文明之恢宏史篇

“第二个结合”是大智慧，其所缔造的这个有机统一的新的文化生命体拥有一个极富哲学韵味的名字——中华民族现代文明。作为上层建筑中的核心组成部分和中国式现代化的文化形态，中华民族现代文明的基本使命是维护中国特色社会主义社会有机体健康有序发展，最大限度促进社会生产力的跃升与增长。中华民族现代文明是社会主义文明形态的中国呈现样式，反映着中华民族迄今为止对于宇宙、世界、社会、道德等方面的根本看法和总的观点，必将责无旁贷地承担起开辟社会主义文明形态发展方向的重要使命。作为内嵌共产主义萌芽的文明形态，中华民族现代文明必须发展出与中华民族未来文明相衔接的文化基因和特质，并且为人类社会擘画出共产主义文明的宏伟图景。

1. 中华民族现代文明的基本使命是维护中国特色社会主义社会有机体健康有序发展

在马克思主义政治经济学批判理论看来，社会本是一个有机统一体。作为这个有机体的思想“灵魂”，文明可以被理解为一个能“呼吸”、具有自我“思维能力”的文化生命体。当然，这里所谓的自我“思维能力”绝非作思辨哲学之理解，而是指作为社会有机体的重要环节，文明具有统领全部生产关系之上社会成员思维观念、维护社会有机体和谐稳定的意识形态方面的作用。中华民族现代文明作为中国特色社会主义社会的文明形态，其在社会主义初级阶段的基本使命就是维护我国社会的健康有序发展。

2. 中华民族现代文明的重要使命是开辟社会主义文明形态的发展方向

中国共产党人在通过“第二个结合”科学回答自近现代以来的“古今中西”之争，让中华优秀传统文化学会用正确的方式与西方现代资本主义文明打交道后，更要着眼于开辟社会主义文明形态的发展方向这个重要使命。在民族国家形式仍具有历史合理性，阶级斗争依旧广泛存在的今时今日，社会主义文明的发展和演化也无法摆脱这些历史痕迹的影响。这意味着中华民族现代文明也必定是向着既能够反映民族无产阶级统治意志，实现物质文明、政治文明、精神文明、社会文明、生态文明协调发展，又能以促进人的自由全面发展为最高价值宗旨的文明方向发展。

3. 中华民族现代文明的内在使命是擘画共产主义文明形态的宏伟图景

在历史唯物主义看来，现代资本主义文明虽然率先登上了历史舞台，创世纪般地将人类文明划分为传统与现代两种形式，但是这种由资本唱独角戏的文明形态内在地决定了其不可能迎来“完美谢幕”，只能落个“曲终人散”之结局。与此截然相反，中华民族现代文明是一种社会主义的、内嵌共产主义萌芽的文明形态，其最终通向的将是风光无限的人的自由全面发展的世界。中华民族现代文明为人类社会擘画出共产主义文明形态的宏伟图景。中国共产党人为人类社会找到的这条由传统文明走向现代文明再到未来文明，进而走向共产主义文明的历史真理之路，是中华民族从历史深处、灵魂深处、思想深处给予人类社会的一份智慧礼物。

总之，马克思主义基本原理同中华优秀传统文化的结合确证了马克思主义的科学性和真理性，使得马克思主义的生命活力得以延续和增强。同时，马克思主义同中华优秀传统文化相结合激活了中华文明，扩展了中华优秀传统文化的活动空间。马克思主义基本原理同中华优秀传统文化相结合为中国式现代化提供了取之不尽、用之不竭的智慧源泉，为实现中华民族伟大复兴提供了坚实有力的思想理论支撑。

第三章

重大关系论

“树高千尺有根，水流万里有源”，“第二个结合”不是无本之木、无源之水，其本身是中国共产党基于马克思主义基本原理同中华优秀传统文化创造性结合的成功实践和历史经验而提出的重大论断，体现了党对马克思主义中国化时代化规律性认识达到了新高度，其在历史演进、时空场域、实践要求等层面具有多重关系向度。特别是，我们需要辩证把握“第二个结合”同“第一个结合”的关系，统筹把握“第二个结合”同“两个大局”的关系，整体把握“第二个结合”同“六个必须坚持”的关系，从而在多维关系向度中深刻体悟“第二个结合”的深层意蕴和内在机理，进而深度把握习近平文化思想所体现的宏阔历史视野、深邃战略考量和坚定文化自觉。

一、“第二个结合”同“第一个结合”的关系

深刻体悟“第二个结合”的厚重意蕴，需要辩证把握“第二个结合”同“第一个结合”的关系，从而更好地把握习近平文化思想所彰显的宏阔历史视野。从历史演进来看，“第一个结合”跃升到“第二个结合”具有逻辑必然性；从深层机理来看，“第二个结合”与“第一个结合”相互区别、相互联系、有机统一；从认识升华来看，“第二个结合”是“第一个

结合”的深化拓展。

（一）“第一个结合”到“第二个结合”的逻辑必然

从首次提出“第一个结合”到正式提出“第二个结合”，体现了中国共产党人对马克思主义中国化这一时代课题认识上的不断深化。当我们借助历史的望远镜对从“第一个结合”到“第二个结合”的历史流变加以动态透视时，就会发现，无论在理论层面、实践层面还是在历史层面，“第二个结合”都是“第一个结合”的题中应有之义，从“第一个结合”到“第二个结合”进而成为“两个结合”具有逻辑必然性。

若以马克思主义中国化作为贯穿中国近现代历史的一条主线，那么党百余年来筚路蓝缕奠基创业的历史，事实上就是奋力推进“第一个结合”的辉煌历史，同时也是竭力推进“第二个结合”的灿烂历史。也就是说，20世纪30年代毛泽东明确提出的“马克思列宁主义的理论和中国革命的实践相结合”这一命题，业已天然包含着“马克思列宁主义的理论和中华优秀传统文化相结合”。

从理论层面考量，第一，中国具体实际既包括中国社会现实，也涵盖中国历史人文，不能简单地把它窄化理解为前者；第二，中国具体实际是一个历史范畴，因此，所谓“实际”“具体实际”是包含着过去、现在、将来“三维”的实际，即曾经的实际、当下的实际和未来的实际，自然也包含着中华优秀传统文化。毛泽东认为，当代中国是历史中国的沿革，“从孔夫子到孙中山，我们应当给以总结，承继这一份珍贵的遗产”[①]，

① 《毛泽东选集》第二卷，人民出版社1991年版，第534页。

即毛泽东提出“第一个结合”的时候，就暗含着“第二个结合”，其实就已经是“两个结合”了，只是尚未作为正式的理论命题提出而已。

从实践层面考量，尽管毛泽东在当时没有明确提出“第二个结合”这个命题，但是当他提及“同中国具体实际相结合”的时候，就已经进行了马克思主义基本原理同中华优秀传统文化相结合。因为，如果事实上不进行二者的结合，马克思主义基本原理同中国的具体实际相结合是无法办到的。换句话说，在同中国具体实际相结合的过程中一定渗透着传统与现代交汇的文化因素。所以，尽管当时还没有提出“第二个结合”的命题，但就实践层面而言，在推进“第一个结合”的过程中，马克思主义基本原理同中华优秀传统文化相结合是逻辑的必然，它并不以人的主观意志为转移。从这点来看，既体现了毛泽东高度的文化自觉、理论自觉和使命自觉，也体现了毛泽东对马克思主义基本原理同中华优秀传统文化相结合的开拓。

所以，不论在理论层面还是在实践层面，“第一个结合”本身都内蕴着“第二个结合”。从理论上讲，任何形式的实际问题在本质上都是历史性问题，都是“我们眼前的历史运动的真实关系的一般表述”[①]。习近平总书记也曾指出：“历史，往往在经过时间沉淀后可以看得更加清晰。”[②]因此，深刻理解并科学阐释“第二个结合”与“第一个结合”的关系，我们需要走到历史的深处，触摸其历史演进的轨迹。

从历史层面考量，由“第一个结合”到“第二个结合”不是空中飘来的，其历史纵深已经佐证了这一认识跃升具有历史必然性。毛泽东在土地

① 《马克思恩格斯文集》第二卷，人民出版社2009年版，第45页。

② 习近平：《论中国共产党历史》，中央文献出版社2021年版，第97页。

革命时期提出，“马克思主义的‘本本’是要学习的，但是必须同我国的实际情况相结合”[①]，并且作出“没有抽象的马克思主义，只有具体的马克思主义”[②]的重要论断，主张人们通过“第一个结合”推进马克思主义中国化。1941年，毛泽东在《改造我们的学习》里提到“马克思列宁主义的普遍真理和中国革命的具体实践日益结合的二十年”[③]，在这一时期体现了中国共产党对马克思主义中国化初步的理论自觉。延安整风期间，党深化了以往的规律性认识，提出使马克思列宁主义“更进一步地和中国革命实践、中国历史、中国文化深相结合起来”[④]。改革开放以来，邓小平创造性地提出“建设有中国特色的社会主义”的重大论断，这都体现了认识上的逐步跃升。

2021年2月，习近平总书记指出：“马克思主义真理的力量激活了中华民族历经几千年创造的伟大文明，使中华文明再次迸发出强大精神力量。”[⑤]这体现了党在一如既往强调重视“第一个结合”的同时，还着重阐释了马克思主义同中华文明的关系以及两者相结合对于创新发展中华文明的重要作用。2021年7月，习近平总书记首次提出“把马克思主义基本原理同中国具体实际相结合、同中华优秀传统文化相结合，用马克思主义

---

① 《毛泽东选集》第一卷，人民出版社1991年版，第111—112页。

② 中共中央文献研究室、中央档案馆编：《建党以来重要文献选编（一九二一—一九四九）》第十五册，中央文献出版社2011年版，第651页。

③ 《毛泽东选集》第三卷，人民出版社1991年版，第795页。

④ 中共中央文献研究室、中央档案馆编：《建党以来重要文献选编（一九二一—一九四九）》第二十册，中央文献出版社2011年版，第318—319页。

⑤ 《习近平著作选读》第二卷，人民出版社2023年版，第418页。

观察时代、把握时代、引领时代”①，这既标志着“两个结合”重大论断的正式出世，也体现了党关于马克思主义中国化规律的认知实现了一次伟大的质的飞跃。2022年10月，党的二十大报告深刻阐释了“两个结合”的科学内涵和实践意义。2023年6月，在文化传承发展座谈会上，习近平总书记再次强调“两个结合”是开辟和发展中国特色社会主义的必由之路，是我们取得成功的最大法宝，并着重阐述了“第二个结合”的重大意义，这标注了中国共产党关于中国道路、理论、制度认识的新高度，文化自觉与文化自信的新高度。

（二）“第二个结合”与“第一个结合”的辩证统一

“两个结合”的命题经历了从提出“第一个结合”实际内在包含着“第二个结合”，到正式提出“第二个结合”与“第一个结合”并称为“两个结合”的演进过程。整体来看，“第二个结合”与“第一个结合”是一体两面、不可分割的辩证统一关系，“第二个结合”与“第一个结合”既相互联系，又彼此区别，共同有机统一于中国特色社会主义伟大实践场域和中国式现代化宏大时代场景。

1.“第二个结合”与“第一个结合”相互区别

“第二个结合”与“第一个结合”相互区别、各有侧重。从整体上说，两者的区别体现在作为正式命题提出的时间不同、基本内涵不同、对象不同、价值不同、手段方式不同、践行路径不同以及世界意义不同等。

具体说来，就“两个结合”的对象而言，虽然都包含马克思主义这一

① 《习近平著作选读》第二卷，人民出版社2023年版，第483页。

元素，但它们分别瞄向中国具体实际和中华优秀传统文化，当然，所谓中国具体实际是包含着中华优秀传统文化的。“第一个结合”侧重于在实践层面同马克思主义相结合。从本质上说，“第一个结合”更侧重于理论与实际的结合，是理论和实践的融会贯通。将马克思主义作为根本指导思想应用于中国实践，其间应注重符合中国实际，做到具体问题具体分析，避免和反对教条主义和本本主义的错误倾向，这是马克思主义“中国化”的过程。同时，作为实践指南的马克思主义在中国生根发芽的过程中又能汲取新鲜的实践经验进而得到升华，以此丰富和发展马克思主义理论宝库，这是马克思主义“化中国”的过程。而“第二个结合”聚焦文化元素，更侧重于理论与文化形态的结合，达成精神空间上的融通互鉴。中华优秀传统文化与马克思主义穿越时空、跨越国度开展对话交流互鉴，虽然两者来源不同，但因高度契合、彼此成就而造就了新的文化生命体和文明新形态。马克思主义深刻汲取中华文明独有的人文精神、哲学思想、民族智慧，使得马克思主义的真理力量和中华文明血脉相融通，不但实现了两者在价值观念上的充分耦合与紧密相连，而且达成了历史与现实的对话、守正与创新的共融，这为将中华民族的伟大精神和丰富智慧更深层次地注入马克思主义创造了前提条件。

2.“第二个结合”与“第一个结合”相互联系

尽管“第二个结合”与“第一个结合”存在诸多差异，但是不可否认两者之间具有紧密的联系，两者内在关联、密不可分。与其说两者在诸多层面保持内在联系，不如说正是彼此的差异打通了它们深度联系的主动脉。

之所以说“两个结合”的差异天然地促进了两者的联系，是因为“第二个结合”为“第一个结合”提供了学理前提。“第一个结合”与“第二个结合”不是平行并列的关系，“第二个结合”为“第一个结合”提供了前提条件、奠定了文化基础，这是因为“第二个结合”实际解决了“第一个结合”何以可能的真问题。从学理上说，马克思主义要实现同中国的具体实际相结合，就必须具备一个前提条件，那就是实现马克思主义从“来”中国向“在”中国的历史性转变。而马克思主义从“来”中国到“在”中国的过程，即是它同中华优秀传统文化相结合的过程。正如习近平总书记所言：“只有植根本国、本民族历史文化沃土，马克思主义真理之树才能根深叶茂。”[①]事实证明，故乡远在欧洲的马克思主义已经在中国这片古老而又年轻的土地上落地生根，而中华优秀传统文化中也早就有马克思主义的种子，在进行“第一个结合”的过程中就已经推进了马克思主义基本原理同中华优秀传统文化相结合相成就。从这个意义上说，“马克思主义基本原理同中华优秀传统文化相结合为马克思主义‘中国化’和马克思主义‘化中国’提供了更为根本、更为扎实、更为深沉、更为巩固的文化土壤和学理前提”[②]，“第二个结合”与“第一个结合”具有天然的内在联系。

3.“第二个结合”与“第一个结合”有机统一

“第二个结合”与“第一个结合”既相互区别、各有侧重，又内在关联、密不可分，还各有千秋、各展所长，内在统一于“两个结合”之中，它们共同统一于中国式现代化的宏阔实践之中，从而为开辟马克思主义中

① 习近平：《高举中国特色社会主义伟大旗帜　为全面建设社会主义现代化国家而团结奋斗——在中国共产党第二十次全国代表大会上的报告》，人民出版社2022年版，第18页。

② 田鹏颖：《深入理解“第二个结合”的认识论意义》，《光明日报》2023年6月12日。

国化时代化崭新境界创造了根本可能，提供了根本途径。

在推进和拓展中国式现代化的恢宏实践中，中国共产党人深刻认识到坚持和发展马克思主义必须在“第一个结合”中进行，同时也必须在“第二个结合”中推进。二者是无法割裂、缺一不可的，因而必须在“两个结合”的统一中挖掘马克思主义深厚的理论阐释力。习近平新时代中国特色社会主义思想是坚持和推进“两个结合”的最新理论成果，在理论和实践两个层面充分彰显了“两个结合”的磅礴伟力。比如，将马克思主义关于人与自然具有交互性关系的观点同中华优秀传统文化蕴含的“天人合一”的宇宙观相结合，创造性地提出关于生态文明建设的一系列重大论断，诸如构建人与自然生命共同体、中国式现代化是人与自然和谐共生的现代化等，彰显了中国共产党人高度的文化自觉、文化自信，放射出马克思主义璀璨的真理光芒。在新时代新征程上，我们需要辩证把握和统筹推进“两个结合”，真正把“两个结合”结合好，持续推动“两个结合”融通共进，从结合中探求持续应答中国之问、世界之问、人民之问、时代之问的密钥，从而助益中国式现代化巍巍巨轮行稳致远，为人类文明进步和世界和平发展不断作出新的更大贡献。

（三）“第二个结合”是“第一个结合”的深化拓展

就认识程度和规律而言，“第二个结合”是“第一个结合”的深化拓展，标注着党对马克思主义和中华优秀传统文化认识的新高度，昭示着对马克思主义中国化时代化命题认识飞跃的新达成，体现着对马克思主义基本原理和中华优秀传统文化各自本质的认识不断深入、对两者关系的认识不断深化、对两者结合样态的认识不断升华、对两者结合结果的认识不断革新。

1.对马克思主义基本原理和中华优秀传统文化各自本质的认识不断深入

“第二个结合”命题的正式提出，表明中国共产党人对马克思主义基本原理和中华优秀传统文化各自本质的认识不断深入，也体现了党理论自觉和理论自信程度的不断加深。

一百多年前，当中国共产党人刚刚把马克思主义写到自己旗帜上的时候，对“究竟什么是马克思主义，怎样对待马克思主义”的认识同今天我们对马克思主义的认识并不是一个水准，更不是一个高度。马克思主义刚刚传播到中国时，和其他社会思潮具有一样的地位，只是众多社会思潮中的一种。从仅仅是一种社会思潮到成为中国共产党指导思想的理论基础，再到党深刻认识到马克思主义是科学的、人民的、开放的、实践的理论，党对马克思主义基本原理及其深层本质的认识因突破了以往的认识而逐步升华和深化。对中华优秀传统文化的认识更是如此，新民主主义革命时期，中国共产党提出马克思主义中国化的理论命题，虽然马克思主义基本原理同中国具体实际相结合的实践过程内蕴着其同中华优秀传统文化相结合，即当中国共产党人主动探索和积极推动“第一个结合”的时候，这一过程已经内在包含了“第二个结合”，但当时并未直接从学理意义上明确提出马克思主义基本原理同中华优秀传统文化相结合，对二者何以结合、如何结合、结合有何作用也并未从学理高度予以揭示。直到习近平总书记提出“第二个结合”的重大论断，将“第二个结合”从“第一个结合”中分离出来，从学理高度明确提出马克思主义基本原理同中华优秀传统文化相结合，在直接意义上赋予中华优秀传统文化与马克思主义基本原理同等的地位。这体现了中国共产党在学理高度上关于中华优秀传统文化在“结合”中的作用及地位的认识变迁，反映了中国共产党对于中华优秀传统文化本质的规律性认识的不断深化，表明中国共产党日益走进中华优秀传统文化本质深层。在21世纪的今天，中国共产党把中华优秀传统文化视为中国人安身立命的根和魂，认为中华优秀传统文化是中国特色社会主义文化之根源，它越发成为塑造中华民族风骨的基因密码，这亦表明中国共产党对中华优秀传统文化本质的认识越来越深入。所以，习近平总书记在新时代提出“第二个结合”这个命题，是彻底地走进了两者各自的深处，揭示了两者各自的深层本质。

2.对马克思主义基本原理和中华优秀传统文化两者关系的认识不断深化

“第二个结合”命题的正式提出，表明中国共产党人对马克思主义基本原理和中华优秀传统文化这两者关系的认识不断深化。中国共产党在以马克思主义为指导救中国、发展中国的过程中，不断以马克思主义的立场观点方法深化理解中华优秀传统文化，也不断用中华文明思想精粹推动马克思主义中国化时代化理论创新，中国共产党在不同历史阶段提出的“实事求是”“小康”“和谐社会”等概念命题即是明证。进入新时代，中国共产党人深刻认识到马克思主义同中华优秀传统文化不仅存在可通约性，能够对话，而且并非边界清晰、泾渭分明，更是找到了两者的高度契合点。正如习近平总书记所指出的，“中华优秀传统文化源远流长、博大精深……同科学社会主义价值观主张具有高度契合性。我们必须……把马克思主义思想精髓同中华优秀传统文化精华贯通起来”[①]。这些重要论述把人们从对马克思主义的教条式理解、对中华优秀传统文化的“文化虚无主义”认识中解放出来，从对马克思主义同中华优秀传统文化“不能通约”“不可对话”的两极思维中解放出来。这充分体现了中国共产党人在对两者关系的深层认识、深层理解和深层把握上达到了一个新的层面、新的高度。

从“第二个结合”命题本身来看，用一个“同”字将结合的两个对象“联结”起来，折射出中国共产党人对两者关系的深邃思考。在中国共产党人的视域中，“同”代表两者相融通、相贯通，已然达到你中有我、我中有你，以至于两者不可分割的程度。正如习近平总书记所言，“马克思主义的命运早已同中国共产党的命运、中国人民的命运、中华民族的命运紧紧连在一起”[②]。这也充分展现了中国共产党人对马克思主义基本原理和中华优秀传统文化这两者关系的认识不断深化。

3.对马克思主义基本原理和中华优秀传统文化结合样态的认识不断升华

“第二个结合”命题的正式提出，实际也表明中国共产党人对马克思主义基本原理和中华优秀传统文化结合样态的认识不断升华。在辩证唯物主义视野中，内容和形式不可分离，没有不表现内容的形式，也没有不通

---

① 习近平：《高举中国特色社会主义伟大旗帜 为全面建设社会主义现代化国家而团结奋斗——在中国共产党第二十次全国代表大会上的报告》，人民出版社2022年版，第18页。

② 习近平：《在纪念马克思诞辰200周年大会上的讲话》，《人民日报》2018年5月5日。

过形式表达的内容。但是采取形而上学的办法可以将两者分割，使得形式就是形式、内容就是内容，形式和内容是分别的，两者界限也是分明的。新民主主义革命时期，毛泽东提出“第一个结合”的时候，虽然也重视结合过程中中华优秀传统文化的形式和内核，但比较来说，在当时更加注重的是同中华优秀传统文化的形式相结合，即形式的结合。比如，毛泽东在《中国共产党在民族战争中的地位》里明确指出，“马克思主义必须和我国的具体特点相结合并通过一定的民族形式才能实现”①，这就进一步提出了要让马克思主义采取“中华民族形式”的要求。20世纪40年代，延安整风期间，周恩来和刘少奇分别撰文，他们也特别强调，马克思主义曾经是用欧洲的语言表达的，要把马克思主义转换成中国的形式。

所以，我们无论从文献来看，还是从结合的深度看，显然党的第一代中央领导集体在新民主主义革命时期探索推动的“第一个结合”当中，虽然也包含着马克思主义基本原理同中华优秀传统文化相结合，但这时二者的结合相较于内容上的结合，更注重形式上的结合，更偏重于把马克思主义通过中国形式和民族形式体现出来；而21世纪的今天，在中国特色社会主义新时代，习近平总书记提出“第二个结合”这个命题，这种结合形式内容并重，但更注重内容。这种内容就是被马克思主义基本原理所激活的五千多年的中华文明。这种结合使得中华文明的精华在21世纪的今天得以彰显。习近平总书记把“第二个结合”作为一个命题正式提出来，在党的二十大报告中深刻阐释了马克思主义基本原理同中华优秀传统文化相结合的内涵、意义和途径，深刻揭示了“第二个结合”实际上既注重结合

① 《毛泽东选集》第二卷，人民出版社1991年版，第534页。

的形式，又注重结合的内容，但更注重结合的内容和内容上的结合。

“第二个结合”充分彰显了中国共产党人对马克思主义同农耕文明时代生成的中华优秀传统文化结合样态认识的升华。中华优秀传统文化的思想精粹一经被马克思主义所唤醒、所激活，和马克思主义思想精髓相融通、相贯通，那么实际上就表明其已经不仅是历史的，而且是现代的；不仅是中国的，而且是世界的；不仅是农耕文明的，而且是社会主义文明的，并成为人类文明新形态之底蕴。

4.对马克思主义基本原理和中华优秀传统文化结合结果的认识不断革新

在马克思主义中国化时代化的过程中，在“两个结合”特别是在“第二个结合”的过程中，不仅是马克思主义改变了中国的文化、政治、经济、社会，反过来，具有连续性、创新性、统一性、包容性及和平性的中华文明亦使马克思主义得以在中国大地上生根发芽，从而创造了马克思主义的中国形态。

正如习近平总书记所强调的，“中国共产党为什么能，中国特色社会主义为什么好，归根到底是马克思主义行，是中国化时代化的马克思主义行”①。历史和实践证明，党用于指导中国革命、建设和改革的是中国化时代化的马克思主义，它来源于19世纪的马克思主义，与其一脉相承，所以它还是马克思主义，但又不完全等同于19世纪的马克思主义。所以从这个意义上讲，“第二个结合”实现了马克思主义基本原理同中华优秀

① 习近平：《高举中国特色社会主义伟大旗帜 为全面建设社会主义现代化国家而团结奋斗——在中国共产党第二十次全国代表大会上的报告》，人民出版社2022年版，第16页。

传统文化相互成就、相互完善、共同发展创新。它既唤醒和激活了一脉相承的优质文化因子，也使得19世纪创立的马克思主义在今天依然生机勃勃、充满朝气。如果没有这个结合，不仅马克思主义不能“在”中国、“化”中国，而且也不能有当代中国马克思主义和21世纪马克思主义，所以这两者的结合，就其结果来评判，是相互成就的。这改变了以往我们认为只是马克思主义改变了中国的认识，表明了中国共产党人对马克思主义基本原理同中华优秀传统文化结合结果的认识不断革新。

二、“第二个结合”同“两个大局”的关系

深刻体悟“第二个结合”的意蕴，需要统筹把握“第二个结合”同“两个大局”的关系，从而更好地体悟习近平文化思想所展现的深邃战略考量。“第二个结合”能够从精神层面和动力层面支撑中华民族伟大复兴战略全局，能够引领世界百年未有之大变局。新时代新征程，我们要立足“两个大局”全面推进“第二个结合”，在建设社会主义文化强国、增强中华文明传播力影响力的奋斗实践中不断展现新气象新作为。

（一）“第二个结合”支撑中华民族伟大复兴战略全局

百年峥嵘岁月，百年风雨兼程。经过党和人民持之以恒的艰苦奋斗，中华民族伟大复兴已然呈现出光明前景，这得益于“第二个结合”强有力的支撑。在新征程上，我们需要从中华民族伟大复兴战略全局把握“第二个结合”的精神支撑和动力支撑，进而深入理解“第二个结合”为全面推进中华民族伟大复兴提供的坚强思想保证、强大精神力量和有利文化条件。

1. 中华民族伟大复兴需要以“第二个结合”作为强有力的支撑

近代以来，中华民族在饱经风雨、历经沧桑的现实境遇下始终铭记实现民族复兴、国家富强的伟大梦想并矢志不渝为之奋斗。党和人民通过艰辛探索和顽强拼搏，创造了一个又一个彪炳史册的发展奇迹，今天，我们比历史上任何时期都更加接近、更加可能迎来民族复兴的光明前景。但是我们必须清醒地认识到，实现中华民族伟大复兴，不仅需要强大的物质力量作为不可或缺的重要支撑，也需要积极正向的精神力量指引我们不断前行。中华民族苦苦追寻的复兴不仅包括经济的繁荣、政治的兴盛，还包括文化的觉醒、中华文明的复兴。党的二十大报告已经明确了中国式现代化的五大特色，这意味着通过中国式现代化实现的民族复兴不仅包含经济、政治层面的复兴，还应该涵盖文化、社会、生态文明等层面的复兴，是全方位立体化多层次的复兴。正因如此，中国共产党擘画了以“五位一体”总体布局实现民族复兴的宏伟蓝图。站在民族复兴的战略高度思考问题，就需要我们走进五千多年源远流长的中华文明的深处，不仅要充分汲取中华文明的养分，还要深度思考作为中华民族绚丽瑰宝的中华优秀传统文化在21世纪的今天如何保持旺盛生命力并进一步绽放持久魅力。从这个角度讲，一方面需要借助马克思主义的真理力量激活中华优秀传统文化，另一方面需要将中华优秀传统文化蕴藏的丰富智慧和宝贵精神更深层次地注入马克思主义本体，即中华民族的伟大复兴亟须以“第二个结合”作为强有力的支撑。

2. 从中华民族伟大复兴战略全局把握“第二个结合”的精神支撑

纵观古今中外，没有哪一个国家、哪一个民族的强盛不是以文化的兴盛作为前提和支撑的。这意味着一个国家、一个民族要想持久屹立于世界之林，就必须要有先进文化的积极引领，在先进文化的熏陶和感染下，人民精神世界得以不断丰富，进而国家和民族的精神力量不断增强。正如习近平总书记所言，“宣传思想文化工作事关党的前途命运，事关国家长治久安，事关民族凝聚力和向心力”①。当前，中华民族伟大复兴已经迈入不可逆转的历史征程，但是从“迈入”征程到彻底“走完”征程不是轻而易举、敲锣打鼓就能实现的。在走向复兴的道路上，我们仍然面临着来自国际国内的层出不穷的挑战和风险，比如“如何调和传统与现代”“如何兼顾效率与公平”“如何统筹改革、发展与稳定”“如何正确把握并处理好人与自然的关系”，等等。这都需要我们从中华优秀传统文化的合理内核中汲取治国理政的通达智慧和砥砺前进的精神力量，并运用这些智慧去谛听和感悟马克思主义，并进一步有效地将两者相贯通，不断探索融通升华创新之道，从而形成新的理论优势，并以此作为我们继续沿着民族复兴光明大道前行的深厚的精神支撑。

3.从中华民族伟大复兴战略全局把握“第二个结合”的动力支撑

回溯历史，我们不难发现，马克思主义中国化的命题之所以能够正式提出，“第二个结合”之所以能够持续推进，马克思主义中国化时代化之所以能够不断开辟新境界，关键在于中国共产党。历史雄辩地证明，没有中国共产党及其领导，就不会有“第一个结合”的出现，更不会有“第二

① 《习近平对宣传思想文化工作作出重要指示强调 坚定文化自信秉持开放包容坚持守正创新 为全面建设社会主义现代化国家 全面推进中华民族伟大复兴提供坚强思想保证强大精神力量有利文化条件》，《人民日报》2023年10月9日。

个结合”的提出。这是因为“思想本身根本不能实现什么东西。思想要得到实现，就要有使用实践力量的人”[①]。从建党百年之际，习近平总书记首次提出“第二个结合”的时代命题，到在党的二十大报告中，习近平总书记深刻阐释了“第二个结合”的科学内涵和结合机理，再到在文化传承发展座谈会上，习近平总书记再次强调“两个结合”并特别阐述了“第二个结合”的认识论意义和实践价值，这充分彰显了新时代中国共产党人高度的理论自觉和文化自觉。由于中国共产党的正确领导和有力支撑，马克思主义在中国找到了中华优秀传统文化这块精神园地，并在中华优秀传统文化肥沃的土壤中得以落地生根、开花结果并日益枝繁叶茂，焕发出旺盛生命力。历史和事实证明，中国共产党是推动“第二个结合”的核心力量，也是站在中华民族伟大复兴战略全局带领全国人民积极推动“第二个结合”进而以铿锵有力的步伐阔步迈向“中国梦”新里程的动力支撑。

（二）“第二个结合”引领世界百年未有之大变局

放眼世界，我们面对的是世界百年未有之大变局。处在国际形势风云激荡、全球性难题不断涌现的时空场景下，我们需要以“第二个结合”来引领世界百年未有之大变局，为世界注入更多正能量。在人类文明前行大道上，“第二个结合”绘就了现代化文明发展的多元历史图景；在前所未有的国际风险危机面前，“第二个结合”以独特的思维方式创造性地回答了“世界之问”。

① 《马克思恩格斯文集》第一卷，人民出版社2009年版，第320页。

1. 引领世界百年未有之大变局需要“第二个结合”

持续推进“第二个结合”不仅是推动中华民族伟大复兴之历史进程的必然之举，亦是马克思主义中国化时代化深化发展的必然之需，还是引领百年变局和顺应时代发展潮流的必然之势。放眼全球，世界百年未有之大变局加速演进。一方面，当今世界呈现的时代特征叠加交织，世界多极化加速推进、经济全球化不可逆转、社会信息化方兴未艾、文化多样化深入发展，和平发展、合作共赢是当前人类社会不可阻挡的时代潮流；另一方面，世界面临的严峻挑战和全球性难题层出不穷，国际形势正在经历动荡变革期。从世情上看，国际力量对比深度调整，人类面临着世界经济复苏乏力，保护主义、霸权主义、单边主义威胁上升，地缘政治局势紧张，生态环境持续恶化等共同挑战，而文化在日益复杂的世界局势中越来越具有影响力。先进的文化能够构筑世界文化激荡中自身的坚实底座，从而助力国家和民族在世界之林站稳脚跟、保持定力，以正向引领世界百年未有之大变局。面对同时存在的机遇与挑战，科学回答好世界人民面临的共同难题，亟须我们开掘中华优秀传统文化中蕴藏的智慧宝库，汲取中华文化之精华以润泽马克思主义之树，持续助推“第二个结合”走向深处。唯有如此，我们才能有效应对前进道路上的各种风险挑战，构筑防范抵御化解风险挑战的铁壁铜墙，才能经受住惊涛骇浪的严峻考验。

2.“第二个结合”绘就了现代化文明发展的多元历史图景

中国共产党在践行初心使命的百余年光辉奋斗历程中，在秉持独立自主精神推进中国式现代化的宏大时代场景中，在探索如何更好地实现“第二个结合”的过程中，以高度的历史主动精神创造出了人类文明发展的中国形态，有力击碎了“现代化=西方化”的虚幻泡沫，在世界范围内绘就了文明发展的多元斑斓图景。而马克思主义和中华优秀传统文化以各自蕴含的理论魅力和实践智慧为这一文明多样化图景注入了鲜活生命力。“结合”推动了中华文明生命更新和现代转型，正如习近平总书记所指出的，“造就了一个有机统一的新的文化生命体”[①]，经由“结合”而形成的新文化成为中国式现代化的文化形态，有力支撑了中国式现代化，凸显了中国式现代化的中国特色。

“第二个结合”推动中华文明从传统走向现代，发展出中华文明的现代形态。马克思主义群众观同中华优秀传统文化中的民本思想相结合，绘就了人口规模巨大的现代化文明图景；马克思主义社会共享观同中华优秀传统文化中的天下大同思想相结合，绘就了全体人民共同富裕的现代化文明图景；马克思主义辩证观同中华优秀传统文化中追求物质富足与精神富有的思想相结合，绘就了物质文明与精神文明相协调的现代化文明图景；马克思主义自然观同中华优秀传统文化中天人合一的生态理念相结合，绘就了人与自然和谐共生的现代化文明图景；马克思主义国际观同中华优秀传统文化中的协和万邦思想相结合，绘就了走和平发展道路的现代化文明图景。正是因为马克思主义思想之精髓同中华优秀传统文化之精华的融通结合，中国式现代化才具有了区别和超越于西方现代化的理论高度、历史纵深和文化根基，为人类携手绘就现代化文明发展的多元历史图景贡献了中国智慧与中国方案。

---

① 《习近平在文化传承发展座谈会上强调 担负起新的文化使命 努力建设中华民族现代文明》，《人民日报》2023年6月3日。

3. “第二个结合”创造性地回答了“世界之问”

面对“世界怎么了、我们怎么办”的世界之问，“第二个结合”让马克思主义深深扎根于中国这片古老而又年轻的土地，又将中华优秀传统文化中所蕴含的民族力量、民族特点、民族优势融入马克思主义之中，从而使得这两者的创造性结合开启了激活中华优秀传统文化中潜在的独具中国特色的世界观和思维方式的新探索，为解决世界难题一次又一次提供了中国方案，为解决人类共同面临的全球性问题提供了中国独特的世界观和方法论。面对前所未有的国际风险危机，中国共产党胸怀世界、心系天下，创造性地提出了共建“一带一路”、构建以打造“五个世界”为目标的人类命运共同体、构建新型国际关系、全球发展倡议、全球安全倡议、全球文明倡议等，为解决全球共同问题贡献了一系列具有中国特色的立场观点方法，比如倡导人民至上、独立自主、立己达人、创新发展等理念，在传承历史文化、立足自身国情基础上，又借鉴各国经验，在造福中国人民的同时兼顾世界人民。在统筹“两个大局”中，我们同步进行“第二个结合”和“第一个结合”，以此不断回答中国之问、世界之问、人民之问、时代之问。

（三）立足“两个大局”全面推进“第二个结合”

立足“两个大局”全面推进“第二个结合”，就要在伟大实践中增强推进“第二个结合”的自觉性，在理论探索中强化推进“第二个结合”的创新性，从而在日常生活中自觉成为“第二个结合”的积极推动者和真实践行者。

1.在伟大实践中增强推进“第二个结合”的自觉性

在“两个大局”展开深度互动并且加速演进的历史时刻，我国社会发展的国内国外环境都发生了显著而深刻的变化。中国式现代化是前无古人的开创性事业，伴随着这项事业的前进和发展，我们不仅面临着层出不穷的新情况新问题，而且面临着诸多不确定、难预料的因素，还面临着不断涌现的风险和挑战。新时代新征程，我们在实践探索中要以党的创新理论为指导，不断增强推进“第二个结合”的自觉性，在中国式现代化宏大时代场景中不断书写马克思主义基本原理同中华优秀传统文化深度结合的璀璨篇章，让“第二个结合”在“两个大局”深入互动的时空场域中展现更加强大、更有说服力的真理力量和实践伟力。我们要立足当代中国具体实际，深深扎根中华文化沃土，切实增强用马克思主义浸润中华优秀传统文化精神园地的自觉性，对中华文化蕴含的人文精神、哲学思想、价值理念和民族智慧进行新的时代解读，以此实现守正与创新的融会贯通，进而继续推动“第二个结合”走向深入。我们要坚持和弘扬马克思主义关于实践的观点，根据时代发展需求和人民美好意愿，秉持更加强烈的历史主动精神和创造精神，在中华大地上创造性地推动实践变革、实践创新，以变革和创新推动解决社会生活中的一系列矛盾问题，从而实现更高质量发展进步，进而擘画中国式现代化全面发展的历史宏图并为之提供不竭的源泉和动力。

2.在理论探索中强化推进“第二个结合”的创新性

立足“两个大局”全面推进“第二个结合”离不开中国人民持续的理论探索和理论创新。理论创新是中国共产党坚持和发展马克思主义的题中应有之义。从人类文明演进来看，一个民族要实现由野蛮愚昧转变为文明开化、由低级文明迈进高级文明，创新是不可缺少的条件，而理论创新又是所有创新中具有先导作用的创新，因而追求进步的民族一刻也离不开理论创新。马克思和恩格斯曾在《共产党宣言》中指出，在实际运用《共产党宣言》中所提到的原理时，“随时随地都要以当时的历史条件为转移”[①]，这是马克思主义政党应该具备的理论品质，这就揭示了理论创新的实际要求和重要意义。列宁也曾指出，“决不把马克思的理论看做某种一成不变的和神圣不可侵犯的东西”[②]，并且应该主动跟紧社会实际情况，跟随时代实践的发展而不断地改变自己的形式，呈现新的叙事方式。中国共产党作为马克思主义政党，始终注重与时俱进，时刻保持先进性，在马克思主义中国化时代化的历史征途上的不同时期分别形成了新的理论成果，接续实现了马克思主义中国化的历史性飞跃。《中共中央关于党的百年奋斗重大成就和历史经验的决议》将“坚持理论创新”总结概括为中国共产党百年奋斗的重要历史经验之一，这不仅充分证明了党为不断谱写马克思主义中国化时代化新华章提供了坚强政治保障，也体现了在理论探索中强化推进“第二个结合”的理论创新的重要性。

进入新时代，习近平总书记立足“两个大局”，以高度的历史主动和理论自觉正式提出“两个结合”的原创性命题，前所未有地高度重视马克思主义基本原理同中华优秀传统文化的结合，不仅多次强调两者结合的重要性和必要性，而且就两者如何更好结合提出一系列新观点、新论断、新要求，既表明中国共产党对马克思主义发展的规律性认识达到了新的高度，也表明在赓续历史文脉中对有益文化资源进行创新性开掘的自觉性达

① 《马克思恩格斯文集》第二卷，人民出版社2009年版，第5页。

② 《列宁专题文集：论马克思主义》，人民出版社2009年版，第96页。

到了新的境界。在文化传承发展座谈会上，习近平总书记深刻揭示了马克思主义基本原理同中华优秀传统文化缘何结合、何以结合、如何实现结合的真理密码，科学阐释了穿越时空、跨越国度的两者不仅能够切实结合而且能够创造出有机统一的新文化生命体。习近平总书记关于“第二个结合”的一系列新思想、新观点、新论断都充分凸显了在“两个大局”展开深度互动并且加速演进之时，不断推进“第二个结合”的必要性和重要性。因此，立足“两个大局”，我们在日常生活中应自觉成为“第二个结合”的积极推动者和真实践行者，实现马克思主义的精神气质与中华文化的风骨气韵在伟大实践中的深度融通，持续强化在原创性实践中创造原创性话语的自觉性，从而形塑出彰显中华神韵的崭新大国气象。

三、“第二个结合”同“六个必须坚持”的关系

深刻体悟“第二个结合”的思想意蕴，需要从整体上把握“第二个结合”同“六个必须坚持”不可分割的关系，从而更好地把握习近平文化思想所显现的坚定文化自觉。一方面，“六个必须坚持”有其独特的认识论前提，而“两个结合”就构成其前提基础和生成机制。另一方面，新时代以来，中国共产党能够在赓续历史文脉基础上持续前进并且书写了在理论和实践上不断取得创新突破的当代华章，根源于习近平新时代中国特色社会主义思想，特别是习近平文化思想的指引。面向新征程，我们接续谱写“第二个结合”理论创新和实践创新的未来华章，就需要坚持好运用好贯穿其中的鲜明立场观点方法，即“六个必须坚持”。

（一）“六个必须坚持”同“第二个结合”是不可分割的有机体

把握“第二个结合”同“六个必须坚持”的关系，就要从整体上揭示“六个必须坚持”同“第二个结合”不可分割的有机统一关系，揭示“六个必须坚持”同“第二个结合”的有机统一就体现在理解和运用习近平新时代中国特色社会主义思想的精髓要义的过程之中。

习近平新时代中国特色社会主义思想不是从天上掉下来的。探讨其生成逻辑往往要追问其历史逻辑、理论逻辑、实践逻辑，从多元逻辑来全面、系统把握其是从历史中走来的、从实践中走来的、从马克思主义世界观和方法论中走来的。它作为新时代所创造的伟大历史成就，本身不是一种主观的随想或猜想，而是一种客观的理论概括，是关于新时代伟大实践中所铺展开来的一系列历史真实关系的理论表述或理论展现。我们要走进这一思想的灵魂深处，就需要进一步探索它是如何生长在马克思主义这棵参天大树上、是如何从历史中缓缓走来、是如何生成于中国特色社会主义宏阔伟大实践、又是如何达成我国社会发展的历史逻辑同科学社会主义的理论逻辑这两者的具体的历史的统一的，而解决这些问题都要在“第二个结合”和“六个必须坚持”的深层互动中寻找答案。

“六个必须坚持”是中国共产党在进行“两个结合”的过程中形成的理论成果，是在新的时代条件下马克思主义世界观守正创新的转化形态，从而呈现出一种新的叙事方式和话语体系。如果离开19世纪40年代马克思创立的新世界观，那么现在的“六个必须坚持”就成了无源之水；如果只记住19世纪40年代马克思创立的新世界观，而忽略了作为今天新的叙事方式的“六个必须坚持”，那么很可能就要犯教条主义的错误。所谓马克思主义指导我们认识世界和改造世界，不是用经典著作里面的个别词句或具体观点来指导，而是用马克思主义的世界观和方法论来规范、评价、指引，也正是在这个过程中，在“第二个结合”的过程中，我们创立了真正能够用来解决中国当下存在的现实问题，解答中国之问、世界之问、人民之间、时代之问的世界观和方法论，这就是“六个必须坚持”。

总体说来，马克思主义的新世界观是我们打开“两个结合”之门、深度把握“六个必须坚持”的“总钥匙”。作为横贯其中的鲜明立场观点方法，“六个必须坚持”本身就是打开习近平新时代中国特色社会主义思想精髓要义之门的“金钥匙”，而作为贯穿其中的生成机制，“两个结合”又是打开“六个必须坚持”之门的“大钥匙”。因此要想真正走进习近平新时代中国特色社会主义思想深处，深刻体悟其所蕴含的理论品格、精神实质和天下情怀，就必须先走进“第二个结合”的历史深处，主动探寻和揭示“六个必须坚持”与“第二个结合”的深层互动逻辑。也就是说，深刻体悟习近平新时代中国特色社会主义思想，既不能离开“六个必须坚持”，也不能脱离“第二个结合”，必须在两者的高度统一中实现。

（二）“六个必须坚持”从“第二个结合”深处走来的根本逻辑

把握“第二个结合”同“六个必须坚持”的关系，就要探究“六个必须坚持”从“第二个结合”深处走来的根本逻辑。“六个必须坚持”有其独特的认识论前提，而“两个结合”构成其前提基础和生成机制。“六个必须坚持”既源自中华优秀传统文化的历史积淀，又有着马克思主义理论的鲜明底色，是两者融通的智慧结晶和理论创新。

必须坚持人民至上这一立场观点方法既闪耀着马克思主义关于人民群众是历史创造者思想的真理光芒，又蕴含着中华优秀传统文化中民本思想的深厚底蕴，是“第二个结合”的基本立场。必须坚持自信自立这一立场观点方法既体现了对人类社会发展规律的科学认识，又蕴含着中华优秀传统文化中自强不息思想的深厚底蕴，是“第二个结合”的重要前提。必须坚持守正创新这一立场观点方法既彰显着马克思主义内含创新精神的革命性品格，又积淀着中华优秀传统文化中革故鼎新思想的深厚底蕴，是“第二个结合”的思想路线。必须坚持问题导向这一立场观点方法既闪耀着马克思主义关于矛盾普遍性观点的真理光芒，又赓续着中华优秀传统文化中求真务实的精神，是“第二个结合”的基本任务。必须坚持系统观念这一立场观点方法既闪耀着唯物辩证法的真理光芒，又蕴含着中华优秀传统文化中整体大局思想的深厚底蕴，是“第二个结合”的思维方式。必须坚持胸怀天下这一立场观点方法既闪耀着马克思主义关于世界历史理论的真理光芒，又蕴含着中华优秀传统文化中天下大同思想的深厚底蕴，是“第二个结合”的最高境界。

（三）“六个必须坚持”视域下推进“第二个结合”的基本方法

在“六个必须坚持”视域下推进“第二个结合”，就要总体把握必须坚持人民至上这一“第二个结合”的基本立场、必须坚持自信自立这一“第二个结合”的重要前提、必须坚持守正创新这一“第二个结合”的思想路线、必须坚持问题导向这一“第二个结合”的基本任务、必须坚持系统观念这一“第二个结合”的思维方式、必须坚持胸怀天下这一“第二个结合”的最高境界。

1.推进“第二个结合”必须坚持人民至上

中国自古就有“民惟邦本，本固邦宁”的民本思想。中国共产党自成立以来，始终将为人民谋幸福、为民族谋复兴作为矢志不渝的奋斗目标。马克思和恩格斯在《共产党宣言》中就明确指出了无产阶级政党人民至上的政治立场，并表示，“无产阶级的运动是绝大多数人的，为绝大多数人谋利益的独立的运动”[①]。习近平总书记指出：“江山就是人民，人民就是江山。中国共产党领导人民打江山、守江山，守的是人民的心。”[②]必须坚持人民至上为党保持理论创新创造的生命力提供支撑，人民群众不仅是理论创新的建设者，还是理论创新的受益者。当这一世界观和方法论放置于宏阔的时空维度和生活实践中，它就自然而然地转化为以人民为中心的发展思想。一方面，必须坚持人民至上，应当“思民之所忧，行民之所盼”，把维护最广大人民的根本利益放在首位，从着力改善民生、增进人民福祉、解决好发展不平衡不充分问题等层面进行理论创新，把理论创新成果普惠于广大人民群众，不断满足广大人民群众对美好生活的需要，增强广大人民群众的幸福感、满足感、安全感。另一方面，必须坚持人民至上，应当尊重人民首创精神，集中人民智慧，鼓舞人民士气，凝聚人民伟力，充分激发全社会的创造活力，鼓励和引导中国人民以更为主动的历史

---

① 《马克思恩格斯文集》第二卷，人民出版社2009年版，第42页。

② 习近平：《高举中国特色社会主义伟大旗帜　为全面建设社会主义现代化国家而团结奋斗——在中国共产党第二十次全国代表大会上的报告》，人民出版社2022年版，第46页。

担当，积极投身理论创新创造。

2.推进“第二个结合”必须坚持自信自立

在悠悠五千多年的文明长河中，中华民族虽历经沧桑、屡遭磨难，但始终生生不息、薪火相传，依靠的正是自信自立的精神气度。当下，中华民族伟大复兴业已迈入不可逆转的历史征程，我们努力推进的中国式现代化也已经看到了光明的前景。但“行百里者半九十”，在新的赶考之路上，面对来自外部的挑衅和遏制，我们比以往更加需要坚持自信自立、独立自主，我们要保持自信自强的精神状态，坚定科学信仰和远大理想，并用融于中国人民血脉中的中华优秀传统文化赋予马克思主义以中国特色、中国风格、中国气派。走自己的路，是党的理论和实践的立足点。推进“第二个结合”的理论创新，必须深刻领悟“两个确立”的决定性意义，胸怀“国之大者”、坚定“四个自信”、增强“四个意识”、做到“两个维护”、统揽“四个伟大”，坚持把中国特色社会主义实践基础上的理论创新牢牢掌握在自己手里，洞察时代大势，把握历史主动，以昂扬姿态和非凡精神气度谱写马克思主义中国化时代化新篇章。

3.推进“第二个结合”必须坚持守正创新

同解放思想、实事求是一样，守正创新是我们理解和把握“第二个结合”的认识路线。“守正”和“创新”统一于中国式现代化的理论和实践，蕴含着深邃的哲学价值，具有重要的方法论意义。“守正才能不迷失方向、不犯颠覆性错误，创新才能把握时代、引领时代。”[①]一方面，推

① 习近平：《高举中国特色社会主义伟大旗帜 为全面建设社会主义现代化国家而团结奋斗——在中国共产党第二十次全国代表大会上的报告》，人民出版社2022年版，第20页。

进理论创新需要守马克思主义基本原理之正、守社会主义领导核心之正、守中国特色社会主义之正、守民族文化根基之正，以科学的态度对待科学、以真理的精神追求真理；另一方面，推进理论创新需要把创新摆在国家发展全局的突出位置，坚持一切从实际出发、与时俱进，做到解放思想、求真务实、因势利导、顺势而为，立足时代发展前沿，把握历史发展规律，顺应时代发展大势，积极识变、科学应变、主动求变，坚定不移地走发展之路，以改革创新引领构建发展新格局、积蓄发展新动能、塑造发展新优势。

4.推进“第二个结合”必须坚持问题导向

每一时代有每一时代的问题，问题是反映时代主要矛盾的声音。在《反对党八股》一文中，毛泽东指出：“什么叫问题？问题就是事物的矛盾。哪里有没有解决的矛盾，哪里就有问题。”[①]一百多年来，中国共产党之所以能够矢志不渝践行初心使命、团结带领人民奋力克服一切艰难险阻、应对一系列严峻复杂的考验并取得非凡成就、实现马克思主义中国化时代化的飞跃，就是因为党敢于直面问题，勇于自我革命。踏上新征程，必然要面对困难与挑战，我们推进理论创新需要始终遵循问题导向，既要有善于洞察问题的敏锐眼光，也要有敢于正视问题的清醒头脑，更要有主动解决问题的能力与担当。我们要正确把握社会主义初级阶段社会主要矛盾的变化，聚焦中国式现代化建设面临的重大现实问题、全局性战略问题、广大人民群众关心关注的热点和难点问题，不断为解决问题提供新理念新思路新办法，在推进“第二个结合”中不断创造性地回答好中国之

① 《毛泽东选集》第三卷，人民出版社1991年版，第839页。

问、世界之问、人民之问、时代之问。

5.推进“第二个结合”必须坚持系统观念

在辩证唯物主义视野中，世界上的一切事物构成一幅相互作用、相互依存的生动画面，只有采取系统全面、发展变化的观点与方法去考察和分析事物的本质，才能探寻出事物发展的规律，才能把握好事物之间的联系。习近平总书记指出，“把握好全局和局部、当前和长远、宏观和微观、主要矛盾和次要矛盾、特殊和一般的关系”①。“不谋万世者，不足谋一时；不谋全局者，不足谋一域”，当前，随着改革开放的深入发展，我国社会结构也发生着深刻且广泛的变化，我们推进中国式现代化的环境更加复杂多变，经济社会发展也面临着前所未有的矛盾。因此，继续推进“第二个结合”就需要用马克思主义激活中华文明一脉相承的哲学内蕴、文化底蕴和理论积蕴，坚守和运用好理论创新的根脉和魂脉并不断使二者得以融通。要从大局出发，聚焦重大时代课题，培养并形成整体性推进各项事业的全局视野和长远眼光，加强系统集成和协同高效，以全局性谋划的战略定力将“一张蓝图绘到底”，既要多打“大算盘”、算大账，又要统筹兼顾、综合平衡，处理好中国式现代化的重大关系，加快塑造各项改革措施协调推进、相互促进、同频共振的新格局。

6.推进“第二个结合”必须坚持胸怀天下

习近平总书记指出：“马克思主义博大精深，归根到底就是一句话，

① 习近平：《高举中国特色社会主义伟大旗帜 为全面建设社会主义现代化国家而团结奋斗——在中国共产党第二十次全国代表大会上的报告》，人民出版社2022年版，第21页。

为人类求解放。”[①]马克思关于建立“自由人联合体”，实现全人类的彻底解放重要思想，通过“必须坚持胸怀天下”的世界观和方法论已经深深融入中国式现代化的理论和实践。从本质上说，必须坚持胸怀天下，是马克思关于建立“自由人联合体”、实现全人类的彻底解放思想的中国化和时代化的叙事方式，在历史逻辑、理论逻辑上同“自由人联合体”思想具有高度一致性和内在契合性，以至于构建人类命运共同体、创造人类文明新形态已经成为中国式现代化的本质要求。要在推进“第二个结合”中始终站在历史正确一边、站在人类文明进步一边，以胸怀天下的世界观和方法论，关注人类前途命运，以推动构建人类命运共同体的博大胸襟和伟大气魄，开辟马克思主义为人类求解放的新境界，为解决世界难题和推动人类文明进步提供源源不断的中国力量。

“落其实者思其树，饮其流者怀其源”，“第二个结合”是党基于马克思主义基本原理同中华优秀传统文化创造性结合的成功实践和丰富经验而提出的重要论断，实现了马克思主义中国化时代化规律性认识层面又一次的重大思想解放。我们要从多维向度深刻体悟“第二个结合”的深层意蕴和内在机理，就需要辩证把握“第二个结合”同“第一个结合”的关系，统筹把握“第二个结合”同“两个大局”的关系，整体把握“第二个结合”同“六个必须坚持”的关系，从而使“第二个结合”更加可感可知、持续走深走实。

① 习近平：《在纪念马克思诞辰200周年大会上的讲话》，《人民日报》2018年5月5日。

第四章

魂脉根脉论

习近平总书记在中共中央政治局第六次集体学习时强调，“马克思主义中国化时代化这个重大命题本身就决定，我们决不能抛弃马克思主义这个魂脉，决不能抛弃中华优秀传统文化这个根脉”[①]。这个魂和根，是解答时代新课题的关键，为党不断深化对理论创新的规律性认识，在新时代新征程上取得更为丰硕的理论创新成果，提供了思想指引和行动指南。

一、马克思主义是立党立国的魂脉

马克思主义是我们立党立国的根本指导思想，是实现马克思主义中国化时代化魂脉。回望百余年光辉奋斗历程，实践告诉我们，“中国共产党为什么能，中国特色社会主义为什么好，归根到底是马克思主义行，是中

① 《习近平在中共中央政治局第六次集体学习时强调 不断深化对党的理论创新的规律性认识 在新时代新征程上取得更为丰硕的理论创新成果》，《人民日报》2023年7月2日。

国化时代化的马克思主义行”[①]。这深刻揭示了中国共产党团结带领中国人民和中华民族在实现伟大复兴的征程上，一次又一次取得辉煌成就、创造世间罕见奇迹最直接的理论原因，为党继续推进理论创新，不断谱写马克思主义中国化时代化新篇章指明了方向。

（一）马克思主义是党的灵魂和旗帜

俄国十月革命一声炮响，给中国送来了马克思列宁主义，为苦苦探求救国救民道路的有识之士指明了前进方向，中国共产党应运而生，中国人民和中华民族有了先进政党的领导和科学理论的指引，从而彻底改变了中国积贫积弱、落后挨打的面貌。马克思主义是党的灵魂和旗帜，是我们坚定理想信念、创造历史伟业的根本所在。

1.马克思主义是科学的理论

马克思主义是科学的理论，深刻揭示了自然界、人类社会、人类思维发展的普遍规律，为人类更好地生活和社会发展进步提供了行动指南、指明了前进方向。马克思主义是具有强大生命力和深远影响力的思想体系和话语体系，它的诞生犹如壮丽的日出，照亮了人类探寻历史规律和自身解放的道路，也为无产阶级认识世界、改造世界提供了强大的理论武器。在人类思想史上，从未有哪一种理论能够达到如此的高度，也从未有哪一种理论对人类历史产生如此之大、如此之深的影响。究其原因，马克思主义理论的创立者马克思和恩格斯超越了狭隘的利益局限性，致力于为实现共

① 习近平：《高举中国特色社会主义伟大旗帜 为全面建设社会主义现代化国家而团结奋斗——在中国共产党第二十次全国代表大会上的报告》，人民出版社2022年版，第16页。

产主义和人类幸福美好的生活而努力奋斗。马克思主义将历史发展的客观规律与社会实践结合起来，科学阐释了经济建设、政治建设、文化建设、社会建设、生态文明建设等多个方面的思想，这些思想为中国共产党各个历史时期制定经济、政治、文化、社会、生态文明等方面的方针政策提供了基本方法论指导。领悟马克思主义思想的精髓和要义，我们就能够辩证、积极、全面、系统、发展地看待问题、分析问题、解决问题，巧妙化解各种矛盾和难题，避免在工作中犯颠覆性错误，牢牢把握工作、生活的主动权。

2.马克思主义是人民的理论

马克思主义是人民的理论，是为改变人民历史命运而创立的，致力于实现好、维护好、发展好最广大人民的根本利益，它的真理光芒照亮了广大劳动群众前行的道路。马克思在中学毕业论文中就确立了为人民谋幸福、谋进步的伟大志向，充分彰显了马克思为人民不懈奋斗的崇高情感。马克思和恩格斯看到了人民群众的历史地位和历史使命，认为人民是社会变革的先导和决定力量，他们通过建立第一个国际无产阶级政党组织——共产主义者同盟，实现了广泛的人民民主。此外，马克思高度关注人的自由全面发展，认为人应该在物质层面和精神层面得到满足，摆脱物质贫困和精神贫困的状态，追求社会进步和文化繁荣。在马克思之前，任何占据统治地位的理论都服务于统治阶级，造成被统治阶级长期处于被压迫、被歧视、被奴役的状态。马克思主义之所以具有跨越时空、跨越国度的魅力和影响力，是因为它第一次站在人民的立场探求人类自由解放之道，指明了依靠人民推动历史前进的人间正道。

3. 马克思主义是开放的理论

马克思主义不是封闭僵化的教条，而是具有开放性的、随着社会变革不断发展的理论，始终站在时代前沿。马克思主义与时俱进的特点要求我们结合不断变化着的实际，探索解决新问题的答案，促进马克思主义理论自身的发展。正如马克思一再告诫人们的，马克思主义理论不是僵化的教条，而是与实践相结合的理论。马克思主义者通过实践不断总结经验教训，不断创新理论，使马克思主义具有了广泛的适应性和灵活性。习近平总书记指出：“一部马克思主义发展史就是马克思、恩格斯以及他们的后继者们不断根据时代、实践、认识发展而发展的历史，是不断吸收人类历史上一切优秀思想文化成果丰富自己的历史。”①马克思主义之所以能够永葆生机活力，是因为党把坚持马克思主义和发展马克思主义统一起来，结合实践不断进行新的理论创造，解答时代发展提出的新课题，回应人类社会面临的新挑战。这种发展性和开放性使马克思主义具备了适应社会发展和变革的能力，进而提升了马克思主义的理论指导作用和影响力。

（二）马克思主义指引中国人民开启了历史发展的新纪元

马克思主义是人类历史上不朽的思想丰碑，作为科学的世界观和方法论，深刻洞察世界物质运动和人类社会发展的本质规律。马克思主义在中国意识形态领域的指导地位，是近代中国历史发展和人民选择的必然结果。在马克思主义的引导下，党带领中国人民“站起来”，迎来历史发展

① 习近平：《在纪念马克思诞辰200周年大会上的讲话》，《人民日报》2018年5月5日。

的新纪元。

回望历史，1840年鸦片战争爆发，中国遭遇“数千年未有之大变局”，逐步沦为半殖民地半封建社会，处于列强入侵、战火频仍、哀鸿遍野、山河破碎的悲惨境地，中华民族遭受了前所未有的劫难，求得民族独立、人民解放成为萦绕在亿万中华儿女心中的夙愿。为了挽救空前深重的民族危机和社会危机，中国人民进行了不屈不挠、英勇顽强的抗争，从封建统治阶级发起的洋务运动到农民阶级发动的太平天国运动和义和团运动，从资产阶级改良派发动的戊戌变法到以孙中山为代表的革命党人领导的资产阶级民主革命，这一系列运动、变法和革命都以失败告终，未能改变中国人民和中华民族的悲惨命运。其中一个重要原因就是没有一整套先进思想理论的指引、没有先进政党的领导。中国先进知识分子经过反复比较、甄别后发现，马克思主义揭示了人类社会发展的一般规律，指明了人类寻求自身解放的道路，于是，毅然决然地选择了马克思主义。1921年7月，党的一大在上海召开，标志着中国共产党正式成立，这是开天辟地的大事变。中国共产党一经成立就坚持马克思主义的立场观点方法，坚持为民族解放、国家富强和人民幸福而奋斗，从此，中华民族踏上艰难但不可逆转的伟大征程。

新民主主义革命时期，党紧紧团结和依靠人民群众，一路上披荆斩棘、奋勇前行，克服前进道路上的艰难险阻，推翻了压在中国人民身上的“三座大山”，赢得一个又一个的伟大胜利，建立起人民当家作主的中华人民共和国。中华人民共和国成立后，如何在一穷二白、民生凋敝、封闭落后、人口众多的东方大国进行社会主义建设，是中国共产党面临的崭新课题。以毛泽东同志为主要代表的中国共产党人深入调查研究并分析中国国情后意识到，不能简单地照搬苏联的经验，不能简单地套用马克思列宁主义的一般原理，必须坚持实事求是，坚持理论联系实际，独立自主地探索适合本国国情的现代化道路。毛泽东曾郑重宣告：“领导我们事业的核心力量是中国共产党。指导我们思想的理论基础是马克思列宁主义。”[①]在毛泽东的带领下，党将马克思主义与中国实际紧密结合，实现了马克思主义中国化的第一次历史性飞跃，彻底改写了中国人民的前途命运和精神面貌。

（三）马克思主义是实现民族复兴的强大思想武器

改革开放以来，在马克思主义科学理论的指引下，党成功走出了一条中国特色社会主义道路，“实现了从高度集中的计划经济体制到充满活力的社会主义市场经济体制、从封闭半封闭到全方位开放的历史性转变”[②]，我国综合国力迈上新台阶，人民生活总体上达到小康水平，迎来了中华民族伟大复兴的光明前景。

1. 马克思主义指导中国开辟了民族复兴的发展道路

思想引领方向，方向决定道路。道路关乎党的命脉，关乎国家前途、民族命运、人民幸福。中国共产党在遵循社会发展规律中推动社会革命，人类社会进步发展的生动图景在中国大地上徐徐展开。中国共产党以不怕牺牲和英勇斗争的大无畏精神带领中国人民取得了彪炳史册的伟大成就，推动党和国家事业取得历史性成就、发生历史性变革，中华民族迎来从站

---

① 《毛泽东文集》第六卷，人民出版社1999年版，第350页。

② 习近平：《在庆祝中国共产党成立100周年大会上的讲话》，《人民日报》2021年7月2日。

起来、富起来到强起来的伟大飞跃，充分表明只有马克思主义才能救中国、发展中国、富强中国，坚持和发展马克思主义为实现中华民族伟大复兴凝聚历史伟力。

2.马克思主义指导中国实践为民族复兴奠定了坚实基础

“全部社会生活在本质上是实践的。”[①]事实雄辩地证明，在马克思主义指导下，中国革命、建设、改革的每一个阶段都向人民交出了满意的答卷。党的十八大以来，我们坚持统筹推进“五位一体”总体布局、协调推进“四个全面”战略布局，打赢了脱贫攻坚战，解决了绝对贫困的问题，全面建成了小康社会，加快构建“双循环”新发展格局，推动经济高质量发展；坚持物质文明与精神文明相协调，提高公民的道德水准和文明素养，积极践行社会主义核心价值观，大力发展文化事业和文化产业；牢固树立绿水青山就是金山银山的理念，推动生产生活方式绿色化、低碳化转型，人居环境不断改善，生态环境保护发生历史性、全局性、转折性变化；此外，我国积极开展大国外交，展现中国担当，打破国家、地区、民族之间的地域界限，推动构建人类命运共同体，提出“一带一路”倡议，与主要新兴经济体创建“金砖国家”合作机制，共建和谐美丽新世界。古老的中国展现出朝气蓬勃的精神面貌，正以崭新的姿态屹立于世界东方。从整体局势来看，中华民族伟大复兴的曙光在望，我们比历史上任何时期都更接近、更有信心和能力实现中华民族伟大复兴的目标，这给全体中国人民带来了强大的自信心和向心力。

---

① 《马克思恩格斯文集》第一卷，人民出版社2009年版，第501页。

3.马克思主义确立了实现中华民族伟大复兴的方法论

马克思主义的指导性就在于，它不是现成的教条，而是随着世情、国情和党情变化而不断变化发展的科学方法论。回溯历史，中国共产党在马克思主义的指导下，对中国革命道路的探索经历了漫长而艰辛的历程，从蕴藏着探索与勇气的星星之火到燎原之势，中国共产党在不断总结经验、吸收先进理论的基础上，开辟了一条独具特色的中国道路。马克思主义是与时代同发展、同进步的科学理论体系，中国共产党坚持在实践的基础上推进马克思主义理论的创造性发展，形成了毛泽东思想、邓小平理论、“三个代表”重要思想、科学发展观、习近平新时代中国特色社会主义思想等一系列马克思主义中国化的理论成果。中国共产党坚持在理论创新和实践创新的良性互动中体悟马克思主义，使得马克思主义在不同时代都绽放出璀璨的真理之光。

（四）马克思主义是统筹意识形态领域的根本

党的十八大以来，以习近平同志为核心的党中央高度重视马克思主义在意识形态领域的指导地位，推动思想文化领域发生历史性的根本变化，为我们铸就社会主义文化新辉煌、建设社会主义文化强国提供了根本遵循。随着党的理论创新全面推进、社会主义核心价值观广泛传播、文化事业和文化产业繁荣发展，以马克思主义为核心的主流意识形态地位稳步提升，牢牢占据优势性和主导性地位，确保党和国家事业这艘大船沿着社会主义方向驶向胜利的彼岸。

马克思主义是社会主义意识形态建设的旗帜和灵魂。意识形态工作是党和国家工作的重要组成部分，其关乎旗帜、关乎道路、关乎国家政治安全。从党长期从事文化建设的经验来看，只有牢牢巩固马克思主义在意识形态领域的指导地位，才能确保广大党员干部和人民群众始终保持思想和行动上的一致性，确保我们国家在党的集中统一领导下不偏航、不迷航、不变道，始终沿着社会主义的方向前进。换言之，我们在任何时候任何情况下都必须毫不动摇地坚持马克思主义的指导地位，巩固意识形态领域建设的思想基础和理论基石，推动中国式现代化行稳致远。

当前，我国多项事业发展进入快车道，但国际局势波谲云诡，战略机遇和风险挑战并存、不确定因素与日俱增，尤其是社会价值取向多元化、社会思潮纷繁复杂。比如，新自由主义、民主社会主义、西方“宪政民主”、历史虚无主义、“普世价值论”等带有政治倾向性的错误思潮蔓延抬头。这些错误思潮质疑和否定中国特色社会主义，对中国特色社会主义的政治、经济、文化等各方面造成冲击，统一思想、明确方向、坚定信念、凝聚力量的任务更加凸显。此外，“意识形态终结论”“去意识形态化”等错误观点，不同程度地弱化了马克思主义在意识形态领域的指导地位。面对这样的形势，我们必须坚守马克思主义在意识形态领域的指导地位，不断凝聚共同价值追求、夯实共同思想基础、拉紧共同精神纽带，促进全体人民在思想上紧紧团结在一起，更好地汇聚起同心同向、迎难而上的磅礴伟力。要切实增强应对意识形态风险的能力，强化制度意识，激发制度效能，在工作理念、工作思路、实际举措上坚持正确的政治方向、舆论导向、价值取向，不断提升国家文化软实力和中华文化影响力。

坚持马克思主义在意识形态领域的指导地位，最关键的就是要坚定主心骨、把准定盘星，全面贯彻落实习近平新时代中国特色社会主义思想，坚持不懈用这一思想指导实践，自觉地用这一思想统领新时代文化建设，不断巩固全党全国各族人民团结奋斗的思想基础。要按照学通、弄懂、做实的要求，引导广大党员干部把握好这一思想的世界观和方法论，深刻领悟这一思想的时代性、人民性、系统性、科学性、实践性等鲜明特征，不断增强政治认同感、理论认同感、思想认同感。在这一思想的指引下，党领导人民准确把握新方位、发展新理论、推动新实践，实现从赶上时代到引领时代的伟大跨越。此外，要大力弘扬马克思主义学风，读原著、学原文、悟原理、知原义，把科学理论转化为认识世界、改造世界的强大精神力量，引导广大党员将理论思想和实际工作有效结合，真正把习近平新时代中国特色社会主义思想转化为增强“四个意识”、坚定“四个自信”、做到“两个维护”的实际行动。

二、中华优秀传统文化是中华民族的根脉

中华文明在人类璀璨的文明长河中，历经五千多年的风风雨雨，历久弥新，为人类社会的发展进步作出了不可磨灭的贡献。中华优秀传统文化在漫长的岁月中不断发展与积淀，以其深厚的历史底蕴、精深的文化内涵、独特的思想魅力形成了中华民族特有的精神财富和宝贵的文化基因。习近平总书记强调，“中华优秀传统文化是中华文明的智慧结晶和精华所在，是中华民族的根和魂，是我们在世界文化激荡中站稳脚跟的根基”[①]。中华优秀传统文化深深根植于中国人民的精神世界，“润物细无

① 《习近平在中共中央政治局第三十九次集体学习时强调 把中国文明历史研究引向深入 推动增强历史自觉坚定文化自信》，《人民日报》2022年5月29日。

声”地影响着人们的思维方式和行动准则，指导人们在喧嚣纷扰的现代社会中保持平和与谦卑，注重内心的修养与自我约束，助力建设和谐稳定的社会环境。

（一）中华优秀传统文化是中华民族的精神命脉

中华民族创造了璀璨的中华文明，始终屹立在人类文明发展的潮头。世界上从来没有哪一种文明可以像中华文明一样饱经磨难风霜而延续至今未曾中断。博大精深、延绵不绝的中华文明蕴含着中国人民最深沉、最持久的精神力量，积淀着中华民族应对一切惊涛骇浪、艰难险阻的精神底气。中华优秀传统文化作为中华文明的重要组成部分，是中华民族的精神命脉，我们要充分汲取其中的营养与智慧，在创造性转化和创新性发展中展现其独特魅力。

1. 中华优秀传统文化蕴含着“民为邦本”的人文精神

民本思想在中国传统文化中占据着独特地位，是中华优秀传统文化的精髓，对于传承中华文化、赓续中华文脉具有重要意义，在今天依然具有现实价值。子曰：“为政以德，譬如北辰，居其所而众星共之。”即统治者若实行德治，人民皆会围着他转。《尚书》有云：“皇祖有训，民可近，不可下。民惟邦本，本固邦宁。”这句话指出治理者应该以民众的利益为出发点，将民众的利益置于至高无上的地位，强调了政府的责任和义务，即以民众的利益为中心来进行治理。荀子提出“水可载舟，亦可覆舟”的名论，展现了人民群众在国家中的重要性，劝诫统治者要重视民众。执政者只有心系人民，以人民的利益为出发点，关心民众的疾苦，做人民的公仆，才能获得人民的拥护，才能使国家兴旺发达。中国共产党自成立以来，紧扣民心这个最大的政治，坚持“一切为了群众，一切依靠群众，从群众中来，到群众中去，把党的正确主张变为群众的自觉行动”的群众路线，时时刻刻把群众的安危冷暖挂在心上，真正做到念“民之所忧”，行“民之所盼”。

2. 中华优秀传统文化蕴含着“天下兴亡，匹夫有责”的家国情怀

中国传统哲学的精髓之一即为家国天下的辩证统一思想，中国古代社会“家国同构”的社会格局，深刻影响着中国人的精神世界和对未来社会的美好憧憬。张载有云：“为天地立心，为生民立命，为往圣继绝学，为万世开太平。”其彰显了中国古人崇高的人生追求。范仲淹有云：“先天下之忧而忧，后天下之乐而乐。”其高度凝练地概括了家国情怀的基本内涵，即有志之士要秉持民族大义，时刻把国家和民族的利益摆在首位，时刻惦念国家的前途与命运，为天下苍生造福，体现了中国士大夫的家国情怀和远大的政治抱负。中国人向来崇尚“苟利国家生死以，岂因祸福避趋之”的责任意识，要求人们自觉扛起救国救民的职责，个人利益应自觉服从于国家的利益和需要，这是中华儿女崇高的使命。也正是这种对国家的热爱、对人民的责任感使得中华民族遭受数次列强入侵、历经磨难、久经考验，依然屹立不倒且越发壮大。“居庙堂之高则忧其民，处江湖之远则忧其君”，强调了中华民族传统文化中根深蒂固的忧患意识，体现了人们对社会稳定和谐与国家兴盛荣辱的密切关注。这种忧患意识贯穿中华民族精神形成的整个过程，它是党成功的重要经验和保证，提醒党要坚持底线思维、增强忧患意识、时刻保持警醒，激励中国人民为了美好生活不懈奋斗。这种忧国忧民之情，凝聚起团结一致、勇往直前、奋发图强的精神力量，推动着中华民族迈向光明未来。

3. 中华优秀传统文化蕴含着“正心笃志”“修身自省”的个人修养

修身和律己是党的优良传统和鲜明政治品格。习近平总书记在2021年秋季学期中央党校（国家行政学院）中青年干部培训班开班式上深刻指出，“严以修身，才能严以律己”[①]，再次彰显出修身律己是品格修养的关键一环。修身律己自古就是有识之士的人生信条。“修身”一词最早见于《墨子》：“远施周偏，近以修身。”“修”的本义指装饰、美化，后来引申为内在的修养。“律己”出自陈亮的《谢曾察院启》：“严于律己，出而见之事功。”其大意是，严格要求自己是事业取得成功的关键因素。《礼记》提出格物、致知、诚意、正心、修身、齐家、治国、平天下，其核心在于修身，统治者修身以治国平天下、民众修身以齐家。“吾日三省吾身”“见贤思齐焉，不见贤而内自省”“见善如不及，见不善如探汤”，倡导在自我反省中提升自身品格修养。这些优秀的传统文化思想潜移默化地影响着中国人的行为方式。进入新时代，党继续注重从历史经验中汲取修身律己的经验智慧，树立和发扬“三严三实”作风，坚守共产党人的政治底色，推动党和国家各项事业不断向前发展。

4. 中华优秀传统文化蕴含着“清正廉洁”“崇德尚廉”的为政之道

中华民族历来就是重义轻利的民族，在这种传统观念的熏陶下，古往

---

① 《习近平在中央党校（国家行政学院）中青年干部培训班开班式上发表重要讲话强调 信念坚定对党忠诚实事求是担当作为 努力成为可堪大用能担重任的栋梁之才》，《人民日报》2021年9月2日。

今来，中国历史上出现了许多名垂青史的清官廉吏，他们两袖清风、行若由夷、洁身自好、廉洁奉公、勤政务实、体恤民情，深受百姓的爱戴。《周礼》记录了官吏选拔的“六廉”标准，“一曰廉善，二曰廉能，三曰廉敬，四曰廉正，五曰廉法，六曰廉辨”，体现了为官者要具备处理政务的能力和清正廉洁的思想意识。东汉学者王逸说：“不受曰廉，不污曰洁。”就是说不接受他人馈赠的钱物，不让自己的名节受到玷污，就是廉洁。《道德经》有云：“见素抱朴，少私寡欲。”强调真正的君子应该保持清净、朴素的心性，减少自己的私欲。中国传统廉政文化蕴含着廉洁自律、崇德尚廉的价值观念，与中国共产党人克己奉公、清廉自守的精神境界高度契合。奋进新征程、建功新时代，广大党员干部要从中华优秀传统文化中汲取精神养分，以中华优秀传统文化厚植廉洁文化底蕴，自觉接受人民群众的监督和检验，牢记“堤溃蚁孔，气泄针芒”的古训，不断汲取反腐倡廉思想营养，增强廉洁自律意识，坚守廉洁从政之道，扣好廉洁从政“第一粒扣子”。

5. 中华优秀传统文化蕴含着“大道之行，天下为公”的大同思想

大同是中国古代先哲描绘的理想社会状态，反映了人类对未来社会的向往与憧憬，天下大同的思想在中国历史上具有广泛的社会基础和深远的影响。《礼记》中写道：“大道之行也，天下为公，选贤与能，讲信修睦。”大道实行的时代，天下应该是属于公众的，这反映了古人在乱世之中对未来社会的期许。《吕氏春秋》对“天下为公”进行了解释说明：“天下非一人之天下也，天下之天下也。”只有“天下”为天下人所有，统治阶级才能真正收获民心，整个社会才能呈现和谐友爱、安居乐业、欣欣向荣之状态。旧民主主义革命时期，洪秀全建立的太平天国和康有为在《大同书》中描绘的“大同世界”，都受到“天下为公”思想的深刻影响。这些引人深思的传统哲思体现了中华民族的境界追求和道义担当，由内而外呈现出厚重的历史文化底蕴和强烈的亲和力、感召力。在中国特色社会主义新时代，习近平总书记在认可大同思想的基础上，创造性地提出了构建人类命运共同体理念，提出“我们要践行共商共建共享的全球治理观，弘扬全人类共同价值，倡导不同文明交流互鉴”①，这一理念彰显出强大的生命力、号召力、影响力，成为引领时代潮流和人类前进方向的鲜明旗帜。

（二）中华优秀传统文化焕发蓬勃生命力

中华优秀传统文化体现了中华文明的价值理念与实践智慧，是中华民族赓续发展的根本，深刻影响并形塑着当代中国人的精神世界、价值观念，要充分挖掘中华优秀传统文化内蕴的核心思想理念、中华传统美德、中华人文精神，善于把中华优秀传统文化价值和时代课题相结合，激活中华文化生命力。

1. 中华优秀传统文化是文化自信的有力支撑

“文化自信是一个国家、一个民族发展中更基本、更深沉、更持久的力量”②，博大精深、源远流长的中华优秀传统文化积淀着中华民族最深

① 习近平：《携手迎接挑战，合作开创未来——在博鳌亚洲论坛2022年年会开幕式上的主旨演讲》，《人民日报》2022年4月22日。

② 习近平：《决胜全面建成小康社会 夺取新时代中国特色社会主义伟大胜利——在中国共产党第十九次全国代表大会上的报告》，人民出版社2017年版，第23页。

沉的精神追求，是我们坚定文化自信的基础。泱泱中华，虽历经种种磨难与挫折，但仍以海纳百川的胸怀兼收并蓄各种外来优秀思想文化，从而强化了中华民族的文化认同和文化自觉，使中华文化呈现出强大的精神力量和历久弥新的活力。中华优秀传统文化是新时代文化发展的根脉，其蕴含的大道之行、天下为公的大同思想，民贵君轻、政在养民的民本思想，和衷共济、互助友爱的社会美德，慎思笃行、修身自律的修养要求及以德为邻、协和万邦的和谐理念，等等，早已深深融入中国共产党赓续百余年的奋斗历程中，为文化的不断发展提供了丰富的滋养。事实证明，中华优秀传统文化、革命文化和社会主义先进文化的融合使得中华民族完全有底气、有勇气、有志气、有骨气凝聚起强大的文化自信心和文化向心力。一个民族的文明进步、一个国家的发展壮大，需要一代又一代的文化积淀与守正创新。文化兴盛，则国家强盛。正因如此，党不断推动中华优秀传统文化创造性转化、创新性发展，使之与当代文化相适应、与现代社会相协调，彰显了马克思主义政党的高度文化自觉与文化自信。

2. 中华优秀传统文化是社会主义核心价值观的重要源泉

在漫长的历史长河中，中华优秀传统文化根植于每一个中华儿女的血脉和基因当中。中华优秀传统文化是社会主义核心价值观的活水源头，中华传统道德理念中的修身、齐家、治国与社会主义核心价值观个人、社会、国家三个层面的具体要求高度契合、贯通。社会主义核心价值观只有扎根中华优秀传统文化的肥沃土壤，才能为群众所了解、认同、遵循、践行，成为中国人民共同的价值追求和行为规范。

3. 中华优秀传统文化提供治国理政的文化土壤

国家治理的种种难题都可以从历史中找到影子，从历史中找到答案。

习近平总书记指出，“一个国家的治理体系和治理能力是与这个国家的历史传承和文化传统密切相关的”[①]。中华优秀传统文化是中华民族的文化根脉，蕴藏着治国理政的丰富智慧。解决中国问题必须探寻最适合中国特色的道路，而不是照搬别国的治理理论、治理模式，我们需要有鉴别地吸收别国的文明成果，同时要传承中华优秀传统文化成果。换言之，中华民族之所以能够以无比坚定的文化自信屹立于世界民族之林，之所以能够推进国家治理体系和治理能力现代化，形成全球瞩目的“中国之治”，正是因为有着中华传统文化精华的底蕴支撑。譬如，习近平生态文明思想根植于中华优秀传统生态文化，传承“天人合一”“道法自然”“取之有度”等生态智慧和文化传统，并对其进行创造性转化、创新性发展，体现中华文化和中国精神的时代精华，为人类可持续发展贡献了中国智慧、中国方案；习近平外交思想汲取“以和邦国”“和而不同”“以和为贵”等行为理念，实现了传统文化智慧同当今世界发展趋势与中国发展需要的紧密结合。概而言之，中华优秀传统文化为治国理政提供了有益借鉴，助力开创中国特色社会主义伟大事业新局面。

4. 中华优秀传统文化为解决人类问题贡献中国智慧

世界正在经历百年未有之大变局，政治多极化、经济全球化、文化多样化纵深发展，人类社会在较长时期里发生大发展、大变革、大调整、大转折，其发展进程深深影响着世界人民的共同福祉。人类正面临着国际恐怖主义，民族、种族冲突和领土争端，人口、资源贫困，地球环境灾变等

---

① 《习近平在中共中央政治局第十八次集体学习时强调 牢记历史经验历史教训历史警示 为国家治理能力现代化提供有益借鉴》，《人民日报》2014年10月14日。

诸多全球性难题，解决这些难题需要各国人民和衷共济、同心协力、守望相助。中华优秀传统文化蕴含着解决当代人类所面临的难题的重要智慧，中国秉承共商共建共享的全球治理观，为全球治理贡献中国智慧、中国方案、中国力量。自古以来，中华民族崇尚“和合”“博施众利”“正其义不谋其利”的价值观念，强调和而不同、以和为贵，主张和平交流、相互尊重、平等相待，反对以暴力、冲突、血腥的方式解决问题。西汉时期，中国曾开辟了连接中亚、西亚、地中海各国的“丝绸之路”，开展经济交往、促进文化交流传播。新时代，我们创造性地提出了“一带一路”倡议、人类命运共同体理念等新理念、新主张，向世界传播中国故事、传递中国声音、反映中华文化品格，使得世界各国进一步加深了对中华文明的了解和认知，彰显了中华文明的璀璨魅力。

（三）赓续中华优秀传统文化基因

随着全面建设社会主义现代化国家新征程开启，传承和发展中华优秀传统文化迎来了新起点、新挑战、新机遇，我们需要更加自觉、更加积极地推动中华优秀传统文化与现代化国家进程相契合、相协调。习近平总书记在文化传承发展座谈会上强调，“只有全面深入了解中华文明的历史，才能更有效地推动中华优秀传统文化创造性转化、创新性发展，更有力地推进中国特色社会主义文化建设，建设中华民族现代文明”[①]。实现中华优秀传统文化的创造性转化、创新性发展有利于推进中国特色社会主义事

① 《习近平在文化传承发展座谈会上强调 担负起新的文化使命 努力建设中华民族现代文明》，《人民日报》2023年6月3日。

业发展，建设社会主义文化强国；有利于扩展文化交流的有效路径，增强国家文化软实力；有利于在世界文化激荡中站稳脚跟，赢得文化竞争主动权。此外，要通过加强文化遗产保护利用、创新文化传播载体、优化文化传承创新环境等多种途径，多措并举、同心协力，促进中华优秀传统文化的创造性转化、创新性发展实践取得新成就、迈出新步伐、跃上新台阶，推动社会主义文化大发展、大繁荣。

1.不忘本来，为铸就中华文化新辉煌培根铸魂

任何国家、民族的文化都是时间和历史的积淀，皆有其根源。若抛弃根本、丢掉本源，无异于挑筋断脉、自毁出路，丧失自身的文化根基。中华文明作为唯一一个绵延五千多年未曾中断的灿烂文明，具有兼收并蓄、海纳百川的特点，蕴含着丰富的哲学思想、人文精神、道德规范。不忘本来，要守好我们文化的根和魂，始终做中华优秀传统文化的忠实传承者，为铸就文化新辉煌培根铸魂；要以高度的文化自信、文化自觉，深入挖掘传统文化精髓，取其精华、去其糟粕，古为今用、推陈出新，在赓续传承中发扬光大。新时代，我们只有不忘本来，才能提高对繁芜丛杂的各种思想文化的判断和分析能力，自觉抵御腐朽文化的影响，不断巩固全党全国各族人民团结奋斗的共同思想基础，为铸就文化新辉煌培根铸魂。

2.吸收外来，为铸就中华文化新辉煌提供养料

习近平总书记强调，“文明因多样而交流，因交流而互鉴，因互鉴而发展”[①]。纵观世界文明演进历程，不同文化的交流、融合为发展本民族

① 习近平：《深化文明交流互鉴 共建亚洲命运共同体——在亚洲文明对话大会开幕式上的主旨演讲》，《人民日报》2019年5月16日。

文化提供了创新路径和有益借鉴，中华文明也是在与其他文明的交流互鉴中日益成熟、壮大。当今世界，国与国之间、民族与民族之间、地区与地区之间交往日益频繁，人类越来越成为你中有我、我中有你的命运共同体。这就要求我们以海纳百川的宽广胸襟加强与其他文明的对话、交流与合作。坚持吸收外来，要以我为主、洋为中用，外来文化五花八门、形形色色、参差不齐，绝不能“以洋为尊”“以洋为美”“唯洋是从”，而是要辩证取舍、择善从之，如此，才能使优秀又富有活力的外来文化在中国大地生根发芽、开花结果，成为中华文化的有机组成部分。

3. 面向未来，建设社会主义文化强国和中华民族现代文明

任何一种有生命力的文化都要接受时间的审视和检验。身处世界百年未有之大变局，建设社会主义文化强国必须登高望远、未雨绸缪、抢占先机。习近平总书记在文化传承发展座谈会上深刻阐明新时代的文化使命，“在新的起点上继续推动文化繁荣、建设文化强国、建设中华民族现代文明，是我们在新时代新的文化使命”[①]。这一深刻论述，充分体现了习近平文化思想的高远战略考量、宏阔历史视野、高度文化自觉，为我们担负起新的文化使命指明了前进方向、提供了根本遵循。纵观人类历史，文化繁荣发展与国家和社会繁荣发展在总体上是相辅相成、彼此支撑的。这启示我们，面向未来，推进社会主义文化强国建设，要推动中华优秀传统文化创造性转化、创新性发展，使中华优秀文化屹立于世界文化之林；面向未来，建设中华民族现代文明，必须始终坚持以马克思主义指导和引领文

① 《习近平在文化传承发展座谈会上强调 担负起新的文化使命 努力建设中华民族现代文明》，《人民日报》2023年6月3日。

化建设，巩固马克思主义在意识形态领域的指导地位；面向未来，推动中国特色社会主义文化繁荣兴盛，要立足中国特色社会主义实践，牢牢把握世界发展大势，顺应时代发展潮流，擘画中华民族文化繁荣新蓝图。

三、以结合之道铸魂强根

在砥砺奋进伟大复兴新征程的关键历史节点上，要以结合之道铸魂强根，在结合中守好马克思主义的魂脉、守好中华优秀传统文化的根脉，绝不能犯失去魂脉和根脉的颠覆性错误。

（一）在结合中守好马克思主义魂脉

马克思主义是实现“两个结合”、推进理论创新和实践创新的重要法宝。在推进“两个结合”的过程中，一方面，要将马克思主义基本原理同中国具体实际相结合，不断提出真正解决问题的新理念新思路新办法；另一方面，要将马克思主义的立场、观点和方法融入对中华优秀传统文化的挖掘与阐释之中，使马克思主义在中国持续开花结果。这两个方面相互支撑、彼此配合，推动社会主义文化建设迈上新台阶、取得新发展，也使得马克思主义在中华优秀传统文化的丰厚滋养下进一步彰显蓬勃生机，焕发无限活力。

马克思主义为党和人民事业的发展提供科学的理论指导。从石库门到天安门，从兴业路到复兴路，从播下革命火种的小小红船到领航复兴伟业的巍巍巨轮，中国共产党之所以能够团结带领中国人民创造伟大功业、作出伟大贡献，就在于始终将马克思主义这一科学理论作为自己的行动指南。百余年奋斗历程充分说明，将马克思主义作为中国共产党的指导思想，是合乎时代要求的正确选择，更是中国历史发展的应然与必然。马克思主义是中国共产党人的“宝典”和“秘诀”，在各个历史时期为党和人民事业的发展提供科学的理论指导。牢牢坚守马克思主义这个魂脉，是中国共产党人清醒和坚定的认知。

马克思主义是理论创新的前提和基础。习近平总书记强调，“我们党的历史，就是一部不断推进马克思主义中国化的历史，就是一部不断推进理论创新、进行理论创造的历史”[①]。理论创新必须讲前人没有讲过的话，但又要坚守正道，不能丢了“老祖宗”“传家宝”“国粹”。数典忘祖、崇洋媚外等同自毁前程。我们必须坚持马克思主义这个立党立国、兴党兴国之本不动摇，以马克思主义为指导对泱泱中华的古籍、典藏进行充分挖掘、阐释，将其蕴藉的哲学思想、价值观念、人文精神更深层次地注入马克思主义，两者的有机耦合和有效贯通为理论创新提供了根本指针。因此，守好魂脉才能实现理论创新和思想变革；割断魂脉就无法完成理论创新，是对马克思主义的背叛。新时代新征程新任务，我们要继续推进理论创新，紧跟时代步伐，以满腔热忱对待一切新生事物，不断深化理论创新的成果。我们要有博大的胸怀和宽广的理论视野，吸收和借鉴人类社会一切优秀的文明成果，在百花齐放、百家争鸣的资源宝库中创新发展党的理论成果，形成兼收并蓄、博采众长的理论大格局大气象。

新时代，中国共产党面临着新的使命，我们要运用好党的宝贵历史经验，坚持以“第二个结合”不断推动理论创新、实践创新，以前所未有的

① 《习近平在党史学习教育动员大会上强调 学党史悟思想办实事开新局 以优异成绩迎接建党一百周年》，《人民日报》2021年2月21日。

历史主动精神，信心百倍地书写新时代中国发展的绚丽篇章。

一是坚持马克思主义这一根本思想不动摇，坚持马克思主义扎根中华优秀传统文化土壤不停步。马克思主义是党和人民不断奋进的万里长河之泉源，是推进党和国家事业蓬勃发展的思想秘诀。习近平新时代中国特色社会主义思想的世界观和方法论为推进马克思主义中国化时代化提供了根本原则和理论支撑，因而要坚持好、运用好贯穿其中的立场观点方法，做到“六个必须坚持”。必须坚持人民至上、必须坚持自信自立、必须坚持守正创新、必须坚持问题导向、必须坚持系统观念、必须坚持胸怀天下是对中国具体实践和中华优秀传统文化的升华凝练，这六个方面相互联系、内在统一，形成严密的逻辑体系，需总体把握、一体落实。在推进马克思主义中国化时代化的进程中，中国共产党人认识到马克思主义只有与中华优秀传统文化相结合，才能在中国生根、开花、结果。毛泽东积极践行“古为今用，洋为中用”的思想，主动将马克思主义实践观与中华优秀传统文化中经世致用、知行合一等理念有机结合，确立了中国共产党“实事求是”的思想路线。改革开放初期，邓小平创造性地用“小康社会”这一概念擘画了中国社会发展蓝图，并用小康诠释了“中国式的现代化”这一重要思想。江泽民将“与时偕行”转化为“与时俱进”，突破固有思维定式，为社会主义现代化建设注入新动能。胡锦涛提出“以人为本”的观念是对“民为邦本”的突出诠释。习近平新时代中国特色社会主义思想高度重视文化建设，习近平文化思想是这一党的创新理论的文化篇章，开辟了马克思主义基本原理同中华优秀传统文化相结合的新境界。

二是要以马克思主义为指导不断推进“第二个结合”。对魂脉的最好坚守，具体表现在如下两个方面。一方面，要坚持和运用马克思主义科学的世界观和方法论，坚持和运用马克思主义中国化时代化的最新成果即习近平新时代中国特色社会主义思想的世界观方法论，特别是坚持贯穿其中的立场观点方法，做到必须坚持人民至上、必须坚持自信自立、必须坚持守正创新、必须坚持问题导向、必须坚持系统观念、必须坚持胸怀天下。另一方面，“以马克思主义为指导对中华五千多年文明宝库进行全面挖掘，用马克思主义激活中华优秀传统文化中富有生命力的优秀因子并赋予新的时代内涵”[①]。作为时代精神的精华，马克思主义不但体现了其所诞生的那个时代的最高科学成就，而且顺应时代发展潮流，借鉴和吸收了世界文明的有益成果，具有崭新意蕴与当代价值。中华优秀传统文化凝练着丰富的思想智慧，无论过去还是现在，都具有永不褪色的价值。由于历史条件的限制和时代发展的变化，传统文化中难免有一些内容不适应时代发展的需要，因此，我们不能简单地生搬硬套、照猫画虎，要以马克思主义为指导，推动中华优秀传统文化创造性转化、创新性发展，使其熠熠生辉、迸发出强大的精神力量。

（二）在结合中守好中华优秀传统文化根脉

一个民族的复兴，总是以文化兴盛作为底蕴支撑。中华优秀传统文化是中华文明赓续传承的“基因密码”，是中华民族的文化根脉。传承中华文明是实现中华民族伟大复兴的文化先决条件，为中华民族再创辉煌注入强大精神动力。

---

① 《习近平在中共中央政治局第六次集体学习时强调 不断深化对党的理论创新的规律性认识 在新时代新征程上取得更为丰硕的理论创新成果》，《人民日报》2023年7月2日。

英国著名历史学家汤因比认为，并非所有文明都能够顺利发展壮大，有些文明在生长期就已“流产”停止，这显然是挑战过量而致。在《历史研究》中，汤因比着重论述了希腊文明、中国文明、犹太文明的发展模式，进而认为每一种文明都起源于挑战和应对的相互作用。近代的新文化运动在社会上掀起一股思想解放的潮流，这股思想解放潮流为中国有识之士在面对西方文明的冲击时，毅然决然地选择马克思主义作为指导思想奠定了重要基础，这是适应中国社会发展的进步表现。此外，中国共产党人在一以贯之坚持马克思主义的同时，赓续发展了中华优秀传统文化的精髓和价值，这是一种自觉的文化“应对”。①

中华优秀传统文化具有跨越时空的恒久魅力，是我们民族文化自信的重要来源。在文化发展和文化交流过程中，西方国家以“文明优越者”自居，精心包装和美化其思想和价值观念。我们要破解其大肆宣扬和鼓吹的“西方文明中心论”“西方文化优越论”和“普世价值论”。此外，要时刻警惕历史虚无主义、文化虚无主义等错误思潮侵蚀。历史虚无主义意图否定客观存在的历史事实和马克思主义的指导地位；文化虚无主义意图虚无民族文化，割裂现代文化与历史传统的关系，无视传统文化的精髓和价值。总之，在新的历史起点上，要坚定历史自信、文化自信。“有文化自信的民族才能立得住、站得稳、行得远”②，文化兴盛则国家兴盛。五千多年中华文明孕育了独具中国特色的价值观念和文明体系，激发了中华民族昂扬向上的精神风貌和迈向美好未来的磅礴力量。要坚持古为今用、推

① 参见郝立新：《坚守马克思主义中国化时代化的“魂脉”和“根脉”》，《中国社会科学报》2023年8月18日。

② 习近平：《在文化传承发展座谈会上的讲话》，《求是》2023年第17期。

陈出新，努力做到以文弘业、以文培元、以文立心、以文铸魂，厚植马克思主义中国化时代化的历史基础和文化底蕴。同时，要持续激发全民族文化创新创造活力，要将优秀传统文化的精神标识提炼出来、传播出去，以此推动文明的交流互鉴，提升中华文明的国际影响力，为人类文明发展提供宝贵的文化资源。如此，才能旗帜鲜明地反对各种错误论调和思潮，牢牢把握坚守中华文化根脉的内在依据。

1. 坚守根脉，必须领会马克思主义与中华优秀传统文化的思想观念、价值理念的相融相通

马克思主义与中华优秀传统文化产生的时间、社会背景、文化土壤存在较大的差异，但二者观念相融、逻辑相通，在价值导向上具有高度契合性。实践证明，马克思主义基本原理同中华优秀传统文化相结合，绽放出强大的真理力量和实践伟力。百余年来，党积极推动马克思主义基本原理同中华民族的思维方式、审美情趣和行为习惯相结合。例如，用“实事求是”来说明马克思主义认识论，用“愚公移山”来激励中国人民以坚忍不拔的精神顽强奋斗，用“知行观”来阐释认识与实践的关系。习近平总书记指出：“马克思主义传入中国后，科学社会主义的主张受到中国人民热烈欢迎，并最终扎根中国大地、开花结果，决不是偶然的，而是同我国传承了几千年的优秀历史文化和广大人民日用而不觉的价值观念融通的。”①“日用而不觉”，是在思维模式上的“无意识融通”，不仅表现在广大人民的价值观念上，还表现在国家制度和国家治理体系的诸多方面。例如，“大道之行也，天下为公”的理想追求契合于马克思主义建立共产主义社

① 《习近平谈治国理政》第三卷，外文出版社2020年版，第120页。

会的最高理想和探求全人类自由解放道路的思想；“民贵君轻、政在养民”的民本思想契合于马克思主义的群众观，若没有人民群众，任何历史画卷都无法展开；“任人唯贤、选贤与能”的用人标准契合于马克思主义认为少数英雄人物对社会历史发展具有关键作用的观点。这些实践经验和实践智慧为我们进一步丰富新时代治国理政新思想新理念提供了重要的历史镜鉴。这些观点上的融通彰显了马克思主义和中华优秀传统文化的高度契合性。

2. 坚守根脉，必须深刻把握中华文明的突出特性

中华优秀传统文化积淀着深厚的历史底蕴，凝练着中华民族的价值追求。习近平总书记在文化传承发展座谈会上，全面系统深刻地揭示了中华文明的突出特性。中华文明具有连续性，延绵不断、经久不衰，是人类历史上唯一一个延续至今未曾中断且充满无限活力的璀璨文明，这种连续性决定了中华民族必然要走中国特色社会主义这一最符合中国发展实际的正确道路。中华文明具有创新性，这种创新性源自中华民族与时俱进的创新精神。中华文明具有统一性，构建了多元一体的中华民族大家庭，即使遭遇重大的困难挫折也具备超强的凝聚力和向心力。中华文明具有包容性，从根本上决定了中华文明对世界文明兼收并蓄的开放胸怀。中华文明具有和平性，中华民族温和善良，历来崇尚和平、和睦、和谐，中国在维护世界和平中谋求自身发展，又以自身发展维护世界和平，走出一条既发展自身，又造福世界的现代化之路。这些突出特性构成中华民族坚守根脉的重要基石。

3. 坚守根脉，必须讲好中华优秀传统文化故事

要坚持以价值观为核心，以“润物细无声”的方法，讲清楚中国人的

宇宙观、天下观、社会观、道德观和行为方式。在宇宙观方面，倡导天人合一的生存理念，崇尚人与自然万物和谐共存。在天下观方面，注重民胞物与、家国一体、世界大同、立己达人的处世之道。在社会观方面，提倡和而不同、求同存异、兼收并蓄、尊重差异的理念。在道德观方面，强调“己所不欲，勿施于人”的崇高品质、“先天下之忧而忧，后天下之乐而乐”的家国情怀、“富贵不能淫，贫贱不能移，威武不能屈”的气节操守等。在行为方式方面，“知者行之始，行者知之成”阐明知与行相统一，“慎易以避难，敬细以远大”强调做事要精益求精。这些中国人民内蕴的精神气质，为新时代弘扬和践行社会主义核心价值观、建设中华民族现代文明奠定了深厚的文化根基。中国共产党一直以深厚的人文情怀和开阔的国际视野关注人类文明的发展，在推动我国文化发展进步的同时，也向世界讲述中华优秀传统文化的故事、传递中国声音，促进文化交流互鉴。

（三）绝不能犯失去魂脉和根脉的颠覆性错误

要牢牢守好马克思主义之“魂”和中华优秀传统文化之“根”，绝不能犯失去魂脉和根脉的颠覆性错误，要将两者有效结合融通，在更广阔的文化空间里聚变为新的理论优势，为奋进新征程、建功新时代凝心聚力。

若缺少马克思主义这一魂脉的理论指导，实践就会失去正确的方向，容易“盲人骑瞎马，夜半临深池”。苏联后期戈尔巴乔夫推行多项改革举措冲击了马克思主义意识形态，导致苏联社会意识形态蜕变，整个政治思想领域松懈、滑落和崩盘，人们失去辨别是非的敏锐性，引发各种社会思潮泛滥，最终导致苏联解体的历史悲剧。陈先达在《马克思主义信仰十讲》中指出，“任何一个有理论良心的人都能看到，苏东的失败不是马克思主义的失败，而是背弃马克思主义的失败”[①]。苏联后期的改革过程中，由于领导者未能将马克思主义理论与苏联实际国情相结合，甚至全盘否定马克思主义、否定社会主义基本制度，社会主义大厦轰然倒塌，这种对马克思主义的背离导致了苏联社会主义模式的失败。历史是最好的教科书，百余年来，中国共产党毫不动摇地坚持和发展马克思主义，与时俱进地推进马克思主义中国化的历史进程。邓小平在改革开放初期强调：“我们搞改革开放，把工作重心放在经济建设上，没有丢马克思，没有丢列宁，也没有丢毛泽东。老祖宗不能丢啊！”[②]习近平总书记在新时代的背景下强调：“马克思主义是我们立党立国的根本指导思想。背离或放弃马克思主义，我们党就会失去灵魂、迷失方向。”[③]正是在马克思主义的指引下，中国共产党发挥强烈的主动精神，读原著、学原文，学深悟透马克思主义所蕴含的科学内涵、时代意蕴、真理力量，用中国化时代化的马克思主义理论成果武装头脑，中华民族不可逆转地走向伟大复兴。

若抛弃中华优秀传统文化这一根脉，就如同割断了精神命脉。习近平总书记指出：“历史和现实都表明，一个抛弃了或者背叛了自己历史文化的民族，不仅不可能发展起来，而且很可能上演一幕幕历史悲剧。”[④]中华优秀传统文化承载着中国人民数千年的哲学思想、人文精神和价值观念，构筑了中国社会的重要基石。进言之，抛弃这一根脉，就意味着失去

---

① 陈先达：《马克思主义信仰十讲》，人民出版社2018年版，第48页。

② 《邓小平文选》第三卷，人民出版社1993年版，第369页。

③ 《习近平谈治国理政》第二卷，外文出版社2017年版，第33页。

④ 习近平：《在中国文联十大、中国作协九大开幕式上的讲话》，《人民日报》2016年12月1日。

了连接过去与现在、人与人、个体与社会之间的纽带，会导致文化认同感的缺失和社会价值观念的混乱。我们要在赓续传承中华文脉中增强中华优秀传统文化的凝聚力、生命力，让中华文明更好地同世界各国人民创造的多彩文明一道，丰富人类文明百花园。

魂脉和根脉并行不悖、相互促进、缺一不可，共同推进理论创新迈向新高度。中国特色社会主义道路不是靠一味固守马克思主义经典文本或回归悠然传统本身形成的，而是在汲取中华优秀传统文化这一根脉的深邃智慧和坚持马克思主义这一魂脉的指导地位中走出来的正确道路。同样，中国式现代化不仅体现着从包括马克思主义在内的人类文明成果中汲取的丰厚滋养，也凝聚着中华文明所积淀的深厚底蕴。坚守好魂脉和根脉的关键是继续深化“第二个结合”，推动魂脉更加鲜活、根脉更有生机。

1.坚守魂脉和根脉要顺应时代要求，回应时代新课题

我们推进理论创新绝不是闭门造车、流于空想，而是必须总结实践经验，紧跟时代步伐。在中华民族伟大复兴战略全局和世界百年未有之大变局加速演进并深度互动的时代背景下，人类社会面临诸多亟待解决的共同问题。“两个大局”深刻体现了关于中国和世界的历史观、角色观和大局观，科学把握了历史发展规律、时代发展潮流、世界发展方向，为研判世界大势、回答时代之问、践行中国使命，提供了重要的思想启迪和方法论指导。我们要以更长远的眼光把握人类社会和世界文明发展的大趋势，让马克思主义在中国大地上展现出更强大、更有说服力的真理力量。同时，要深入学习贯彻习近平新时代中国特色社会主义思想，立足中华民族伟大历史实践和当代实践，坚持推进马克思主义中国化时代化，努力传承发展中华优秀传统文化，坚持把中国发展进步的命运牢牢掌握在自己手中。

2.推进理论的体系化、学理化

推进理论的体系化、学理化是理论创新的本质要求和重要途径，也为深入研究马克思主义基本原理同中华优秀传统文化相契合的精神原则，相结合的有效途径、理论成果提供了根本遵循。体系化标志着科学理论臻于成熟、完善的趋势，旨在建构全面、综合、有机贯通的开放理论体系。马克思主义是坚持学理化的光辉典范，要深刻领悟马克思主义理论体系的科学内涵。同时，要挖掘和梳理中华优秀传统文化的精华。以此为根据，研究二者相互结合之后形成的理论创新成果，正确回答和解决时代提出的重大问题，使之转化为推动实践的强大物质力量。习近平新时代中国特色社会主义思想的发展，是一个不断丰富扩展和逐步体系化、学理化的过程，我们要在学习中不断加深对其理论体系的认知与体悟。

3.注重从人民群众的创造性活动中汲取理论创新智慧

理论认识只有根植于人民群众实践的沃土，才能真正满足社会、实践和人民的需要，进而展现出旺盛的生机与活力。若脱离群众实践，理论就成了自说自话的空洞说教。坚持群众路线、坚持人民至上的价值理念、尊重人民群众的首创精神是推进“第二个结合”、实现理论创新的基本路径。人民群众创造的精神文化产品是传承发展中华优秀传统文化的重要载体。马克思主义基本原理同中华优秀传统文化深度结合的成果，为推进我国治理体系和治理能力的自我革新提供更多智慧与良策，从而帮助我们找到解决问题、化解问题的好方法，更好地迎接新征程上潜在的风险挑战。此外，结合的成果也体现在人民的日常文化生活之中，使党的创新理论真正成为“接地气、聚民智、顺民意、得民心”的理论，不断满足人民精神文化需要，增强人民精神力量，促进人的全面发展。

马克思主义基本原理同中华优秀传统文化的结合，造就出一个新的文化生命体。在这个魂脉与根脉融为一体的新生命体中，马克思主义这一魂脉注入并激活了中华优秀传统文化根脉，引领中华文明的现代转型。同时，中华优秀传统文化滋养了马克思主义，使马克思主义在中国化时代化的持续推进中，凸显出日益鲜明的中国风格和中国气派。魂脉和根脉有机结合，为深化对理论创新的规律性认识、坚定文化自信、促进文化繁荣、建设文化强国作出更多贡献。

第五章

伟大意义论

传承五千多年的中华文明是中国特色社会主义道路得以开辟和发展的深厚基础和历史底气。开辟和发展中国特色社会主义，就必须以中华文明作为基石，走“两个结合”的必由之路。其中，“第二个结合”不仅纠正了将马克思主义与中华优秀传统文化对立起来的错误倾向，而且让中华优秀传统文化从“幕后”走到“台前”，从“隐性”走向“显性”，实现了又一次的思想解放，造就出有机统一的新的文化生命体，筑牢中国道路之根基，为创造性转化和创新性发展中华优秀传统文化、面向未来实现理论探索和制度创新提供了更加宏阔的文化空间，实现了文化主体性的巩固。

一、造就有机统一的新的文化生命体

“两个结合”体现了中国共产党对社会发展本质规律的认识和把握，是党团结带领人民开辟事业取得成功的最大法宝。如果说“第一个结合”实现了实践层面的创新，那么“第二个结合”的结果是在文化层面“造就了一个有机统一的新的文化生命体”[①]。中国共产党人把马克思主义基本原理

① 《习近平在文化传承发展座谈会上强调 担负起新的文化使命 努力建设中华民族现代文明》，《人民日报》2023年6月3日。

同中华优秀传统文化相结合，把马克思主义思想精髓同中华优秀传统文化精华贯通起来，同人民群众日用而不觉的共同价值观念融通起来，不断赋予马克思主义中国化时代化理论以鲜明的中国特色，不断夯实马克思主义中国化时代化的历史基础和群众基础，实现了马克思主义基本原理同中华优秀传统文化在价值观念上的充分耦合，展现了“为人类求解放”与实现“天下大同”“环球同此凉热”的伟大抱负，进而造就中国式现代化的文化形态。

（一）助推马克思主义中国化新的飞跃的实现

近代以降，中华民族所面临的两大历史任务是：争取民族独立与人民解放、实现国家富强与人民富裕。在为实现民族独立和人民解放的伟大斗争中，诸多有识之士进行了各种尝试，但因缺乏科学的理论进行指导，这些尝试均以失败收尾。俄国十月革命如一个惊雷，让马克思列宁主义轰然炸响在中国大地的上空。中国共产党经过长期斗争，在实践中深化马克思主义理论，强有力地证明了“马克思的整个世界观不是教义，而是方法”[①]的论断，并在持续实践的过程中，熟练地“用无产阶级的宇宙观作为观察国家命运的工具，重新考虑自己的问题”[②]。中国共产党人既守马克思主义基本原理之正，又创中国马克思主义之新，使马克思主义以“活生生”的样态在其中国化的历程中呈现出来，在守正创新中把握马克思主义基本原理同中国具体实际相结合、同中华优秀传统文化相结合，切实解决了不同时代中国面临的课题，找寻出了符合中国国情的现代化新道路。

① 《马克思恩格斯选集》第四卷，人民出版社2012年版，第664页。

② 《毛泽东选集》第四卷，人民出版社1991年版，第1471页。

新民主主义革命时期，经历了党内教条主义的巨大顿挫，中国共产党创造性地提出了“马克思主义中国化”命题。毛泽东指出，所谓“‘化’者，彻头彻尾彻里彻外之谓也”，“化”是富有实际行动、成效的化，否则“仍旧脱离不了教条主义和党八股”，是“没有结果的”。[①]所谓“马克思主义中国化”，就在于马克思主义要富有成效地扎根于中国、发展于中国、蓬勃于中国，尤其是要融入中国历史传统、结合中华优秀传统文化，兼容并包彰显出中华文明智慧，马克思主义也因此具有鲜明的中国特色、中国风格、中国气派，这样的马克思主义中国化才是“有结果的”。

在1938年党的六届六中全会上，毛泽东明确指出，要“使马克思主义在中国具体化，使之在其每一表现中带着必须有的中国的特性”，而马克思主义中国化的重要方法在于，“学习我们的历史遗产，用马克思主义的方法给以批判的总结”，“从孔夫子到孙中山，我们应当给以总结，承继这一份珍贵的遗产”。[②]这里就内在包含着要推动马克思主义基本原理同中华优秀传统文化相结合，进而借由二者的互相结合、互相砥砺、互相融入，创新性生发出符合时代需要的文化样态。

正是通过把马克思主义基本原理同中华优秀传统文化相结合，中国共产党引领中国人民成功提炼出符合时代需要的中华优秀传统文化，成功锻铸出彰显中国革命、建设、改革本质的革命文化和社会主义先进文化，并且在这一过程中推动实现了马克思主义中国化的新飞跃，形成了饱含中华文明精要的毛泽东思想、邓小平理论、“三个代表”重要思想、科学发展观。譬如，毛泽东强调的“实事求是”、邓小平提出的“小康社会”，都

① 《毛泽东选集》第三卷，人民出版社1991年版，第841页。

② 《毛泽东选集》第二卷，人民出版社1991年版，第533—534页。

“取经”于中华优秀传统文化，是马克思主义基本原理同中华优秀传统文化相结合的生动例证。

中国特色社会主义进入新时代，创立了习近平新时代中国特色社会主义思想。面对“两个大局”，习近平总书记作出“坚持把马克思主义基本原理同中国具体实际相结合、同中华优秀传统文化相结合”[①]这一科学论断。在党的二十大报告中，习近平总书记就“第二个结合”进行了详细的阐释，用“贯通”“融通”生动凝练地指出了“第二个结合”的具体路径，并在文化传承发展座谈会上再次强调中华优秀传统文化的重要性，指出，“把马克思主义基本原理同中国具体实际、同中华优秀传统文化相结合是必由之路”[②]。基于对国际发展大势的充分把握、对中国具体实际的充分了解，同时谨慎分析时代发展趋势和掌握历史趋势，以习近平同志为核心的党中央将马克思主义基本原理同中国具体实际、同中华优秀传统文化紧密结合在一起，从理论和实践两个方面系统解答了诸多重大时代课题，在不同领域创造性地作出了正确科学的战略决策，解决了许多长期未解决的深层次矛盾问题。习近平新时代中国特色社会主义思想是当代中国马克思主义、21世纪马克思主义，是中华文化和中国精神的时代精华。

“第二个结合”贯穿党的百余年奋斗历程，成为推进马克思主义中国化时代化的一条重要的历史经验。在新时代，针对长期以来存在的国内外对中华优秀传统文化的轻视和误解，习近平总书记基于对历史的深刻总结

① 习近平：《在庆祝中国共产党成立100周年大会上的讲话》，《人民日报》2021年7月2日。

② 《习近平在文化传承发展座谈会上强调 担负起新的文化使命 努力建设中华民族现代文明》，《人民日报》2023年6月3日。

和对规律的深刻揭示，明确提出“第二个结合”，以其科学性对理论的创新发展进行正确引导，实现了又一次的思想解放，彰显出高度的历史自觉和文化自信，加速推进了马克思主义中国化时代化。

（二）发掘出中华优秀传统文化的价值内涵

“第二个结合”让中华优秀传统文化“旧貌换新颜”，不仅为中华优秀传统文化注入了新的时代内容，通过新的时代形式彰显中华优秀传统文化中的深厚价值内涵，同时也给中华优秀传统文化提供了守正创新的科学思维方法，推动中华优秀传统文化创造性转化、创新性发展。

1.“第二个结合”拓宽了中华优秀传统文化的应用领域

“第二个结合”传承但不守旧，将创造性转化、创新性发展视为实现结合的关键，充分挖掘出中华优秀传统文化中的道德观念与价值精神，在保持其基本观点不变的基础上，赋予其具有当代价值的新内涵。

2.“第二个结合”延续了中华优秀传统文化中的人文传统

《礼记》中有“周人尊礼尚施，事鬼敬神而远之，近人而忠焉”，体现出周人理性看待鬼神而更加关注人的世界。在先秦诸子学说中，也蕴含着“天生万物，唯人为贵”的思想，深刻地论证了人的主体性，确立了中华优秀传统文化的人文底色。同样，马克思主义重视人、发展人、成就人，强调人民群众在历史发展中的重要地位，致力于实现人自由而全面的发展。“第二个结合”在新的时代背景下，既吸收了马克思主义人民群众是历史主体的理念，又延续了中华优秀传统文化中的人文传统。

3.“第二个结合”丰盈了中华优秀传统文化的精神底蕴

在长期的发展过程中，中华优秀传统文化形成了崇高的精神境界，围绕人的自由存在和人的美好生活状态，形成了具有鲜明特色的宇宙观、天下观。同样的，马克思主义围绕全人类的发展，思考人类社会发展的历史规律，将全人类的解放视为己任，提出的共产主义社会理想同中华优秀传统文化的天下观不谋而合，二者有着深刻的一致性。马克思主义所构想的共产主义社会在内容上有着科学的逻辑基础和得以实现的客观条件，具有普遍性意义，使得中华优秀传统文化的精神境界和科学逻辑得到进一步提升和完善，丰盈了中华优秀传统文化的精神底蕴。

4.“第二个结合”为中华优秀传统文化提供了更加科学的思维方法

思维方法是在时光流转中中华文化得以保持自身特色的重要因素。中华文化蕴含着的整体思维、辩证思维等思维方法，铸就了中华民族胸怀天下的宏大格局，代代延续的集体主义精神与和谐共处、“美美与共”的思维范式。但是中华文化中的思维方法仍不够系统全面，限制着中华文化实现进一步的发展和创新。辩证唯物主义、历史唯物主义是马克思主义的根本世界观和方法论，蕴含着归纳和演绎、分析和综合、抽象和具体等科学思维方法，遵循了实践的内在规律，显示了认识主体的思维逻辑性。“第二个结合”赋予中华优秀传统文化更加严谨的思维方式，有利于人们更加科学地认识世界和改造世界。

5.“第二个结合”实现了中华优秀传统文化中经世致用思想的延续

中华文化之所以能够绵延不断，其中一个重要原因是中华文化能够适应实践并在实践中得以发展。但在历史发展的进程中，经世致用思想曾被抑制而难以彰显。基于实践需要、具有实践性的马克思主义传入中国后，中华文化中的实践性被唤醒并落实到了具体实践中。“第二个结合”让中华文化更加关注现实，回应时代需要，进而形成能够推动社会持续发展的动力。

6.“第二个结合”唤醒了中华优秀传统文化深藏的文化心理

毋庸置疑，任何一种文明和理论学说都有自身的心理机制或心理特点，向上向善正是中华优秀传统文化的心理特点。从构成中华优秀传统文化主体的儒、释、道来看，不存在损人利己的文化成分，这也是中华优秀传统文化整体的特点。在这一特点的主导下，中华优秀传统文化构建了感恩、礼义等心理。在民族危亡的关键时刻，渗透在中华儿女血脉中的文化心理，与马克思主义一起，激励中华儿女充分发扬奉献精神，互帮互助、同甘共苦，在党的带领下实现了民族独立。“第二个结合”唤醒了中华优秀传统文化深藏的文化心理，党团结带领人民群众创造的红色文化记忆即是中华优秀传统文化心理实现创造性转化和创新性发展的典型代表之一。

基于同中华优秀传统文化的内在天然契合性，马克思主义实现了对中华优秀传统文化的激活。这种激活是“第二个结合”的产物，既使马克思主义在中国得以扎根，也使中华优秀传统文化得到了科学理论的指导，进而二者共同作用，推动创造了人类文明新形态。

（三）创造出了中国式现代化的文化形态

中国式现代化不是照搬照抄他国的现代化，不是消灭古老文明的现代化，而是从中华大地生长出的现代化，是赓续古老文明的现代化。中国式现代化不以断裂文明为前提，而以延续和更新文明为成果。文化形态是历史发展的综合成果，作用于每一个社会成员的思想、心理与生产生活实践，具有普遍性和整体性。从本质上说，文化形态具有民族文化意义，是特定的民族文化价值体系，是一个民族精神标识和价值观念的样态表征。党和国家把握了世界现代化进程的发展规律，深刻认识到盲目跟随与刻板模仿注定没有前途，深刻认识到中国式现代化不能离开中国理论的科学指引，不能脱离民族精神和中华文化。“第二个结合”让马克思主义得以在中国牢牢扎根，在与中华文化融通结合的过程中，巩固夯实了马克思主义中国化时代化的历史基础和群众基础，造就了有机统一的新的文化生命体，创造出了中国式现代化的文化形态。中国式现代化的文化形态包含着治国理政理念，代表着中华民族共同的价值取向，凝聚着具有强大精神力量的社会主义核心价值观。

1.“第二个结合”为习近平总书记治国理政的理念提供了深厚的思想基础，彰显着党的执政理念随着时代发展变化而不断深化和发展

习近平总书记十分重视儒家思想，强调其在中国历史发展中的积极作用和对世界历史发展的进步作用，并肯定了其在当代的价值。习近平总书记明确指出：“马克思主义基本原理必须同中国具体实际紧密结合起来，应该科学对待民族传统文化，科学对待世界各国文化，用人类创造的一切优秀思想文化成果武装自己。”[①]虽然习近平总书记在这里仅提到了“第一个结合”，但显而易见包含着对“第二个结合”的内容阐述。同时，他郑重指出“中国共产党人始终是中国优秀传统文化的忠实继承者和弘扬者”[②]。

① 习近平：《在纪念孔子诞辰2565周年国际学术研讨会暨国际儒学联合会第五届会员大会开幕会上的讲话》，《人民日报》2014年9月25日。

② 习近平：《在纪念孔子诞辰2565周年国际学术研讨会暨国际儒学联合会第五届会员大会开幕会上的讲话》，《人民日报》2014年9月25日。

中国共产党人不是历史虚无主义者和文化虚无主义者，而是将继承和弘扬中华优秀传统文化落实在了执政目标和执政理念中，在国家治理和政策制定中潜藏着中华民族从古至今对理想社会状态的不懈追求。在诸多场合的讲话中，习近平总书记肯定了中华优秀传统文化的重要价值，阐释了“第二个结合”的逻辑与事实，彰显着党的执政理念随着时代发展变化而不断深化和发展。

2.“第二个结合”与社会主义核心价值观内涵互通，能够凝聚起民族精神力量

“第二个结合”把马克思主义思想精髓同中华优秀传统文化精华贯通起来、同人民群众日用而不觉的共同价值观念融通起来，不断赋予科学理论鲜明的中国特色，不断夯实马克思主义中国化时代化的历史基础和群众基础，让马克思主义在中国牢牢扎根，使社会主义核心价值观融入日常生活，又超越日常生活，实现社会主义核心价值观对社会主义先进文化的时代引领。中华优秀传统文化以仁义礼智信为价值取向，以治国平天下为理想追求，二者都强调社会与家庭的协调关系、道德和精神的双重规约。社会主义核心价值观既是新时代中华民族精神的集中体现，是中华民族美德的具体承载，凝结了中华民族特有的思维方式、道德原则、价值取向和行为规范，体现了中华民族的价值追求，也是马克思主义中国化时代化的产物，是马克思主义关于人的自由全面发展思想的当代表达，是马克思主义基本原理同中华优秀传统文化相结合的产物。社会主义核心价值观的基本要义是道德建设，中华民族在长期的实践中形成了中华优秀传统文化，尚和合、崇仁爱、重民本、守诚信等具有永恒价值的内容蕴含着取之不尽的道德资源和美德规范。中华优秀传统文化中的价值内容同马克思主义中的价值观念在契合的基础上实现结合，融汇出了“1+1>2”的强大精神动力，提高了社会主义核心价值观的吸引力和感染力，为中华民族在新时代提供了有力的精神支柱，抵御了“普世价值”对思想文化的侵蚀，有力助推中华民族伟大复兴的实现。

二、筑牢中国特色社会主义道路根基

中国特色社会主义道路从中华文化中汲取思想精髓，内蕴着对中华优秀传统文化的传承；也只有置身在悠长绵远的中华历史文化之中，才能理解中国道路的文化内涵，才能真正读懂中国道路的历史必然。因此，我们走中国特色社会主义道路，必须实现“第二个结合”。“第二个结合”将社会主义信念同中华民族理想进行结合，让民族的血液在道路和制度中流动，为理想信念铺就文化基底，彰显出强大底气和高度自信。

（一）在薪火相传中提供宏阔深远的历史纵深

文化积淀着一个民族最深层次的精神追求，是一个民族历史的血脉，是一个民族能够实现复兴的重要支撑，也是一个国家实现强盛必不可少的关键因素。文化自信同国家兴盛、文化安全密不可分，是守护民族精神独立和持续建设精神家园的必备前提，是坚定道路自信的底层要求。面对复杂多变的新形势，“第二个结合”契合了新变化下的新要求，体现出我们对中华文明的历史、现状和未来的充分掌握，彰显出对文化主动的把握，在薪火相传中构筑了能够推动党和国家事业发展的强大价值引领力，为开创中国特色社会主义文化建设新局面提供了宏阔深远的历史纵深。

回望过去，中华优秀传统文化承载着深厚的民族记忆和文化基因，是我们文化自信的重要源泉。中华优秀传统文化在动态中更新发展，推动着民族的发展。文化自信以明晰中华文明的来龙去脉为基本条件，以文化的民族性自觉为必要前提，以深厚不绝的中华优秀传统文化为重要基础，体现了对历史主动的掌握。

立足现在，社会主义现代化建设的创新实践为文化自信提供支撑，在实践中积淀出中国发展道路的深厚底蕴。在推进“第二个结合”的过程中，我们走出了一条文化基础和本国国情兼顾的现代化之路，以较短时间走完西方数百年工业之路，中国共产党团结带领人民创造出“五大文明”协同发展的新的文明模式，勾勒出了社会主义文明蓝图。可以说，在新的历史条件和新的时代背景下，面对新的社会思潮、新的文化形态和新的文化现象，正是“第二个结合”推动了中华优秀传统文化的创造性转化和创新性发展，在坚定文化自信中为继续走光明广阔的中国特色社会主义道路提供了底气。

面向未来，“第二个结合”推动中华优秀传统文化不断取得新发展，推动文化中国的建设，推动在建设文化强国的过程中实现文化自信自强。中华民族在新时代大踏步走近世界舞台的中央，向世界交出了令人瞩目的经济和文化答卷。“第二个结合”让中华优秀传统文化焕发了新的生机，为中华优秀传统文化增加了时代风韵和科学内涵，在弘扬民族精神和延续中华文明的过程中，推动持续建设具有强大价值引领力和精神感召力的社会主义文化强国，向世界彰显了中华优秀传统文化的气度、魅力与风范。在全面建设社会主义现代化国家的新征程上，“第二个结合”为社会发展提供精神动力，为文化自信注入持久力量，为中国式现代化培根铸魂。

（二）在守正创新中拓展中国道路的文化根基

“第二个结合”实现了“古今中外”的文化融通，尊古不复古，守正不守旧，激发了中华优秀传统文化的活力，让传统面向未来，同时实现了民族性和时代性的平衡，赋予中华优秀传统文化深邃的历史视野和积极的进取精神，实现了中华优秀传统文化的守正创新，推动建设中华民族现代文明，筑牢了中国式现代化的文化根基。

1.“第二个结合”实现了中华优秀传统文化的传承和弘扬，擦亮了中国式现代化的文化底色

中华优秀传统文化在数千年传承中凝结着中华文明的智慧精华，是中华民族能够开拓创新、走向未来的强大支撑，是中国式现代化的根脉，能够为中国式现代化提供丰富营养。“第二个结合”在探寻中华优秀传统文化的历史密码和价值内容的基础之上，对其独特创造和时代价值进行了新的阐述，拓展了传承载体，扩宽了传播渠道，扩大了传播人群。例如，“第二个结合”在体现和阐释文物和文化遗产的价值理念和哲学思想方面作出了重要贡献，唤醒了文物承载的中华文明独特记忆，让中华优秀传统文化在新时代焕发出蓬勃生机。“第二个结合”推动了中华优秀传统文化在传承中发展、在发展中创新，增强了中华优秀传统文化的生命力和影响力，夯实了文明大国的文化根基。

2.“第二个结合”在贯通马克思主义与中华优秀传统文化中实现了文化的融通创新

马克思主义基本原理同中华优秀传统文化相结合的过程，一方面是用马克思主义激活中华优秀传统文化，使中华优秀传统文化重新焕发生机，

在新的时代背景之下展现出新的生命力的过程；另一方面是用中华优秀传统文化浸润、影响马克思主义，使中国共产党在以马克思主义为指导领导中国革命、建设和改革的实践中得到民族智慧、民族精神、民族文化滋养的过程。党的十八大以来，中国特色社会主义进入新时代，习近平总书记在引领推进新时代中国特色社会主义伟大事业、实现中华民族伟大复兴中国梦的进程中，高度重视“两个结合”，在实现马克思主义基本原理同中国具体实际相结合的同时，深刻把握中华优秀传统文化对于治国理政、凝聚民心、成风化俗、立德树人的重大价值，深入思考中华优秀传统文化对于马克思主义在中国创新发展的重大作用，从而使习近平新时代中国特色社会主义思想成为“两个结合”的结晶。

（三）在互鉴共赢中担负中国式现代化的文化使命

“第二个结合”在展现出中华文化包容、和平与开放的鲜明特质，为中国式现代化提供文化滋养，巩固中国道路文化根基的同时，又孕育形成了具有自身特色的文明观，凝聚起了实现中华民族伟大复兴的磅礴伟力。“第二个结合”在互鉴共赢中担负起了中国式现代化的文化使命，为人类文明的发展提供了新模式和新样态，对人类文明的发展进程产生了深远长久的影响。

1.“第二个结合”超越了东西方二元对立思维范式

“第二个结合”实现了对东方与西方二元对立思维范式的超越。“第二个结合”既坚持了独立自主，又实现了开放包容，在繁荣发展中国特色社会主义文化、建设中华民族现代文明的同时，立足新的世界发展格局，向世界展现中华文化的平等与包容格局，彰显出“为人类谋进步、为世界谋大同”的伟大使命与崇高情怀，描绘出“各美其美，美人之美，美美与共，天下大同”的文明宏图，绘就了互鉴共赢、百花齐放的人类文明新图景。

2.“第二个结合”超越了“文明优越论”

“第二个结合”实现了对“文明优越论”的超越，以开放包容的态度促进了文明共生。世界各国文化丰富多彩且各具特色，各种文明形式所反映出来的文明逻辑也不尽相同，它们共同组成了世界文明谱系。全球化让世界各种文明相互碰撞，高傲自大的西方文化霸权主义对非西方的文化形态进行侵蚀和抨击，极大地威胁到人类文明的发展。“第二个结合”超越“文明优越论”，以文明共生理念推动人类文明的进步，推动创造了人类文明新形态。人类文明新形态是中国共产党领导中国人民在革命、建设和改革百余年奋斗中的伟大创造，是一种更加丰富、更加先进、更具有普遍意义的人类文明成果，是在价值观念、发展模式、实现路径上超越了资本主义文明的新的人类文明形态。

3.“第二个结合”超越了“文明冲突论”

“第二个结合”实现了对“文明冲突论”的超越，以全人类共同价值彰显世界人民共识。如果说，文化表现为形态的多样性，那么，文明则表现为在价值层面的相互了解和一致。尽管世界上的各个国家在历史传统、发展水平以及社会制度上有所不同，但是在发展中都要跟历史趋势和时代需要保持一致，进而以集体共识与集体合作应对人类文明面临的共同挑战。在世界百年未有之大变局中，“第二个结合”体现出的全人类共同价值被越来越多的世界人民所接受和认可，向世界展示了中国合作共赢、共同发展的态度，彰显出中国的自觉担当。“第二个结合”在“求同存异”的过程中，为维护人类的长久利益、创造人类美好未来贡献了独特的中国智慧。

三、打开了面向未来的创新空间

中华文明的突出特性之一就是创新性。这一特性从根本上决定了中华民族不是一个守旧复古的民族，决定了中华民族必然能够在秉持守正尊古态度的同时，不惧新的困难挑战，勇于接受科学的新事物。百余年来，中国共产党团结带领中国人民推进思想解放，伴随着思想解放，马克思主义中国化时代化的历史进程也得以不断推进。习近平总书记在文化传承发展座谈会上指出，“‘第二个结合’是又一次的思想解放，让我们能够在更广阔的文化空间中，充分运用中华优秀传统文化的宝贵资源，探索面向未来的理论和制度创新”[①]。“第二个结合”本身就是创新，凝聚了思想智慧，体现出道理、学理和哲理，打开了广阔的理论和实践的创新空间。“第二个结合”使我们把握住了思想上和文化上的主动，让文化在道路、理论和制度之中深深熔铸并充分发挥作用。“第二个结合”不仅体现出革故鼎新，更暗含着开辟未来。“第二个结合”实现了对中华优秀传统文化创新创造活力的激发，在把握思想和文化主动中实现了古今思想的熔铸和中西思想的汇通，使党和国家指导思想与时代同发展，为党正确道路的开拓、科学理论的发展和有效制度的建设提供了强有力的思想保证、精神支撑及丰润的道德滋养。“第二个结合”为我们提供了更加广阔的文化空间，实现了中华优秀传统文化宝贵资源的充分运用，从而推动形成了一

---

① 《习近平在文化传承发展座谈会上强调 担负起新的文化使命 努力建设中华民族现代文明》，《人民日报》2023年6月3日。

系列面向未来的理论、制度以及文化等各方面创新成果，并为不断探索创新提供了遵循。

（一）创新把握中华优秀传统文化与马克思主义的关系

既往的有些观点将马克思主义视为外来文化，将其同中华优秀传统文化完全割裂对立，将二者视为互不相容的文化理论体系。党推进马克思主义中国化的历程，本身凝结着中华优秀传统文化的思想智慧，彰显着中华优秀传统文化的时代价值。中华优秀传统文化在创造性转化、创新性发展中不断同马克思主义基本原理相结合，两者相互激活、相互砥砺、相互成就，在共同的价值指向、前进方向、奋斗目标的基础上相互促进。在社会观层面，马克思主义主张辩证观点，中华文化强调“和而不同”；在道德观层面，马克思主义主张实现人自由而全面的发展，中华文化强调“厚德载物”。不难看出，二者在思想价值观念上高度契合。在结合的过程中，中华优秀传统文化被马克思主义这道科学的“闪电”击中，激发出其所内蕴的力量，实现了创造性转化和创新性发展，让其既同现代化的发展特点相契合，又保持了自身独有内涵，实现了接续发展。

（二）创新把握传统与现代的关系

传统—现代二分的思维定式长期困囿人们的思维。在这种思维模式下，现代代表着进步与发展，而传统成为守旧、落后、愚昧、僵化的代名词，被认为是现代化发展的剩余“边角料”，非现代的事物被理所当然地划归为传统。但二者复杂的关系决定了将传统与现代对立分裂的观点并不可取，事实上，在诸多层面二者相互兼容并互相作用。“第二个结合”的提出，是对传统—现代二分的解构，为处理传统与现代二者关系提供了可行的解决方案，证实了中华优秀传统文化对于中国式现代化道路的重要意义。连续且稳定的中华优秀传统文化积淀着中华民族最深层的精神追求，是中华民族独特的精神标识。中国所追求的现代化从来不是将传统作为踏板，而是要接续传统、创造性发展传统。中国式现代化不是对古老文明的消灭，而是对古老文明的赓续发展，进而实现传统与现代的相互融通、彼此塑造。“第二个结合”实现了传统与现代的相互赋予，注入了现代成分的中华优秀传统文化让中国特色社会主义道路有了更加宏阔深远的历史纵深，成为中国式现代化的文化基底，筑牢了中国特色社会主义道路的文化根基。

（三）创新把握中国与西方的关系

近代以来，精神文化上中国人长期处于被动地位，“东方从属于西方”的观念笼罩在中国的思想文化之上。而我们实现了精神上从被动转变为主动的关键，就是接受了马克思主义。中华人民共和国成立特别是改革开放以来，短短几十年，中国就以令世界震惊的速度和效率，将西方发达国家几百年走过的工业化历程走完，创造性地实现了经济快速发展和社会长期稳定的奇迹，并开辟出了独属于自身、符合自身发展实际的道路——中国特色社会主义道路。

但是，在一段时间内，学术界和理论界存在着以西方的概念话语及范式对中国经验和中国道路进行阐释的现象，亦步亦趋地追随西方的学术思潮，一味地接受西方的学术方法，这样就很难提出自己的主体性和原创性的理论主张，更难获得精神的自主和文化的自信。“第二个结合”以中国理论阐释中国道路，构建中国特色的哲学和社会科学，实现了在处理中国和西方关系问题上的思想解放。“第二个结合”立足中国的实际，既增强了我们的文化自信，也深化了我们对中国问题的认识，从中国的实践中总结出中国经验，把中国经验提炼成中国理论，并为世界提供中国智慧和中国方案。“第二个结合”证明了中国特色社会主义道路不是通过西方理论推演而诞生的，而是从中华民族自身的优秀传统文化中、在马克思主义指导下走出来的。我们所创造的人类文明新形态，既体现着科学社会主义的先进性，深深根植于中华优秀传统文化，又实现了对人类优秀文明成果的借鉴吸收，展现出不同于西方现代化模式的新图景。

此外，“第二个结合”不仅在宏观上创新发展了中国与西方的关系，也在微观上创新发展了中国与马克思主义的关系。在很长一段时间，部分人将中国与马克思主义的关系看作是单向度的，只看到了马克思主义给中国带来的改变，却忽视了中国对马克思主义发展的重要和特殊的意义。正是“第二个结合”，向人们展示了二者的互相成就，展示出二者的关系不是单向的作用和改变，而是相互的促成与推动。马克思主义基本原理同中华优秀传统文化在中国产生了“化学反应”，深刻触及古与今、中与西之间的融合发展问题，中华优秀传统文化被吸收进了马克思主义的理论体系之中，而马克思主义在中华优秀传统文化的沃土上也得到了丰沛的养分，呈现出中国特色、中国风格、中国气派。

四、巩固了文化主体性

中华民族之所以能够在漫长的历史进程中屹立不倒，其重要支撑就是强大的文化自信和文化自觉。而文化自信和文化自觉又是从文化主体性出发，正是因为具有了文化主体性，中华民族才能在文化上保持高度自信自觉。持续不断的文化创造力成为文化自信和文化自觉的坚实依托，让我们真正地屹立于世界民族之林。习近平新时代中国特色社会主义思想以五千多年的悠久文明史为背景，是对中华优秀传统文化的继承和弘扬，使中华民族始终保持“和而不同”的精神，使中华优秀传统文化在新时代彰显新气象。习近平总书记指出，“‘结合’巩固了文化主体性，创立新时代中国特色社会主义思想就是这一文化主体性的最有力体现”[①]。中国从几千年封建专制政治向人民民主的伟大飞跃，中华民族由逐渐衰落到根本转变命运、持续走向繁荣的伟大飞跃，中国人民从站起来、富起来到强起来的伟大飞跃，为中华民族现代文明提供了强大的支撑。“第二个结合”让马克思主义基本原理和中华优秀传统文化从自发“高度契合”到自觉“有机结合”，书写了新时代新思想的文化新篇章，实现了对中华文化主体性的坚守，抵制了文化虚无主义，不断筑牢中华民族共有精神家园。

（一）强化了中华民族精神上的独立自主

民族的历史是民族安身之本，在民族历史长河中形成的民族文明，凝聚着一个民族的智慧结晶和精神追求。中华文明的主体性深深根植于五千多年的文明沃土，因此，只有深刻理解中华文明的独特内涵，才能真正领悟其独有特性，只有准确把握中华文明独特的历史发展演进过程，才能理解中华民族的精神风貌。在传承变化的汉字中、在孔孟老庄的思想中、在

---

① 《习近平在文化传承发展座谈会上强调 担负起新的文化使命 努力建设中华民族现代文明》，《人民日报》2023年6月3日。

经史子集的典范中，中华民族独特的品格被不断认识，让自成体系的中华文明如画卷般在我们眼前铺展开来。独树一帜的文化传统、独具特色的历史发展、独一无二的基本国情，决定了中华民族必须走出一条适合自己的道路，也决定了产生于中国土壤的中国问题，必须且只能由中国人民来解决。

但摆在我们面前的问题是：传承至今的中华文化，如何能够在新时代继续发扬光大，实现其主体性的巩固？在文化传承发展座谈会上，习近平总书记给出了答案——"'第二个结合'，是我们党对马克思主义中国化时代化历史经验的深刻总结，是对中华文明发展规律的深刻把握"[①]。精神上的独立自主需要坚定文化自信，这份自信的建立，需要立足中国大地，需要实现中华优秀传统文化创造性转化、创新性发展，需要实现对革命文化的继承和对社会主义先进文化的发展，而这份自信也必须通过"两个结合"，尤其是"第二个结合"才能得以不断强化。

党的十八大以来，以习近平同志为核心的党中央十分重视中华优秀传统文化，深刻理解文化在历史发展进程中的地位和功能，准确把握文化的精神特征和历史渊源，不断推动中华优秀传统文化的创造性转化、创新性发展和中华文明的进步，进而开辟了马克思主义基本原理同中华优秀传统文化相结合的新境界。习近平新时代中国特色社会主义思想特别是习近平文化思想，立足中华民族伟大的历史实践和当代实践，从中华文化中汲取思想价值精华，让中华民族实现开放包容的同时，能够坚持以我为主，将其他优秀文化为我所用，不仅在新时代使中华优秀传统文化展现出新的面貌，还将中国经验提升为中国理论，进而强化了精神上的独立自主。

---

① 《习近平在文化传承发展座谈会上强调 担负起新的文化使命 努力建设中华民族现代文明》，《人民日报》2023年6月3日。

一种文化要穿越时空产生引领力、凝聚力和影响力，就必须具备主体性。文化的主体性是文化自信的根本依托。如果不能充分认同自身文化，就无法从中华优秀传统文化中汲取千年传承的精神气质；如果不具有文化自信，就无法坚定地走所选择的道路。“第二个结合”巩固了文化主体性，而正因为有了文化主体性，中华民族才有了精神上的独立自主，才使得中华民族自信地立于世界民族之林，才能为开辟和发展中国特色社会主义奠定坚实基础，才能够产生引领时代的强大文化力量。习近平新时代中国特色社会主义思想把马克思主义基本原理同中华优秀传统文化相结合，推动中华优秀传统文化创造性转化、创新性发展，深深根植于中华优秀传统文化的丰厚沃土，深刻汲取了中华优秀传统文化的丰富哲学思想、人文精神、道德理念，使马克思主义的理论主脉和中华民族的精神血脉内在贯通，使历史中国的深厚底蕴与现实中国的崭新气象深相融通，形成了中华民族智慧的最新表达和理论的最新概括，使中华文明在新时代持续绽放出夺目光彩，极大增强了亿万人民的精神力量。

中华文明绵延五千余年而不绝，历史和实践均证明，以五千余年的中华文明为深厚基础，开辟和发展中国特色社会主义，实现马克思主义基本原理同中国具体实际相结合、同中华优秀传统文化相结合是必由之路。中国的现代化进程，不仅遵循了各国现代化的普遍规律，具有各国现代化的共同特征，同时也遵循了本国的发展规律，具有中国现代化的自身特点，符合中国的实际国情，体现了中国特色。中国式现代化所包含的独特的世界观、价值观、历史观、文明观、民主观、生态观以及基于这些观念所进行的伟大实践，彰显了对世界现代化理论和实践的重大创新。中国式现代化是建立在中华优秀传统文化基础上的、物质文明和精神文明相协调的现代化。中国人民在中国共产党的带领下实现了“第二个结合”，走出了一条中国式现代化的发展道路，在新时代，创立了习近平新时代中国特色社会主义思想，形成了习近平文化思想，凝聚起能够引领新时代的文化力量，从而坚定了中国人民的文化自信，强化了精神上的独立自主。

（二）为建设中华民族现代文明提供动力动能

一个国家、一个民族的灵魂所在，就是根植于本民族历史的民族文化，如果一个民族背弃了自己的历史文化，文明的发展就是空中楼阁，甚至会上演民族历史的悲剧。如果说过去中华优秀传统文化是作为历史性的存在，那么“第二个结合”让中华优秀传统文化转变为现实性的存在。习近平总书记指出：“没有中华文化繁荣兴盛，就没有中华民族伟大复兴。”[①]“第二个结合”，让马克思主义的命运同中国共产党的命运、中国人民的命运、中华民族的命运紧紧连在一起；让中华优秀传统文化不仅是历史的，而且是当代的，不仅是中国的，而且是世界的。中华优秀传统文化不是死气沉沉的，而是鲜活丰盈的，它经过创造性转化和创新性发展，以强大的生机与活力影响着中华民族的思维与行动，成为中华民族现代文明的重要组成部分。

马克思主义在中国化时代化的过程中形成的思维方式和价值观念，为中国精神和中国力量奠定了基础，为其提供了正确的政治方向。同样，中华优秀传统文化在实现自身时代化发展的过程中，反过来为马克思主义中国化提供了历史智慧和精神支撑。马克思主义与中华优秀传统文化，在实

① 习近平：《在文艺工作座谈会上的讲话》，《人民日报》2015年10月15日。

践中相互成就、结合创新，产生新的文化，中华文明因融入马克思主义而增强了发展动力，马克思主义为中华文明的发展指明了方向，“第二个结合”熔铸出以习近平新时代中国特色社会主义思想为灵魂的新的文化生命体，为建设中华民族现代文明提供了动力动能。

习近平新时代中国特色社会主义思想坚持马克思主义立场观点方法，坚持科学社会主义基本原则，对党的百余年奋斗历史经验进行了深刻总结，吸收中华优秀传统文化的精粹，并结合时代的发展和实践的变化，以新的思想和新的内容丰富发展了马克思主义，实现了马克思主义中国化时代化新的飞跃。特别是习近平文化思想自觉运用马克思主义实现了对中华优秀传统文化的激活，是将二者相结合的典范，是中华文化和中国精神的时代精华。

中国经济和社会不断发展的现实情况，决定着中华优秀传统文化也必须顺应时代发展，并根据新的时代条件不断改变自身，才能焕发出更加蓬勃的生命力。在以马克思主义中国化思想引领下的长期实践中，中国共产党团结带领中国人民以五千多年深厚的中华文明为基础，开辟并发展中国特色社会主义，认识到应正确对待自己的民族传统，挖掘中华优秀传统文化的精华并在实践中加以运用，从而走出了中国式现代化道路。可以说，中国式现代化既以中华文明为基础，又为中华文明在新时代实现繁荣发展提供了强劲动力，同时“第二个结合”又源源不断地为中华民族伟大复兴提供了向上向前的内驱动力。这就实现了中华优秀传统文化的守正创新，守护了中华民族的“根”和“魂”；也实现了马克思主义的守正创新，让马克思主义成为中国的。在新时代，经过创造性转化和创新性发展，中华优秀传统文化进一步弘扬了中华民族精神，同马克思主义一道为中华民族现代文明和中华民族伟大复兴凝聚起了强大的精神力量，提供了强大的精神支撑。

“第二个结合”让马克思主义在中华文明中生根，让马克思主义的科学性在中国的土地上得到验证，让科学社会主义原则在中国特色社会主义的伟大实践中得以彰显，让扎根在中华大地的马克思主义在21世纪愈加焕发出真理的光辉；也使得中华优秀传统文化受到马克思主义科学体系中科学性、革命性和创新性的滋养从而获得了现代性；不仅持续推动了马克思主义中国化时代化，同时也推动了中华优秀传统文化的创造性转化与创新性发展。“第二个结合”体现出中国共产党的文化自觉，体现出中华民族对自身命运的主动掌控，成为党团结带领人民建设中华民族现代文明的理论基因和实现中华民族伟大复兴的创新动能。

（三）孕育出了改变世界的人类文明主张

今天，国家之间综合实力的对比呈现出“东升西降”的趋势。在西方，现代性的病症日益凸显，呈现出不可治愈的本质局限性与制度性弊端，而西方国家的治理模式则日益显现出其所谓的“民主”的失败与资本主义体系运行的困境，变革与完善全球治理体系势在必行。21世纪马克思主义更深一步回答了建设一个什么样的世界、怎样建设世界的问题，提倡政党在国家和世界发展进程中应该自觉担负起为人类谋进步、为世界谋大同的重大历史责任。21世纪马克思主义，深刻揭示了自然界和人类社会发展的普遍规律，指出了人类社会发展进步的方向；将中华优秀传统文化所蕴含的天下为公、美美与共等价值观念应用于世界人民对共同价值和美好愿景的追求之中，既将为人民谋幸福、为民族谋复兴作为自身的责任，又提供了构建新的人类文明形态的方向指引，同时提供了变革和完善全球治理体系的更多可能性。具体来看，“第二个结合”将中华民族现代文明的努力方向从对民族问题的关注拓展到了对人类问题的关注，从对一个国家的关注拓展到了对全世界的关注，体现出马克思主义、中华优秀传统文化和中华民族的共同价值指向，孕育出了改变世界的人类文明主张。对发展中国家而言，“第二个结合”更深层次地揭示了中国式现代化取得成功的内在原因，不仅体现了世界现代化理论层面的创新，而且体现了世界现代化实践层面的创新，更加充分地证明了只有根据本国的国情和传统，选择符合自身实际的道路，才能走向真正的现代化。

党的十八大以来，以习近平同志为主要代表的中国共产党人坚持辩证唯物主义和历史唯物主义，在解决现实问题、回答时代课题的实践进程中创立了习近平新时代中国特色社会主义思想，形成了习近平文化思想，提出了“第二个结合”这一重大命题。基于世界各种思想文化相互激荡和国内社会思想观念变化发展的现实状况和演进趋势，党和国家贯通了马克思主义科学理论的核心内容和中华民族最深层次的精神追求，将中国式现代化的奋斗目标与五千多年的文明发展史相融通，让中华民族现代文明同世界人类文明达到横向交流联通，形成了马克思主义中国化时代化的最新理论成果，构建起了中华民族现代文明的话语表达体系，在世界舞台上让中华优秀传统文化绽放出耀眼光彩。具体来看，习近平总书记在多个场合和多次讲话中强调践行正确“义利观”的重要性，其中包含着人类命运共同体的价值取向和道德观念，这有助于构建以合作共赢为核心的新型国家关系，进而构建人类命运共同体。而人类命运共同体的构建，能扩大各国利益的交汇，让各国主动承担起应负的国际责任和义务，进而积极参与到全球治理中，最终形成互利合作的国际格局。习近平总书记从中华优秀传统文化中引经据典，多次使用“同舟共济”“和衷共济”“天下大同”等语句，阐释了人类命运共同体的深刻内涵。深刻领悟人类命运共同体的追求指向，不难发现它同马克思主义中“自由人联合体”思想之间的联系，也能体味到其与中华文化所蕴含的“天下为公”“和合共生”等优秀价值观念的相通之处。“第二个结合”，贯通了国际主义精神和中华文化“天下一家”的理念，将为人类作出贡献视为中国的重要追求。“第二个结合”面对西方文化乏力的国际现状，在逆全球化浪潮之下，贡献了独有的中国智慧，同时体现着人类命运共同体的理念内涵，而这一理念通过文化交流日益被世界人民所认可和接受。

五千载绵延不绝，中华文明如浩浩江河，滋养泱泱华夏。在今天，中国能有高度的道路自信、理论自信和制度自信，其底气来源于五千多年的文明传承，来源于以中华文明为基础的文化自信。“第二个结合”让马克思主义基本原理和中华优秀传统文化从自发“高度契合”到自觉“有机结合”，形成新的文化生命体，实现了对中华文化主体性的坚守，抵制了文化虚无主义，让我们掌握了思想和文化主动，不断筑牢中华民族共有精神家园，为建设中华民族现代文明指明了根本方向。可以说，“第二个结合”既深刻总结了马克思主义中国化时代化的历史经验，也体现着对中华优秀传统文化的传承发展规律和中华文明发展规律的深刻把握，是文化自信达到新高度、文化创新自觉达到新高度的充分彰显。

第六章

文化使命论

“第二个结合”，彰显了新时代中国共产党对于马克思主义基本原理、中华优秀传统文化研究深度的进一步拓展，并在推进两者的双向互动中挖掘出更为深刻的理论旨趣和更为深远的价值意蕴，使马克思主义与中华优秀传统文化交相辉映，在理论维度和实践维度上全面呈现了中国共产党与马克思主义中国化的宏阔视野。习近平总书记强调，“在新的起点上继续推动文化繁荣、建设文化强国、建设中华民族现代文明，是我们在新时代新的文化使命”[①]。“第二个结合”，作为当代中国马克思主义、21世纪马克思主义的重大理论创新成果，是探索新时代中国特色社会主义文化建设根本要义、探索社会主义文化强国建设深远意蕴的原创性智慧，不仅在进一步丰富马克思主义中国化内涵的过程中，为以中国式现代化全面推进中华民族伟大复兴提供思想源泉、描绘文明特质，同时在历史大潮与时代洪流的双重激荡中，昭示出以中国式现代化全面推动中华民族伟大复兴的文化基础、建设中华民族现代文明的精神支撑，以及携手共行天下大道的文明视野，标注了其自身的文化使命。

① 《习近平在文化传承发展座谈会上强调 担负起新的文化使命 努力建设中华民族现代文明》，《人民日报》2023年6月3日。

一、继续推动文化繁荣

“第二个结合”作为习近平文化思想的重要内容，是当今时代中国精神的精华和文化主体性的最有力体现。“第二个结合”立足马克思主义哲学高度，深谙马克思主义唯物史观的题中之义，在理论层面和实践层面、历史向度和现实向度、政治高度和人民高度、民族视域和世界视域等方面拓宽、拓深、丰富中国特色社会主义文化的内涵，凸显其内含的隐性力量与外在的显性凝聚力，担负起继续推动文化繁荣、创造新时代的新文化的重大使命。

（一）为继续推动文化繁荣锚定前进方向

“第二个结合”本身就蕴含在继续推动文化繁荣的文化使命当中，是在新的起点上继续推动文化繁荣的题中应有之义；并且立足国家经济建设、政治建设、文化建设、社会建设、生态文明建设全方位，“第二个结合”作为马克思主义中国化时代化的重要内容，将马克思主义理论和中华优秀传统文化置于更高的历史高度加以审视，将两者的相互融通、相互拱卫带入新时代新的发展阶段。由此，“第二个结合”在理论和实践层面所发挥的重大作用已然突破文化界域，必将为继续推动文化繁荣锚定前进方向。

在直面与回答重大现实问题中，“第二个结合”为继续推动文化繁荣锚定前进方向。随着中国特色社会主义迈上新征程，我们将不可避免地经受风高浪急甚至惊涛骇浪的重大考验，保持理论上的清醒和自信是我们坚定前进方向、战胜艰难险阻的思想保证。马克思主义理论的提出，是为了解决在资本主义生产方式已经形成、无产阶级和资产阶级斗争日益尖锐时期，无产阶级向何处去、人类社会向何处去的迫切现实问题。中华优秀传统文化亦始终与重大现实问题，如“德政之道”“天人之道”“廉政之道”“和合之道”“大同之道”等相关联。由此，二者的结合，是跨越时间与空间的相互拱卫，是马克思主义的历史观、认识论、实践观与中华优秀传统文化发生化学反应而产生的新的理念和方法，是以习近平同志为核心的党中央在直面与回答重大现实问题时，为继续推动文化繁荣构筑的更为深厚的地基。

解决时代问题，关注现实实践，是马克思主义鲜明的特色。马克思主义基本原理同中华优秀传统文化的结合，是历史与现实、守正与创新的共融。“坚持把马克思主义基本原理同中国具体实际相结合、同中华优秀传统文化相结合，用马克思主义观察时代、把握时代、引领时代”①，这一论断深刻阐明了当代中国马克思主义同马克思主义、中华优秀传统文化之间的理论逻辑和实践逻辑，“第二个结合”使得当代中国马克思主义的文明视野得到最大程度拓宽，在此基础上形成结构完整、叙事充分、特征鲜明的崭新文化观。新时代以来，党和国家对“两个结合”，特别是“第二个结合”的坚持，就是对“与时俱进”的方法论的坚持，强调要以一种科学的态度处理好历史与现实之间的辩证关系，特别是要以“第二个结合”直面和把握现实问题。党的十八大以来，以习近平同志为主要代表的中国共产党人站在历史和时代的高度，充分重视推进马克思主义基本原理同中华优秀传统文化相结合对国家开展各项工作、解决各种重大现实问题的重

① 《习近平谈治国理政》第四卷，外文出版社2022年版，第10页。

要意义。也正是在这个过程中，“第二个结合”承担起继续推动文化繁荣的重大使命，发挥其在直面、回答、解决重大现实问题过程中的指引和支撑作用。

“第二个结合”实现了真理与价值在不同时间（时代）、空间（地域）、维度（领域）上的交汇，并在二者的有机结合中完成在当今时代的登场。“工欲善其事，必先利其器”，“两个结合”的时代碰撞，必将在直面与回答现实问题中继续推动文化繁荣。因而，“第二个结合”必须完成结合时代背景回答时代问题的使命职责，同时探究如何更加充分地挖掘自身的潜能，“利”其时代锋芒以加快文化繁荣的步伐。

在满足人民对美好生活的向往中，“第二个结合”为继续推动文化繁荣锚定前进方向。坚持以人民为中心的发展思想是中国特色社会主义文化建设的价值立场，强调人民的主体地位和历史作用。中国共产党基于历史唯物主义基本观点，肯定了人民群众是决定中国命运的真正英雄。党的十八大以来，以习近平同志为核心的党中央在经济、政治、文化、社会、生态文明建设上因时因势地作出了新的工作部署和战略布局，以实际行动践行中国共产党对人民的庄严承诺。以资本为逻辑的资本主义现代化文明在追求利润最大化的过程中，实则泯没了人的智慧、情感、欲望，使人能动的、全面的“自由发展”沦为“异化”，造成了人“自身的丧失”。在马克思主义哲学视域中，立场决定观点和方法，中国共产党坚持“实事求是”的思维方式，决定了党始终把历史视为人们的现实生活过程，把社会规律理解为人民的社会创造活动规律，验证了在“人的逻辑”基础上才能实现真正意义上的现代化。

由此，马克思主义基本原理同中华优秀传统文化的结合，极大地影响和改变了整个中国包括中华文明的面貌，特别是从“民为邦本”到人民主体地位的理论跃升，真正地从内容和形式上诠释了二者结合的重大意义，挖掘出二者结合的价值旨归，达成了哲学思维与党性原则的统一。“第二个结合”以实现人民对美好生活的向往为驱动、以促进人的全面发展为宗旨，在马克思主义基本原理与中华优秀传统文化相互融通和拱卫的过程中，将满足人民群众多方面需要、保证人民群众自由全面发展作为推动文化繁荣的方向与目标。时代是不断向前发展的，人民群众对美好生活的追求与向往也必将随着时代变化而变化，新时代的中国共产党在这个过程中，将发展“为了谁”的问题与发挥“第二个结合”的使命职责问题相融合，并将其提高到了关乎价值立场的高度，保证在思想上、理论上、行动上与时代发展保持一致、与人民群众的需要保持一致。新时代以来，党和国家对于促进人的全面发展、坚持人民主体地位的高度重视，也成为推动文化繁荣的强大引擎。

（二）为继续推动文化繁荣夯实学理基础

溯源最深沉的历史，才能开启最长远的未来。马克思主义的真理光芒、中华优秀传统文化的深厚底蕴，以及二者之间的交织与结合是继续推动文化繁荣的文化根底和学理基础。一百多年来，中国共产党在赓续文化血脉、推动民族复兴的伟大历程中所筑牢的理论根基与凝聚成的实践经验，也成为新时代中国共产党担负新的文化使命的重要理论来源和精神动力。“第二个结合”所要承担的在新的起点上继续推动文化繁荣的文化使命，开创了基于历史寻根、理论追溯、现实思考的一次重大理论创新和实践创新。

1.“第二个结合”蕴藏在马克思主义真理光芒与中华优秀传统文化深厚底蕴的交相辉映中，为继续推动文化繁荣夯实学理基础

“源浚者流长，根深者叶茂”，中华优秀传统文化历史绵长、日月经天，在不间断地发展与演进中自成一家，长久地影响和塑造着中国人民的风骨与气质，是中华民族得以一脉相承的本源之所在，也是继续推动文化繁荣的源头活水。继续推动文化繁荣作为“第二个结合”的重大文化使命，实质上赓续了中华优秀传统文化这一中华民族的根和魂。同时，“第二个结合”是必由之路的重大宣言，表征着新时代的中国共产党在文化自立自信自强的基础上，完成了在崭新时代背景下更深层次的文化觉悟。由此，“第二个结合”使得马克思主义真理力量得以发挥，也使得中华优秀传统文化得以焕发蓬勃生机，进而在二者的双向互动中，为继续推动文化繁荣提供了更为根本、更为扎实的学理前提。在这个过程中，二者在形式内容、价值理念等方面相互作用所产生的影响力将会持续地深入不同历史时期的中国具体国情、不断地满足中国发展现实的需要。牢牢把握与深化“第二个结合”是继续推动文化繁荣的真义，“第二个结合”从理论上回答了在新的起点继续推动文化繁荣的一系列重大问题，集中彰显了新时代的中国共产党在推进马克思主义基本原理同中华优秀传统文化相结合方面的文化自觉和文化自信。

2.“第二个结合”蕴藏在中国共产党百余年文化自信自强的理论根脉中，为继续推动文化繁荣夯实学理基础

中国共产党在领导中国革命、建设和改革的每一个历史时期，始终坚持把马克思主义作为根本指导思想，并不断地推动马克思主义理论同中国具体实际相结合，进而用党的领导保障文化建设、用根本制度确保文化发展、用人民智慧推动文化繁荣，在确保文化健康发展的前提下，彻底扭转了最初文化凋敝、文明蒙尘的疮痍局面。这其中生成的中国共产党百余年文化建设的理论积淀和实践经验，也成为在新的起点继续推动文化繁荣的理论基础。

3.“第二个结合”是习近平文化思想的重要内容，赓续中国共产党百余年“开拓创新”的内在品格，为继续推动文化繁荣夯实学理基础

历史与实践证明，永葆创新精神是中国共产党的宝贵品质，也是党的事业兴旺发达的不竭动力。按照“第二个结合”的逻辑理路与实践进路，习近平总书记立足新时代、新征程，面对中国式现代化这一前无古人的探索性事业，要求全党“决不能刻舟求剑、守株待兔”①，必须坚持守正创新，进而回答了马克思主义基本原理同中华优秀传统文化相结合的学理性问题，说明马克思主义同中国具体实际、中华文化，乃至中华文明的双向选择并不是随机的，也不能将两者的结合视作教条，而是要找寻两者在价值理念、行动逻辑等方面的契合点，使得马克思主义“改变世界”的哲学宣言能够持续响彻中华大地。“第二个结合”作为当代中国马克思主义、21世纪马克思主义文化观的重要内容，承继了中国共产党在百余年辉煌历程中孕育而成的实事求是、勇于创新的内在品格，在此基础上不断深化对党的理论创新的规律性认识，为继续推动文化繁荣夯实学理基础。

中国共产党人文化观的形成过程与我国文化建设之路的演进历程，正是从文化重建到文化自信自强的宏伟进程。从提出“建立中华民族的新文

① 习近平：《推进中国式现代化需要处理好若干重大关系》，《求是》2023年第19期。

化，这就是我们在文化领域中的目的”[1]，为提升中华民族文化自立自强自信起到巨大引领作用，到“随着经济建设的高潮的到来，不可避免地将要出现一个文化建设的高潮……我们将以一个具有高度文化的民族出现于世界”[2]的战略性宣言，再到确立了“社会主义精神文明建设”的重大命题，一百多年来不同历史阶段衍生出的关乎文化建设的不同任务和目标为绘制文化强国建设的宏伟蓝图构筑了牢固的理论基础和精神支撑。党的十八大以来，继续推动文化繁荣成为中国共产党在新时代新征程的重要战略任务，也是习近平文化思想的重要内容。在总结以往的文化建设经验，以及锚定未来发展目标的基础上，“第二个结合”以鲜明的中国特色、强烈的问题意识、深入的理论阐释、果敢的创新锐气，铺就了继续推动文化繁荣的道路，进而为实现中华民族伟大复兴增强精神力量。

（三）为继续推动文化繁荣提供路径指引

对历史最好的继承，就是创造新的历史。在过去的一百多年中，中国共产党领导全国人民，通过将马克思主义基本原理同中国具体实际相结合，取得了革命、建设和改革的伟大成就，使中国从一个半殖民地半封建的一穷二白的国家，走向全面建成社会主义现代化强国。习近平总书记指出，“在五千多年中华文明深厚基础上开辟和发展中国特色社会主义，把马克思主义基本原理同中国具体实际、同中华优秀传统文化相结合是必由

---

① 《毛泽东选集》第二卷，人民出版社1991年版，第663页。

② 《毛泽东文集》第五卷，人民出版社1996年版，第345页。

之路”[①]。由此，推进“第二个结合”，进而在新的起点上继续推动文化繁荣，必须落实在行动上，要把文化建设摆在全局工作的重要位置，不断深化对文化建设的规律性认识。新时代以来，习近平总书记着力推进“第二个结合”，特别是从国家发展、民族复兴高度，就繁荣发展文化事业作出部署安排，为在新的时代背景下做好文化工作提供了根本遵循。在此基础上，我们需要着眼于强国建设、民族复兴，立足赓续中华文脉，继续推动文化繁荣。

1.坚持以人民为中心的创作导向

坚持以人民为中心的创作导向，即要站定人民立场，推出更多增强人民精神力量的优秀文化作品，更好地满足人民日益增长的美好生活需要，更好地弘扬中国精神。由此，我们必须把“第二个结合”同国家前途、民族命运、人民愿望紧密结合起来，更好地发挥其助推文化繁荣发展，进而助推全面建设社会主义现代化国家的重要作用。正如习近平总书记所强调的，“坚持以人民为中心的创作导向，推出更多增强人民精神力量的优秀作品”[②]。在激发“第二个结合”的使命精神时，我们要坚定以人民为中心的立场、守住为人民谋幸福的初心，在传统与现代的互鉴、理论与实践的结合、历史与现实的转换中，以“第二个结合”的精神力量为支撑，推出更加丰富、更有营养、更为人民喜闻乐见的文化作品。同时要把握时代

① 《习近平在文化传承发展座谈会上强调 担负起新的文化使命 努力建设中华民族现代文明》，《人民日报》2023年6月3日。

② 习近平：《高举中国特色社会主义伟大旗帜 为全面建设社会主义现代化国家而团结奋斗——在中国共产党第二十次全国代表大会上的报告》，人民出版社2022年版，第45页。

主题、时代价值，紧紧围绕中华民族伟大复兴时代主题开展文艺创作，推出更多讴歌党、讴歌祖国、讴歌人民、讴歌英雄的精品力作，更加嘹亮地唱响“新时代之歌”，在坚守人民至上立场的前提下，继续推动文化繁荣。

2.注重文化传承

推动新时代文化繁荣的前提在于文化传承，必须从追本溯源这一前提出发，把塑造、影响和激励一代代中国人的文化传承好，从而得以自己创造自己的历史。中华优秀传统文化所具有的深厚历史底蕴和文化内蕴，以及其同马克思主义相互契合的哲学意蕴，生动地概括了中华文明不断繁荣发展的内在原因。正如习近平总书记强调的，“只有全面深入了解中华文明的历史，才能更有效地推动中华优秀传统文化创造性转化、创新性发展，更有力地推进中国特色社会主义文化建设，建设中华民族现代文明”[①]。注重文化传承、深刻理解中华优秀传统文化所具有的历史底蕴和文化内蕴，是探讨马克思主义基本原理同中华优秀传统文化相结合的可行性的必然要求，构成推进“第二个结合”的必要前提，进而构成我们继续推动文化繁荣的重要前提。由此，注重文化传承阐发了继续推动文化繁荣的真义，要在马克思主义的指导下，使中华优秀传统文化最基本的文化基因与当代文化相适应、与现代社会相协调，并凝聚成跨越时空、超越国界、富有永恒魅力、具有当代价值的文化精神，这便成为新时代推动文化繁荣的题中之义，为中华民族和中国人民不断增强文化自信、开辟美好未来积聚精神力量。

① 《习近平在文化传承发展座谈会上强调 担负起新的文化使命 努力建设中华民族现代文明》，《人民日报》2023年6月3日。

3.依靠文化发展

繁荣新时代文化不仅要知所从来，更要思所将往，要围绕“发展面向现代化、面向世界、面向未来的，民族的科学的大众的社会主义文化”[①]的总体要求，不仅为丰富中华优秀传统文化的哲学属性、思想属性、政治属性挖掘“源头活水”，同时也为“第二个结合”能够成为解决当代问题的科学思维方法和工作方法提供根本遵循。党的十八大以来，以习近平同志为核心的党中央以更高远的历史站位、更宽广的国际视野，从传统与现代、历史与现实、民族与世界的“全域”视角把握文化建设的重大意义，着力推动文化发展繁荣。从一定意义上说，在新时代背景下推动文化发展标志着中国共产党人对马克思主义基本原理、对中华优秀传统文化、对马克思主义基本原理同中华优秀传统文化的关系的认识达到了新境界，意味着“第二个结合”已然站到新的历史起点上，经由“结合”而形成的新文化在守正创新的立场观点方法的引领下，发挥越来越强劲的文化影响力。这种文化影响力不仅关乎马克思主义理论指导功能的发挥、中华优秀传统文化的“芳龄永继”，更关乎新文化何以且如何能够在新的时代背景下完成文化升华、创造文化繁荣，进而攀登中华文明发展的高峰。

与此同时，文化发展是文化繁荣的必由之路，还表明要抓住健全现代文化产业体系和文化市场体系的关键节点发力，即“努力创造属于我们这

① 习近平：《高举中国特色社会主义伟大旗帜　为全面建设社会主义现代化国家而团结奋斗——在中国共产党第二十次全国代表大会上的报告》，人民出版社2022年版，第43页。

个时代的新文化，建设中华民族现代文明”[①]必须落实到实际行动当中，将马克思主义思想精髓、中华文化中的为政之道与现代文化建设相结合，在健全现代文化产业体系和文化市场体系的过程中，继续推动文化繁荣。现代文化产业体系和文化市场体系是社会主义市场经济的重要组成部分，在推动文化繁荣、促进国民经济发展、满足人民文化需要等方面发挥着重要作用。党的十八大以来，以习近平同志为核心的党中央高度重视文化产业发展，强调要推动文化产业高质量发展，健全现代文化产业体系和市场体系，推动各类文化市场主体发展壮大，培育新型文化业态和文化消费模式，以高质量文化供给增强人们的文化获得感、幸福感，进而更好地继续推动文化繁荣。

二、建设社会主义文化强国

文化建设之于国家发展具有深远意义，而“第二个结合”之于建设文化强国、铸就社会主义文化新辉煌具有重大战略意义。“第二个结合”的提出，不仅把人们从长期以来对马克思主义基本原理同中华优秀传统文化“边界清晰”“泾渭分明”“不可通约”“不能对话”的错误认识中解放出来，而且实现了对马克思主义基本原理同中华优秀传统文化相结合的前提、成果、意义认识的新飞跃，充分体现了以习近平同志为核心的党中央对中华文明发展规律的深刻把握。这表明，从时代发展的角度看，国家发

① 《习近平在文化传承发展座谈会上强调 担负起新的文化使命 努力建设中华民族现代文明》，《人民日报》2023年6月3日。

展、民族复兴需要充分激发激活文化的发展性，要使马克思主义基本原理同中华优秀传统文化相结合的独特魅力和影响力持续不断地作用于建设文化强国的宏伟目标。

（一）为建设社会主义文化强国注入精神力量

“‘第二个结合’是又一次的思想解放，让我们能够在更广阔的文化空间中，充分运用中华优秀传统文化的宝贵资源，探索面向未来的理论和制度创新。”[①]这一重大论断，表明新时代中国共产党人对中华文化历史、前途与命运这一全局性、根本性问题的认识达到了新高度，在不断地对“第二个结合”内在规律的深刻把握中，为不断推进党的理论创新、传承发展中华优秀传统文化、建设社会主义文化强国注入了精神力量。

1.增强人们的民族自豪感和文化自信

可以说，“第二个结合”从历史层面和理论层面深刻阐释了文化自信自强是建设社会主义文化强国，进而推进中国式现代化的题中应有之义。党的十八大以来，习近平总书记高度关注文化建设之于提高道路自信、理论自信、制度自信、文化自信的重要意义。在深悟和践行“正本清源”和“守正创新”的具体过程中，马克思主义基本原理同中华优秀传统文化相结合所产生的精神力量在建设社会主义文化强国、开创党和国家事业全新局面中发挥了重大作用，向全世界铺展开文化兴国运兴、文化强民族强的生动图景。

---

① 《习近平在文化传承发展座谈会上强调 担负起新的文化使命 努力建设中华民族现代文明》，《人民日报》2023年6月3日。

从“第二个结合”以增强人们的民族自豪感和文化自信为文化强国建设注入精神力量的重要使命可以看出，文化的地位不可替代，而把马克思主义思想精髓同中华优秀传统文化精华贯通起来而产生的力量源泉作用尤为重要，因为其关系着为建设社会主义文化强国提供强大的思想引领力、价值引领力、文化凝聚力、精神推动力。立足崭新时代背景，中国共产党更加注重发挥“第二个结合”的丰富哲学思想、人文精神、政治智慧、经世理念等的作用，不断地在提高国家文化软实力的过程中增强人们的民族自豪感和文化自信。习近平总书记强调：“提高国家文化软实力，要努力展示中华文化独特魅力。”[①]这不仅说明中华文化的独特魅力之于人民幸福、社会稳定、国家发展的重要意义，也在深层次表明中华文明与科学理论的结合、与时代的结合、与国情实际的结合应该成为提升国家文化软实力，进而展现中华民族突出优势、在世界文化激荡中站稳脚跟的关键所在，从而在增强人们民族自豪感和文化自信的过程中，谱写出波澜壮阔的建设社会主义文化强国的时代华章。

2.标注中国式现代化的中国特色

马克思主义基本原理贯穿中国共产党百余年现代化探索全过程。马克思主义基本原理同中华优秀传统文化相结合，从理论和实践层面回答了中国式现代化“何以可能”的一系列重大问题，不仅挖掘出中华优秀传统文化的精神力量和时代价值，同时赋予马克思主义以鲜明的中国特色、中国风格、中国气派。党的十八大以来，党成功推进和拓展了中国式现代化，高度重视从马克思主义基本原理同中华优秀传统文化相结合的重大理论成

① 习近平：《论党的宣传思想工作》，中央文献出版社2020年版，第49页。

果中汲取求索中国之问、世界之问、人民之问、时代之问答案的智慧与力量，从而验证了中国式现代化就是“中国式”，而不是别的什么“式”，集中彰显新时代中国共产党人在推进马克思主义基本原理同中华优秀传统文化相结合方面的自觉自信，进而标注了中国式现代化的中国特色，为走好中国式现代化的文化强国之路注入强大底气。

习近平总书记强调：“我们走中国特色社会主义道路，一定要推进马克思主义中国化。如果没有中华五千年文明，哪里有什么中国特色？如果不是中国特色，哪有我们今天这么成功的中国特色社会主义道路？”[①]中华优秀传统文化中脉脉相承的理论积蕴、哲学内蕴、文化底蕴，为中国共产党团结带领中国人民“走自己的路”提供了坚定的理论支撑和情感支撑，表明中国式现代化必须扎根于中华优秀传统文化之中。还需看到的是，中华优秀传统文化需要在同马克思主义基本原理的衔接与互动中焕发光芒，进而在找寻两者的“相符”、搭建两者的“相通”中缔造中国式现代化的伟大创造，充分验证两者之间是不可分离的。由此，马克思主义基本原理从中华优秀传统文化中得到滋养，使其自身得以丰富充实，中华优秀传统文化也在马克思主义基本原理的科学指导下被充分激发。因而，两者的结合既是固本培元又是开拓创新，使中国式现代化在具备“一般规律”的前提下，准确把握“坚持中国共产党领导，坚持中国特色社会主义，实现高质量发展，发展全过程人民民主，丰富人民精神世界，实现全体人民共同富裕，促进人与自然和谐共生，推动构建人类命运共同体，创

① 《习近平谈治国理政》第四卷，外文出版社2022年版，第315页。

造人类文明新形态”[①]的本质要求，同时在必须坚持人民至上、必须坚持自信自立、必须坚持守正创新、必须坚持问题导向、必须坚持系统观念、必须坚持胸怀天下中，全面呈现中国式现代化的“破茧”所缔造出的建立在马克思主义基本原理同中华优秀传统文化相结合基础之上的超越之境，以此为建设社会主义文化强国注入精神力量。

在新时代文化建设的巨大成就之上，习近平总书记在党的二十大报告中强调要“推进文化自信自强，铸就社会主义文化新辉煌”[②]，阐明了中国特色社会主义文化与全面建设社会主义现代化国家的关系，将文化自信自强作为中国式现代化的必然选择与题中应有之义，凸显了文化在建设富强民主文明和谐美丽的社会主义现代化强国中的重要地位与作用，对于激发文化创新创造活力，加快建设社会主义文化强国步伐，标注中国式现代化的中国特色，增强中华民族伟大复兴的精神力量，具有重大理论和现实意义。

（二）为建设社会主义文化强国汇聚磅礴伟力

人民是历史的创造者，也是时代的创造者。习近平总书记强调，“满足

① 习近平：《高举中国特色社会主义伟大旗帜 为全面建设社会主义现代化国家而团结奋斗——在中国共产党第二十次全国代表大会上的报告》，人民出版社2022年版，第23—24页。

② 习近平：《高举中国特色社会主义伟大旗帜 为全面建设社会主义现代化国家而团结奋斗——在中国共产党第二十次全国代表大会上的报告》，人民出版社2022年版，第42页。

人民日益增长的美好生活需要，文化是重要因素”[①]。文化发展能否满足人民日益增长的美好生活需要、文化发展何以增强人民精神力量，以及文化发展如何塑造人民群众价值观念，是习近平文化思想体系构建当中的重要内容。“第二个结合”是马克思主义基本原理与中华优秀传统文化在核心思想理念上的结合，恰恰体现了两者在价值立场上的一致性。马克思主义的群众观与中华优秀传统文化的民本思想具有内在一致性。马克思主义关于“历史活动是群众的活动，随着历史活动的深入，必将是群众队伍的扩大”[②]的主张，深刻彰显了人民群众在历史发展和社会进步中的决定性作用。而放眼中华优秀传统文化，从“民为邦本”“民贵君轻”的千古佳句，到“水能载舟，亦能覆舟”“得众则得国，失众则失国”的醒世名言，无一不透露出中华优秀传统文化对人的价值和人民主体地位的高度肯定。

1.推进党性与人民性相统一

党性与人民性的统一，即政治高度与人本维度的统一，既表明“第二个结合”的原则导向，又表征着中国特色社会主义文化建设的文化属性，映现“第二个结合”的丰富内涵。习近平总书记强调：“中国特色社会主义是全面发展、全面进步的伟大事业，没有社会主义文化繁荣发展，就没有社会主义现代化。”[③]党的十八大以来，以习近平同志为核心的党中央坚持发挥党的集中统一领导在中国特色社会主义文化建设方面的强大力量，把文化建设摆在更加突出的位置、逐步提升文化建设的战略高度，不断地为建设社会主义文化强国接续奋斗、持续奋斗。这说明文化建设、文

① 《习近平谈治国理政》第四卷，外文出版社2022年版，第310页。

② 《马克思恩格斯文集》第一卷，人民出版社2009年版，第287页。

③ 《习近平谈治国理政》第四卷，外文出版社2022年版，第309页。

化发展、文化繁荣需要遵循"革命活动只有在集中的条件下才能发挥全部力量"①的客观真理，集中统一的领导，尤其是坚强的领导核心，是担负起新的文化使命的必然要件。在崭新时代大势中，在中国共产党的坚强领导下，要注重发挥"第二个结合"对建设社会主义文化强国的推动作用。由此，"第二个结合"所彰显出的在政治与文化上的相互结合，也表征着中国共产党的领导是提升中国特色社会主义文化建设的使命感、方向感、紧迫感、责任感的根本所在，是为建设社会主义文化强国凝聚磅礴伟力的关键所在。

习近平总书记多次强调文化建设与文化发展要坚持为人民服务的方向，这也深刻诠释了"第二个结合"的价值定位。深入剖析"第二个结合"的价值旨归，其在建设文化强国过程中持续求解"源于人民""为了人民""属于人民"的核心问题，同时明晰文化建设、文化发展、文化繁荣是为多数人还是为少数人谋利益、谋幸福的问题，充分说明其是以实现人的全面发展为价值旨归的文化观。同时，在习近平文化思想的指引下，"第二个结合"主张文化建设在满足人民文化需要和增强人民精神力量的过程中，要最大程度地凝聚人民群众广泛共识、塑造人民群众精神气质，以磅礴伟力推进文化强国事业、推进中国式现代化事业不断前进。由此，坚持党性与人民性相统一的原则导向深刻诠释了"第二个结合"的丰富内涵，确证了党的领导是文化强国事业的最大优势，而坚持人民主体地位则是建设社会主义文化强国的本色所在。

---

① 《马克思恩格斯选集》第一卷，人民出版社2012年版，第562页。

2. 为马克思主义大众化提供道理基础

马克思主义基本原理同中华优秀传统文化的结合，不仅应当关注两者在内容与形式上的相通，同时应当关注两者在价值理念层面的结合，并使这种结合的理论成果和实践成果能够更加广泛、更加精当、更加通俗地作用于人民群众日常生活，积极发挥其价值引领作用，即在推进马克思主义基本原理同中华优秀传统文化相结合的过程中完成“化大众”的时代课题，使深沉且厚重的哲理、学理、道理、情理被人民群众所汲取和认同，并且使两者的结合能够及时、准确地反映“大众化”的要求。

中华优秀传统文化在不间断的发展与演进过程中形成的中华民族和中国人民所特有的宇宙观、天下观、社会观、道德观，与马克思主义理论对人与自身、人与社会、人与自然、人与世界等问题的认识与解答具有超越时空的契合性，两者也在不断结合中构筑成逾越形式且超越简单话语表达的价值理念引领，既传承和发扬了中华民族和中国人民的优秀传统，又顺应了时代发展潮流，不断丰富广大人民群众精神世界，为以中国式现代化全面推进中华民族伟大复兴汇聚了磅礴伟力。习近平总书记在党的二十大报告中指出：“我们必须坚定历史自信、文化自信，坚持古为今用、推陈出新，把马克思主义思想精髓同中华优秀传统文化精华贯通起来、同人民群众日用而不觉的共同价值观念融通起来，不断赋予科学理论鲜明的中国特色，不断夯实马克思主义中国化时代化的历史基础和群众基础，让马克思主义在中国牢牢扎根。”[①] “日用而不觉”实质上呈现出“第二个结合”

---

① 习近平：《高举中国特色社会主义伟大旗帜 为全面建设社会主义现代化国家而团结奋斗——在中国共产党第二十次全国代表大会上的报告》，人民出版社2022年版，第18页。

与人民群众相联结的状态，是一种被人民群众所接受和践行的正面状态；同时表明，马克思主义“中国化”进而“化中国”是需要人民群众参与其中的。推进马克思主义大众化是一项艰巨而伟大的工程，新时代的中国共产党人着力推进马克思主义基本原理同中华优秀传统文化相结合，这个过程正是为改造人民群众的主观世界和客观世界提供学理支撑和精神支撑。这种“改造”是文明传承和理论灌溉基础上的价值理念层面的提升，既深入中华民族世代相承的中华文化骨髓，将中华优秀传统文化作为载体，深刻洞察中国人民在文化传承过程中形成的思维方式和实践形式，以广大人民群众知悉和熟识的方式阐释马克思主义，做到既深入浅出又发人深思；又因时因势地宣介马克思主义洞见深刻的思想理论观点，将其中的博大与精深同数千年文化传承相融通、同时代发展需要相融通、同人民群众生活日常相融通，正在且始终推进马克思主义从抽象走向具象、从少数人精通走向广大人民群众会意和熟谙。

（三）为建设社会主义文化强国把稳正确航向

“第二个结合”作为新时代中国共产党的重大理论创新，充分彰显了党的理论自觉和文化自信，特别是在不断推进两者彼此结合、互相成就的过程中，充分彰显两者相结合所生发出的坚定“走出”自己的文化强国之路、“走在”自己的文化强国之路的理想信念，进而发挥出对于建设社会主义文化强国的把航定向作用。

1. 确保我国文化建设能够始终朝着正确方向前进

习近平总书记强调，“战胜前进道路上各种风险挑战，文化是重要力量源泉……要坚持马克思主义在意识形态领域的指导地位，坚守中华文化立场”[①]。当前，从马克思主义基本原理同中华优秀传统文化相结合在理论和实践层面所产生的引领作用看，全党全国各族人民始终坚定高度的文化自信，能够保证自身在思想理念、价值观念、道德品行上保持高度自觉，并能够清晰地分辨明与暗、对与错、是与非、良与莠。但是，藏在灰色地带里的那些妄图扰乱我国文化建设发展秩序、阻挡我国文化建设前进步伐、冲击我国文化建设底线原则的不良行为、不当言论也时有发生，这些潜伏在暗处的风险与危机，一旦在把控上有所松懈，将会动摇我国文化建设的根基、扰乱社会主义文化强国建设的前进方向。“第二个结合”作为当代中国马克思主义、21世纪马克思主义的重大理论成果，能够从理论源头和文化底蕴层面增强主流意识形态的凝聚力和向心力，进而发挥旗帜鲜明地确定原则问题、光明正大地纠正错误思想的强大保障作用，确保我国文化建设能够始终朝着正确方向前进。

2.确保全党全国各族人民在理想信念上保持一致

“一个国家，一个民族，要同心同德迈向前进，必须有共同的理想信念作支撑。”[②]显而易见，在理想信念上紧紧团结在一起是中国人民和中华民族在面对困难、风险、挑战时仍能保持勇往直前、英勇顽强、斗志昂扬的状态，并最终获得胜利的重要保证。回首百余年来路，从站起来、富起来再到强起来的伟大历程中，一代又一代的中国共产党人始终把理想信念上的团结、思想意识上的统一、行为步调上的一致作为做好各项工作的前提和基础。党的十八大以来，面对建设社会主义文化强国的新使命，以

① 《习近平谈治国理政》第四卷，外文出版社2022年版，第310页。

② 习近平：《论党的宣传思想工作》，中央文献出版社2020年版，第132页。

习近平同志为核心的党中央坚持巩固全党全国各族人民团结奋斗的共同思想基础，在推进文化自信自强的基础上深入挖掘“第二个结合”在坚定理想信念方面的价值意蕴，真正地将马克思主义基本原理同中华优秀传统文化的结合从理论认同转化为价值认同，进而上升为能够指引社会主义文化强国建设的理想信念。

一方面，把握“第二个结合”在确保全党全国各族人民在理想信念上保持一致的重大使命，关键在于始终坚持马克思主义信仰。中国共产党自成立以来，便将巩固理想信念工作放在核心位置，特别是坚持马克思主义在意识形态领域的指导地位。毛泽东曾经提出：“掌握思想领导是掌握一切领导的第一位。”[①]这说明，统领全党全国各族人民的理想信念就是握住了开启各项工作的钥匙，特别是对于文化强国建设具有更加重大的意义。从筚路蓝缕到鹏程万里，每一个历史阶段、每一次重大转折、每一项伟大成就都离不开中国共产党对全党全国各族人民在思想、意识、行动上的引领和带动，即在推进马克思主义基本原理同中国具体实际相结合，特别是同中华优秀传统文化相结合的过程中，把握两者在价值追求、理想信念等方面的相通与共同之处，进而始终坚持马克思主义信仰。习近平总书记强调：“坚定理想信念，坚守共产党人精神追求，始终是共产党人安身立命的根本。”[②]新时代以来，习近平新时代中国特色社会主义思想开辟了马克思主义中国化时代化的新境界，特别是对于“第二个结合”在巩固理想信念方面所具有的重要价值的挖掘，使人们在坚持马克思主义信仰的前提下提升了文化自信，进而保证了在建设社会主义文化强国的过程中脚

① 《毛泽东文集》第二卷，人民出版社1993年版，第435页。

② 《习近平谈治国理政》第一卷，外文出版社2018年版，第15页。

踏实地、团结一心，使远大理想和现实任务结合起来。

另一方面，把握“第二个结合”在确保全党全国各族人民在理想信念上保持一致的重大使命，根本在于用中华优秀传统文化滋养政德人心。习近平总书记强调，“中国有坚定的道路自信、理论自信、制度自信，其本质是建立在5 000多年文明传承基础上的文化自信”[①]。“第二个结合”的提出，使我们更加清醒地认识到，中华优秀传统文化不仅是中国特色社会主义不断发展壮大的不竭动力，也是马克思主义中国化的思想基础。中华优秀传统文化中丰富的哲学思想、人文精神、道德理念是在新的时代背景下担负起新的文化使命、在新的起点上建设文化强国的源头活水。因此，我们要在习近平文化思想的指引下，持续推动马克思主义基本原理同中华优秀传统文化相结合，增强道路自信、理论自信、制度自信、文化自信，始终坚定建设社会主义文化强国的正确方向，努力创造属于我们这个时代的新文化。

三、建设中华民族现代文明

习近平总书记强调，“要坚定文化自信、担当使命、奋发有为，共同努力创造属于我们这个时代的新文化，建设中华民族现代文明”[②]。党的十八大以来，以习近平同志为核心的党中央在新时代的各项具体实践中不断探索总结，更加深入地探求马克思主义根植于中国土壤的内在机理，提

① 《习近平谈治国理政》第四卷，外文出版社2022年版，第312页。

② 《习近平在文化传承发展座谈会上强调 担负起新的文化使命 努力建设中华民族现代文明》，《人民日报》2023年6月3日。

出了洞察时代大势、把握历史主动的历史唯物主义命题——“第二个结合”。“第二个结合”不仅在进一步丰富马克思主义中国化内涵的过程中为建设中华民族现代文明、为以中国式现代化全面推进中华民族伟大复兴提供思想源泉，同时也为世界发展和全人类发展贡献中国智慧，具有极为重要的理论意义与现实意义。

（一）坚持强国建设与民族复兴相结合的使命职责

“第二个结合”是当代中国社会发展在文化方面的必由之路，也是精神动力，揭示了建设中华民族现代文明必须坚持强国建设与民族复兴相的使命职责。实现中华民族伟大复兴，是中国共产党百余年奋斗的历史主题，而以中国式现代化全面推进中华民族伟大复兴则是立足当今世情国情党情的新要求，是中国共产党人在中华大地上向世界发出的宏伟宣言，既铺展开中国式现代化与中华民族伟大复兴相伴随的伟大历程，又昭示了在系统掌握并运用中国式现代化世界观和方法论基础上，全面建成社会主义现代化强国、实现第二个百年奋斗目标，进而奋力擘画中华民族伟大复兴的光明前景。由此，坚持强国建设与坚持民族复兴既表现为一种过程，也表现为一种结果，而科学合理地阐释与把握中国式现代化与中华民族伟大复兴之间的联系，则构成了推进和拓展中国式现代化的重要方法论启示。

对于建设中华民族现代文明的文化使命来说，它既是基于历史、基于传统、基于过往经验的传承与弘扬，又是基于现实、基于时代、基于宏伟目标的创新与创造。“第二个结合”作为当代中国马克思主义、21世纪马克思主义文化观的重要内容，秉持着从历史到现实、从理论到实践的内在逻辑，并在以中国式现代化全面推进中华民族伟大复兴的历史进程中，自然而然地承担着建设中华民族现代文明的文化使命，而这其中最为基础且最为重要的便是发挥“第二个结合”在坚持强国建设与民族复兴的结合、融合方面的重要指引作用。因此，在中国式现代化和中华文明之间的辩证关系中，更要让“第二个结合”在建设中华民族现代文明中，承担其必须坚持强国建设与民族复兴相结合的内在使命职责。可以说，“第二个结合”对于强国建设与民族复兴相结合进而建设中华民族现代文明的方法论启示，蕴含在其自身以中国式现代化全面推进中华民族伟大复兴和以全面推进中华民族伟大复兴彰显中国式现代化理论智慧和实践智慧的双重互动中。

把握与深化强国建设与民族复兴相结合的真义，是“第二个结合”在崭新时代背景下更深层次的文化觉悟，强国建设与民族复兴的深相结合，使得建设中华民族现代文明有了根基、有了方向、有了依靠，中华民族现代文明也因此有了中国底色、中国面貌、中国气质。因此，从关系维度而言，强国建设与民族复兴的相互结合之所以能够成为建设中华民族现代文明的独特叙事，便在于“第二个结合”实际上表征着“我们党对中国道路、理论、制度的认识达到了新高度，表明我们党的历史自信、文化自信达到了新高度，表明我们党在传承中华优秀传统文化中推进文化创新的自觉性达到了新高度”[①]，进而验证了一种现代化模式的发展、一种民族现代文明的创造与发展，必然不能漠视一个民族的精神谱系与历史文化传统，必然不能脱离人民需要、国家实际、目标愿景，这种生成于推进和拓展中国式现代化过程之中的方法论启示，也昭示着建设中华民族现代文明必将迎来光明前景。

---

① 《习近平在文化传承发展座谈会上强调 担负起新的文化使命 努力建设中华民族现代文明》，《人民日报》2023年6月3日。

（二）坚持独立自主与胸怀天下相结合的使命原则

“第二个结合”是承担新的文化使命在文明交流互鉴方面的方向引领，也是坚定文化自信、坚持走自己的路的世界观和方法论指引，揭示了建设中华民族现代文明必须坚持独立自主与胸怀天下相结合的重要使命原则。在认识世界和改造世界层面，“第二个结合”所蕴含的世界观和方法论，构成了回答“世界之问”的中国智慧与中国方案，是对“凡是民族作为民族所做的事情，都是他们为人类社会而做的事情”[①]的实际践行。特别是新时代以来，以习近平同志为核心的党中央坚持将马克思主义世界历史理论与中华优秀传统文化中的和合理念相结合，进而在“立己达人”的方法论原则下，既明确“立己”的极端重要性与“达人”的特殊重要性，又在明确两者之间关系的过程中充分验证“立己达人”的逻辑必然性，从而牢牢把握和科学解答了如何坚守中华文化立场、如何深化文明交流互鉴，进而建设具有中国情怀、中国胸怀、中国视野的中华民族现代文明的重大时代课题。

建设中华民族现代文明要坚持民族性和世界性相结合。民族性与世界性的相互结合，不仅构成了“第二个结合”的文化使命原则，也彰显出以马克思主义科学理论为指导、以中华优秀传统文化为根基的中华民族现代文明是和平发展的现代化文明的崇高境界。这是由于中国共产党在新时代推进“第二个结合”的过程中，始终立足世界之维，拓宽了从中国到世界的空间场域，形成了对全人类、全世界的重大关切，回应了马克思世界历

① 《马克思恩格斯全集》第四十二卷，人民出版社1979年版，第257页。

史理论关于人类文明发展规律和人类普遍交往规律的客观真理，转化了中华优秀传统文化中邦交之道、大同之道的思想精髓。习近平总书记强调，“要坚定文化自信，坚持走自己的路”，又要“秉持开放包容”。[①]这表明，“第二个结合”以天下胸怀定义了中国和世界之间的关系，充分诠释了中华文明突出的包容性和和平性，以及在秉持独立自主精神的前提下，积极交往交流交融的历史取向，进而在坚持独立自主与胸怀天下相结合的使命原则下，不断谱写建设中华民族现代文明的华章。

由此，“第二个结合”在建设中华民族现代文明过程中所表征的兼收并蓄的开放胸怀，体现了对“在现象上显示出无穷无尽的变异和色彩差异”[②]的内在规律的坚定遵循，即表明中华民族现代文明的建设与发展，既要博采世界文化、世界文明众长，又要符合本国实际，最为重要的是在承继与发扬本国优秀文化传统的基础上，使自身的现代文明具有鲜明特色。由此说明，以“第二个结合”为引领，以坚持独立自主与胸怀天下相结合为原则，我们开辟了站在世界历史角度建设中华民族现代文明的崭新视角，以“物之不齐，物之情也”的哲理与道理开创了建设中华民族现代文明的崭新语境。习近平总书记强调，“中国式现代化既有各国现代化的共同特征，更有基于自己国情的鲜明特色”[③]。实质上，努力建设中华民族现代文明也是如此。新时代，中国共产党人在推进马克思主义基本原理同

① 《习近平在文化传承发展座谈会上强调 担负起新的文化使命 努力建设中华民族现代文明》，《人民日报》2023年6月3日。

② 《马克思恩格斯文集》第七卷，人民出版社2009年版，第894页。

③ 《习近平在学习贯彻党的二十大精神研讨班开班式上发表重要讲话强调 正确理解和大力推进中国式现代化》，《人民日报》2023年2月8日。

中华优秀传统文化相结合的过程中，验证了自主选择文明发展道路、坚持博采世界文明众长是历史与实践发展的必然结果。这进而表明，中华民族现代文明的建设既要涌动在世界文明洪流之中，又要激荡起自己的浪花。

（三）坚持铸就中国式现代化的文明形态的使命宗旨

“第二个结合”是用中国道理总结好中国经验，把中国经验提升为中国理论的精神力量，也是实现文明现代转型的精神指引，揭示了建设中华民族现代文明必须坚持铸就中国式现代化的文明形态的使命宗旨。马克思主义基本原理同中华优秀传统文化相结合，造就了一个有机统一的新的文化生命体，在使马克思主义在中国落地生根、开花结果，激发中华优秀传统文化创新创造活力的同时，使马克思主义基本原理同中华优秀传统文化在内容和形式上得以深度结合，充分验证了马克思主义基本原理同中华优秀传统文化的相通性，在点明其各自都是博大精深的思想文化体系的同时，又在理论和实践层面充分阐发二者的结合并非“比附”，而是立足中国实际、时代所需、人民所求的现代和历史的结合、外来先进理论和民族传统理论的结合。在迈向第二个百年奋斗目标的征程中，我们要更进一步地推动“文化的历史性进步”，为涵养更为基础、更为广泛、更为深厚的精神独立、文化自信、理论自觉提供前提条件，不仅为不断深化对马克思主义基本原理与中华优秀传统文化关系的认识提供根本遵循，同时为探索面向未来的实践创新、理论创新、制度创新夯实根基，为建设中华民族现代文明指明前进方向。由此可说，“第二个结合”在用中国道理总结好中国经验，把中国经验提升为中国理论的过程中，推动马克思主义基本原理和中华优秀传统文化从“高度契合”迈向“有机结合”，给予文化自信和文化自觉以根本依托，昭示出建设中华民族现代文明必须坚持铸就中国式现代化的文明形态的使命宗旨。

中国共产党人本着“古为今用”“返本开新”的科学态度积极吸纳中华优秀传统文化基因，将其与马克思主义科学理论相结合，在顺应时代要求中，让中华民族悠久文明重现生机。历史和实践告诉我们，坚定文化自信，归根结底在于铸就文化的新辉煌，进而创造新的文明形态。“第二个结合”所承担的努力建设中华民族现代文明的文化使命，昭示着在新的起点上继续推动文化繁荣、建设文化强国，特别是建设中华民族现代文明，始终离不开对历史与现实、传统与现代、继承与创新这三对关系的正确把握。对这三对关系的正确把握，让我们始终能够运用五千多年中华文明基因的深厚积淀，引领我们立时代之潮头、通古今之变化、发思想之先声。

从历史演进的角度来看，文明不是凭空产生的，它是人类社会在经济、政治、历史、文化等方面实践活动的结晶；文明不是一成不变的，它必定伴随着时代变迁和社会生产力的发展，完成由初级到高级、由保守到先进、由封闭到开放的转变。“文明时代是学会对天然产物进一步加工的时期，是真正的工业和艺术的时期。”[①]人类文明的发展体现着人类开始具备用劳动和智慧建造公平、和谐、美好的人类社会的主观能动性，并能够通过这一行为获得满足感与幸福感。在漫长的历史发展过程中，中华文明绵延不绝，形成独特的价值体系，以其深厚底蕴滋养中国精神，凝结出坚不可摧的精神力量和最深沉的价值追求。在马克思主义理论指导下，中国共产党带领全体中国人民在把握中华文明价值内核的基础上、在遵循人类

① 《马克思恩格斯选集》第四卷，人民出版社2012年版，第35页。

文明发展规律的前提下、在推动社会主义文明繁荣兴盛的过程中，走出了一条中国式现代化新道路，创造了符合国情需要、人民需要、世界需要的崭新文明形态，并在不断的实践中赋予其时代特征、世界意义和未来属性。

习近平总书记在庆祝中国共产党成立100周年大会上指出：“我们坚持和发展中国特色社会主义，推动物质文明、政治文明、精神文明、社会文明、生态文明协调发展，创造了中国式现代化新道路，创造了人类文明新形态。”①坚持和发展中国特色社会主义，形成“五大文明”之间的联动，并推动其不断取得新成就、新进展、新突破，建设中华民族现代文明的内涵便蕴含在其中。中国共产党带领中国人民探索中国特色社会主义的实践历程，实质上就是中国共产党带领中国人民独立、自主、顽强地寻找能够真正实现人民幸福、国家富强的发展道路的实践历程。人类文明新形态作为当下中国人民幸福生活的写照、作为中国式现代化的文明形态、作为昭示人类文明进步发展方向的文明形态，是努力建设中华民族现代文明过程中所创造的高级文明形态。从“第二个结合”的文化使命可以看出，中华民族现代文明不是对西方现代文明的复刻、不是对中华民族曾经辉煌成就的驻足，也不是对当下成果的满足，而是饱含对人类走向更加美好未来的憧憬。由此，其必然是指向未来、指向世界，也是指向全人类的，是动态而非静态的，其正在完成从“今天”向“明天”的伟大跨越，并且不断迈向更加崭新的“明天”。

因此，建设中华民族现代文明必须、必然、必定伴随着时代所需、国家所需、世界所需而不断充实其内涵，应时应势地针对人类社会发展过程

① 《习近平谈治国理政》第四卷，外文出版社2022年版，第10页。

中出现的问题作出具有创造性的回答，推动中华文明、人类文明向更高境界不断前进。

总之，深入推进马克思主义基本原理同中华优秀传统文化相结合，不是一时兴起，不是心血来潮，更不是应景之作，而是具有深刻的必然性和必要性。这种必然性和必要性鲜明地体现在其自身所承担的文化使命之中。审视中华文化繁荣发展过程，“第二个结合”犹如中华民族体内的经脉，不断地提升和坚定全国各族人民的文化自信以矢志建设中华民族现代文明；着眼社会主义文化强国建设，“第二个结合”犹如一抹亮色闪耀于丰富和发展中国特色社会主义理论体系、建设社会主义先进文化、涵养社会主义核心价值观、提高公民道德素质、厚植中国共产党人精神的全过程；放眼建设中华民族现代文明宏伟目标，“第二个结合”犹如一盏明灯，照亮中华民族现代文明建设和中华民族伟大复兴的发展之路。无论过去、现在还是将来，“第二个结合”都能够为建设中华文化、中华文明作出持续性的贡献。

第七章

实践智慧论

“第二个结合”既是重大理论创新，又是伟大实践创造。“第二个结合”在中国共产党改变中国、影响世界的历史实践中孕育生成、发扬光大，内含着“以实践观点的思维方式对待人与世界关系的智慧”[①]，即蕴含深刻的实践智慧，具体表现为超越中西体用之辩的结合智慧、综合创造的集成智慧、胸怀天下的应变智慧。

一、超越中西体用之辩的结合智慧

习近平文化思想既有文化理论上的创新突破，又有文化实践上的部署安排，突出体现了“明体达用、体用贯通”之实践智慧。作为习近平文化思想的有机构成，“第二个结合”首先表明，来自西方的马克思主义基本原理同东方的中华优秀传统文化不是两种迥然不同、难以融通的异质文化，二者具有结合的可能性与实践性，共同成为铸就新的文化生命体的有机要素、建设中华民族现代文明的有效资源。这体现了新时代中国共产党人对马克思主义基本原理同中华优秀传统文化关系的深刻省思，特别是摆

① 孙正聿：《辩证法研究》，北京师范大学出版社2020年版，第93页。

脱进而超越了“中西体用之辩”的二元对立旧思维方式。

（一）中西体用之辩的四种类型

近代以来，中国面临着三千年未有之巨变，国家蒙辱、人民蒙难、文明蒙尘。正是在这一阶段，“中西体用问题”作为不可回避却又注定意见纷杂的时代课题被尖锐地提了出来。在中西体用问题上，具体存在着中体中用、西体西用、中体西用、西体中用这四种组合，大体上表现为文化保守主义、文化激进主义、文化折中主义三种立场，分别反映着固守传统、弃置传统、中和传统的文化主张。

1. 中体中用

中体中用这一立场属于文化保守主义。辜鸿铭持这一立场。辜鸿铭，生于马来西亚槟榔屿，学贯中西，精通英、法、德等9种语言，获得了13个博士学位，是清朝精通西洋科学、语言兼及东方华学的中国第一人，对西方社会及其文化有着切实接触与感受，而其又持文化保守立场，因而颇具典型性。在辜鸿铭看来，评价文明，不在于器物发展如何，而在于塑造什么样的人格，而中西文化具有不可通约性。因而，按照他的看法，既然物质生活对于文明来说无关紧要，而且在中西之间又缺乏可通约的路径，那也就意味着无须也不能拿西方文明来弥补中国文明，即使是器物意义上的成分也是如此。而中国文明关于人的理想人格的预设，自然会生发出与之相匹配的世俗生活的特定样态，包括物质生活的样态。既然不需要援引外来的文明，其结果就只能是“中体中用”了。所以，虽然辜鸿铭没有明言自己主张“中体中用”，但按照其观点的内在理路是能够引申出这一立场的。这种“中体中用”的主张，体现着极端的文化保守主义立场。

2.西体西用

西体西用是一种文化激进主义，胡适是此说的代表人物。在胡适看来，“我们可以大胆地宣言：西洋近代文明绝不轻视人类的精神上的要求。我们还可以大胆地进一步说：西洋近代文明能够满足人类心灵上的要求的程度，远非东洋旧文明所能梦见。在这一方面看来，西洋近代文明绝非唯物的，乃是理想主义的（idealistic），乃是精神的（spiritual）”①。基于此，胡适特别严厉地批判了中华传统文化，特别认为中华文化（文明）是根本落后于西方的旧文化（文明）。“我们必须承认我们自己百事不如人，不但物质机械上不如人，不但政治制度不如人，并且道德不如人，知识不如人，文学不如人，音乐不如人，艺术不如人，身体不如人。”②

3.中体西用

中体西用指以中华传统文化为本体，以此为基础吸收借鉴西方文化，旨在以“中学治身心，西学应世事”。历史地看，“中体西用”的观念大致在19世纪后半叶逐渐生成。冯桂芬最早提出了“中体西用”的基本观念，主张“以中国之伦常名教为原本，辅以诸国富强之术”③。1895年4月，《万国公报》刊登了《救时策》一文，其中更明确地提出了“中学为体，西学为用”。1896年，孙家鼐为京师大学堂（现北京大学前身）制定教学方针时也提出类似主张：“自应以中学为主，西学为辅；中学为体，西学

---

① 转引自何中华：《马克思与孔夫子：一个历史的相遇》，中国人民大学出版社2021年版，第14页。

② 转引自何中华：《马克思与孔夫子：一个历史的相遇》，中国人民大学出版社2021年版，第15页。

③ 冯桂芬：《校邠庐抗议》，上海书店出版社2002年版，第57页。

为用。”1898年，张之洞撰《劝学篇》，其核心的观念之一是“旧学为体，新学为用”[①]，根本指向为“中学为体，西学为用”。

4.西体中用

西体中用观点的主要代表人物是李泽厚。在李泽厚看来，所谓的“西体中用”，是相较于“中体西用”“西体西用”（全盘西化）而提出的，是为了去除两者之片面性。关于“体”“西体”，李泽厚指出，“我用的‘体’一词与别人不同，它包括了物质生产和精神生产，我一再强调社会存在是社会本体”，“现代化首先是这个‘体’的变化”。[②]也正是基于现代化同西方的历史联结，李泽厚确定了“西体”的概念范畴。关于“用”“中用”，李泽厚认为，对于现代西学“在全面了解、介绍、输入、引进过程中，自然会产生一个判断、选择、修正、改造的问题”，也就会产生“‘中用’——即如何适应、运用在中国的各种实际情况和实践活动中”。[③]

（二）中西体用之辩的历史局限

中体中用与西体西用，在保守与激进的对峙立场上互相补充、互相依赖，从而殊途同归。近代中国已然被纳入世界历史的基本格局，中国与西方的地理空间距离被历史性打破，中西文化之间的碰撞交流、互相作用已然成为不可逆的时代趋势，中国的发展固然要坚守本国文化根脉，但也必然要汲取人类一切优秀文明成果，中体中用、西体西用的“纯质”论说缺乏厚重的现实根基。实际上，近代中国的发展历史早已对此予以了真实、

---

① 张之洞：《劝学篇》，上海书店出版社2002年版，第41页。

② 李泽厚：《说西体中用》，上海译文出版社2012年版，第31页。

③ 李泽厚：《说西体中用》，上海译文出版社2012年版，第38页。

明确的澄说。如果中体中用是可能与应当的话，那么近代中国为何会陷入被动挨打的境地？同理，如果西体西用是可能与应当的话，那么近代中国学习西方的探索为何总是在失败中反复？

比较而言，“中体西用”“西体中用”两种折中主义立场似乎更为合理。但细究起来，不难发现，无论是中体西用还是西体中用，都是在二元对立中把握中西文化关系，中华文化同西方文化仍然壁垒鲜明。洋务运动的破产，早已证伪了中体西用；而西体中用也只是存在于学术争论当中。特别是，“西体中用”虽然重新界定了体用概念，但却造成了惊人的混乱，而“西与体”和“中与用”的分别对照，实际上根本显示出“西体中用论”乃是变相的“全盘西化论”。因而，只有超越中西文化分野、体用分野的形而上学视域，才能在世界历史的激荡演绎中找到中华传统文化的位置，也才能真正把握中国之发展轨道。

（三）“第二个结合”对中西体用之辩的超越

以历史主义的态度对待历史，是马克思主义对待传统的基本态度。这从马克思如下经典论述中即可看出，“人们自己创造自己的历史，但是他们并不是随心所欲地创造，并不是在他们自己选定的条件下创造，而是在直接碰到的、既定的、从过去承继下来的条件下创造”[①]。但历史文化传统，之所以以传统指谓之，就在于其本身是社会的文化遗产。而遗产注定不能被“全盘接受”，注定要经历时代的选择与扬弃，无怪乎马克思同时又主张同传统观念进行“最彻底决裂”。列宁在《我们拒绝什么遗产？》

① 《马克思恩格斯文集》第二卷，人民出版社2009年版，第470—471页。

中，坚决驳斥了俄国自由主义民粹派所谓的马克思主义者抛弃优秀传统的论调，指出：“学生们（指马克思主义者——引者注）是比民粹派分子彻底得多、忠实得多的遗产保存者……当然，‘学生们’保存遗产，不同于档案保管员保存旧的文件。保存遗产，还决不等于局限于遗产，所以‘学生们’除了捍卫欧洲主义的一般理想而外，还分析了我国资本主义发展所包含的各种矛盾，并从上述特有的观点出发评价了这个发展。”[①]

更进一步说，马克思主义本身是人类文明发展大道上的产物，特别是马克思主义并没有抛弃资本主义历史阶段的文明成就，反倒是以此为前提，吸收和改造了蕴含其中的一切富有价值的成果。马克思主义是一种建立在通晓思维历史及其成就的基础上的理论思维。正如列宁所指出的，马克思的研究，“凡是人类社会所创造的一切，他都有批判地重新加以探讨，任何一点也没有忽略过去。凡是人类思想所建树的一切，他都放在工人运动中检验过，重新加以探讨，加以批判，从而得出了那些被资产阶级狭隘性所限制或被资产阶级偏见束缚住的人所不能得出的结论”[②]。因而，马克思主义虽然诞生于西方欧洲，但本身意味着对西方文明的扬弃，超越了西方文明的倨傲狭隘。中华优秀传统文化即是中国式的思维历史及其成就的文化表现。一旦马克思主义的“通晓性”被中国共产党人历史地认识到，那么中华文明尤其是蕴含其中的中华优秀传统文化便被自觉地纳入到马克思主义的理论视野中，成为马克思主义中国化时代化发展的重要文化资源。

马克思主义对待传统的态度，就是中国共产党对待传统的态度。选择

---

① 《列宁全集》第二卷，人民出版社2013年版，第419页。

② 《列宁选集》第四卷，人民出版社2012年版，第284—285页。

马克思主义（以马克思主义为指导），是中国共产党人的根本思想选择。而选择把马克思主义基本原理同中国具体实际相结合，则意味着中国共产党人找到了坚持和发展马克思主义的正确道路，找到了坚定文化自信、把握历史主动以面向世界历史的正确道路。毛泽东指出："我们是马克思主义的历史主义者，我们不应当割断历史……马克思主义必须和我国的具体特点相结合并通过一定的民族形式才能实现。马克思列宁主义的伟大力量，就在于它是和各个国家具体的革命实践相联系的。"[①]中华优秀传统文化即中国历史的文化表现，是中国具体实际的历史文化面貌。所以，提出把马克思主义基本原理同中国具体实际相结合，本身就隐含着把马克思主义基本原理同中华优秀传统文化相结合。在中国共产党领导中国革命、建设和改革的各个历史阶段中，诸如典出《汉书》的"实事求是"、出自《封神演义》的"三样法宝"、描述春秋时期思想繁荣的"百家争鸣"、出自《诗经》的"汔可小康"等概念成为用马克思主义"讲中国话"、中华优秀传统文化"显时代性"的生动例证。也正是由于马克思主义基本原理同中华优秀传统文化的"实际结合"，中华民族得以一改近代衰颓面貌，而以一个具有高度文化自信的民族形象屹立于世界民族之林。

中国特色社会主义新时代，习近平总书记站在世界历史的高度，明确提出了"第二个结合"，实现了对马克思主义与中华优秀传统文化"各自本质""彼此关系"以及从形式结合到形态结合的科学理论思索与深刻现实把握。尤其是，习近平总书记明确提出了马克思主义同中华优秀传统文化的"融通论"，强调马克思主义能在中华大地扎下根来、开花结果，是

① 《毛泽东选集》第二卷，人民出版社1991年版，第534页。

因为其与中华优秀传统文化、中国人民日用而不觉的价值观念是互为融通的。“融通论”的重大时代意义在于，直接表明了中华优秀传统文化同马克思主义一样，本身具有直面现代世界、世界历史的现代性价值，破解了马克思主义基本原理同中华优秀传统文化相结合的认识论密码。一个“同”字把中华优秀传统文化放置到了和马克思主义基本原理同等的高度，阐明了中华优秀传统文化的世界历史价值，这就从根本上超越了过往认识中的中西体用之辩，超越了非此即彼、非左即右的二元对立思维。把马克思主义基本原理同中华优秀传统文化相结合，新时代的中国因此更加熠熠生辉。

二、综合创造的集成智慧

实践智慧是以创造为检验标准的集成智慧。按照亚里士多德的理解，实践智慧是关于德性的“中庸之道”，“中庸在过度和不及之间”，“是对中间的命中”，“是最高的善和极端的美”[①]，体现着适中协调。而从马克思主义实践观点来看，体现协调集成的实践智慧，必然同时是现实创造的智慧，必然以特定“成果成效”为根本之考量标准。从中国共产党推进马克思主义基本原理同中华优秀传统文化相结合的历史来看，“第二个结合”的集成智慧体现在马克思主义的理论创新中、中国式现代化的推进中、人类文明新形态的创造中。

① 《亚里士多德全集》第八卷，中国人民大学出版社2016年版，第36页。

（一）推动实现马克思主义理论创新

理论是行动的先导，理论自觉是行动自觉的前提。马克思主义基本原理同中华优秀传统文化相结合的成效体现在党的创新理论中，在推动二者结合的历史进程中，中国共产党不断深化对马克思主义中国化时代化的理解，推动形成了一脉相承而又与时俱进的“中国化时代化的马克思主义”。

在新民主主义革命时期和社会主义革命、建设时期，以毛泽东同志为主要代表的中国共产党人自觉克服教条主义的影响，深入思考“什么是马克思主义，怎样对待马克思主义”，提出了马克思主义中国化这一重要命题。毛泽东指出，“马克思列宁主义的伟大力量，就在于它是和各个国家具体的革命实践相联系的”，“按照中国的特点去应用它，成为全党亟待了解并亟须解决的问题”。[①]尽管这一时期没有明确提出要将马克思主义基本原理同中华优秀传统文化相结合，但是在这一时期中国共产党已经意识到“使之在其每一表现中带着必须有的中国的特性”[②]，既需要统筹考量“具体革命实践”，又需要着重关注“民族形式”，这就意味着必须意识到中华优秀传统文化对马克思主义在理解和应用中的影响，而不能脱离这种历史文化传统“大谈特谈”马克思主义的“本本”。在这一时期，中国共产党对把马克思主义基本原理同中国具体实际相结合的一系列独创性经验作了理论概括，形成了关于中国革命和建设的正确理论原则和经验总结，推动创立了体现着民族风格、中国特色的毛泽东思想。

---

① 《毛泽东选集》第二卷，人民出版社1991年版，第534页。

② 《毛泽东选集》第二卷，人民出版社1991年版，第534页。

在改革开放和社会主义现代化建设新时期，以邓小平同志为主要代表的中国共产党人，围绕"什么是社会主义、怎样建设社会主义"这一根本问题进行深入探索，创立了邓小平理论。在党的十二大开幕词中，邓小平明确指出："把马克思主义的普遍真理同我国的具体实际结合起来，走自己的道路，建设有中国特色的社会主义，这就是我们总结长期历史经验得出的基本结论。"[①]从此，建设有中国特色的社会主义成为中国共产党人为之不懈奋斗的目标。以江泽民同志为主要代表的中国共产党人，加深了对"什么是社会主义、怎样建设社会主义"和"建设什么样的党、怎样建设党"的认识，形成了"三个代表"重要思想；以胡锦涛同志为主要代表的中国共产党人，深刻认识和回答了新形势下"实现什么样的发展、怎样发展"等重大问题，形成了科学发展观。尽管这一时期没有明确提出要将马克思主义基本原理同中华优秀传统文化相结合，但是此时的中国共产党已经意识到"我国的具体实际"，既包括我们的社会现实，又包括历史文化传统，兼顾两方面基本国情才能建设"中国特色社会主义"。在这一时期，我们以理论创新引领事业发展，从新的实践和时代特征出发坚持和发展马克思主义，形成了中国特色社会主义理论体系。

新时代以人民为中心的思想、全过程人民民主的理论创新既是对马克思主义群众观的守正创新，又包含中华优秀传统文化的精华"民为邦本"的民本思想；人类命运共同体理念既是对马克思"真正共同体"思想的时代性诠释，又体现中华优秀传统文化的重要标识"天下大同"的和合理念；习近平生态文明思想既彰显马克思主义人与自然观，又秉承中华优秀

① 《邓小平文选》第三卷，人民出版社1993年版，第3页。

传统文化中的重要命题“道法自然”的生存理念……这就实现了对马克思主义的创新性发展，激活了中华文明的现代性价值。这些创新思想形成集群效应，促进了马克思主义在21世纪的中国实现创新性发展，表现为推动创立并丰富发展了习近平新时代中国特色社会主义思想。

（二）引领走出中国式现代化道路

直到今天，我们仍然自豪于，中国是世界上唯一没有中断且发展至今的文明古国，有着绵延久远的历史文化传统。中国共产党通过推进马克思主义基本原理同中华优秀传统文化相结合，找到了传统中国现代嬗变、创造中国式现代化的根本方法论。

在关于现代化的认识上，一直存在着把传统和现代截然二分的判断（假设）。按照这种理解，传统与现代相互排斥、根本相异、迥然不同，传统等同于野蛮，现代等同于文明，现代因素的积累同时意味着传统因素的消解，唯有弃置传统这一“现代化的他者”，现代文明社会才能无阻碍地延展开来。至于某些存续的传统现象，则被认为是现代化不彻底的明证或者本身标明了现代化的革新使命。因而，考察各国现代化进展的一个重要指标，就是其传统是否在发生变化以及这种变化的程度如何。沿着这一思维逻辑，一些西方理论家及其东方学生理所当然地认为，传统中国只是在固守着古老中国的“历史文化遗产”，是一个静止不变或者相对不变的社会，无法想象中国可以通过“古之传统”，即通过保持传统中国的文明基体来实现自身的现代化，只有全面废除中华传统、全面西化，才能实现中国的现代化（不是中国式的现代化）。

这种渗透着“西方中心论”的文明偏见在19世纪以来的西方世界广

为流行。当是时，“欧洲人在生活的各个领域都把他们自己和进步、和生气勃勃的运动以及变化的可贵价值，结下了不解之缘……而中国却仍然在恼人地限制贸易，坚持君主专制，显然顽固抵制任何变化，因此在许多西方人看来，中国就像个过时的社会，注定要在一潭死水般的野蛮状态中衰弱下去，直到一个生气勃勃，其活动遍及世界各国而又把各国加以世界主义化的西方，给她注入新的活力，使她脱胎换骨”[①]。20世纪研究中国历史的西方历史学家，一定意义上勾画了中国社会的生生不已、变动不居。但从总体上看，内含在其中的基本认识论前提是，这样的变化是西方入侵前的变化，而且这种变化只是在传统范围内的变化，因而实际上表现为相对不变。即在西方冲击到来之前，传统中国整体上处于相对无变化的状态。正是西方的冲击及中国的回应，推动了近代中国的现代化发展，而中国的传统，本身又阻滞着中国现代化的快速发展。正如，有学者认为，“思想和文化创新自然与通商口岸及其商业与工业的物质增长并驾齐驱。然而从与西方交往中获得的新思想和新观点只是中国传统洪流中的支流……中国的现代化在每一方面都受到西方榜样的鼓励，但必须建立在原有旧制度的基础上，旧制度的力量仍是如此强大，以致减缓了对于革新的需求”[②]。

实际上，以二分法的态度看待现代化进程中传统与现代的关系问题，本身就具有虚假性。现代社会因其具有必然的历史性，从而不可能是纯粹

---

① ［美］柯文：《在中国发现历史：中国中心观在美国的兴起》，林同奇译，社会科学文献出版社2017年版，第171页。

② ［美］费正清、赖肖尔主编：《中国：传统与变革》，陈仲丹、潘兴明、庞朝阳译，江苏人民出版社2014年版，第302页。

的现代性社会，而是现代性与传统性兼有的社会。正如，西方的现代化进程虽然伴随着同传统社会秩序特别是传统宗教秩序的激烈斗争，却无疑包含着对历史传统特别是古希腊、古罗马等文化传统的思想延伸，就像文艺复兴运动所显示的那样。而以二分法看待中国的近现代发展，很明显是这一虚假命题的进一步延伸。这种观点，20世纪后半叶以来，在美日学界引起了颇为深刻的学术反思，柯文的“中国中心观”、沟口雄三的“以中国为方法”等是其中具有代表性的议论，总体上看，这些观点都旨在阐明要从中国历史传统本身出发来考察中国的近（现）代化进程。正如沟口雄三所指出的，我们应当把中国的近（现）代化过程视为“‘旧中国’的蜕化过程。蜕化是一种再生，换个角度，也可视为新生，但蛇不会因为蜕了皮就不再是蛇”[①]。这在一定意义上突破了长期支配这一研究领域的西方中心主义认识。这样的见解，说明了传统面向现代化的一方面，即传统对现代具有重要意义，但更为重要的另一方面在于，阐明传统如何嬗变以积极面向现代。对于后者，中国的现代化探索及中国式现代化的伟大创造给出了彰显中国智慧的中国答案。

从近现代中国的历史发展来看，传统中国转向现代中国的历程，是一个使中国历史文化传统得到积极扬弃的历程。确实，以鸦片战争为标志性事件，作为文明古国的中国，其传统遭遇了前所未有的强烈质疑。特别是，在“西方中心论”的偏见影响下，中华文明尤其是蕴于其中的中华优秀传统文化被简单视为前现代性的落后文明（文化）。实际上，中华文明并不是一种远离“现代”的文明形态，只是因为其趋向现代的路径选择，

---

① ［日］沟口雄三：《作为方法的中国》，孙军悦译，生活·读书·新知三联书店2011年版，第55页。

从一开始就和西方文明构成了本质差别。仅就基本价值而言，西方现代资本主义文明以“利己主义”为价值底色，而中华文明在现代性价值上，则强调“无私”。由此可知，中华文明具有独特的现代性价值。或者说，传统中国本身孕育着走向现代化的独特道路，而近代的战火风雨阻断了这一自发性现代化的过程。因而，不是应该否定我们自有的文明，而是应该开掘蕴含其中的现代性价值，这实质上构成了传统中国现代嬗变的本质性要求。

中国共产党以“结合论”的主张和实践把握了传统中国的现代嬗变要求。中国历史传统并不是一成不变的，而是始终处在不断地更新与演进当中。习近平总书记指出：“以数千年大历史观之，变革和开放总体上是中国的历史常态。”[①]近代以来，中国的历史发展也始终在求传统之变、文明之新。比如，形成了以“中国文化中心论”为基础的“中体西用论”，以“欧洲中心论”为蓝本的“全盘西化论”，以及“中国国粹+西方科学”的“文化嫁接论”。但历史已然证明，这些方案都没有为中国从传统转向现代寻找到文明变革之正确路径。以中国共产党的成立为标志，马克思主义所代表的“文明问题”解决方案在中国正式确定下来。百余年来，中国共产党深刻把握马克思主义同中华文明的现代价值融通，以伟大历史主动推进马克思主义基本原理同中国具体实际相结合、同中华优秀传统文化相结合，由此塑造了传统中国现代演变发展的新传统，这构成了推动传统中国现代嬗变，创造中国式现代化的根本方法论。正是在同中国式现代化的历史性互动当中，古老的中华文明开启自身的现代性，并且支撑了中国式现代化道路的历史创造。“小康”愿景的全面实现突出地显示了中华文明

① 习近平：《在庆祝改革开放40周年大会上的讲话》，《人民日报》2018年12月19日。

的时代高度。“小康”概念本身是中华文明的重要价值元素，又在中国共产党人的创造性转化中成为中国式现代化的重要范畴与考量指标。“进入新时代以来，‘全面小康社会’的历史性建成，标志着中国式现代化取得了一个划时代的成就，也意味着传统中国的现代嬗变取得了里程碑意义，并且开启了整装再出发的历史新征程。”①

（三）支撑创造人类文明新形态

我们创造的人类文明新形态，厚植于中华文明的丰厚沃土，彰显了马克思主义基本原理同中华优秀传统文化的“结合智慧”，承载着中华文明开放包容的价值理念，使中华文明以其活力洋溢的“当代形态”同时代会面。

人类文明新形态的根本文化资源来自源远流长、博大精深的中华文明。人类文明新形态不是无源之水、无本之木，而是生发于中华文明的“文明母体”，折射着中华文明的“传统智慧”。如果说人类文明新形态是蕴含“中国特色”的伟大文明创造，那么这样的“中国特色”归根到底是以中华文明的深厚底蕴为文化给养的。正如习近平总书记所指出的，“如果没有中华五千年文明，哪里有什么中国特色？如果不是中国特色，哪有我们今天这么成功的中国特色社会主义道路？我们要特别重视挖掘中华五千年文明中的精华，把弘扬优秀传统文化同马克思主义立场观点方法结合起来，坚定不移走中国特色社会主义道路”②。

① 田鹏颖、张小鹏：《论中国与中国式现代化》，《当代中国与世界》2023年第2期。

② 《习近平谈治国理政》第四卷，外文出版社2022年版，第315页。

在五千多年的文明演进中，中国人民以其伟大创造精神、伟大奋斗精神、伟大团结精神、伟大梦想精神锤炼出博大精深、璀璨夺目的中华文明，为中华民族生生不息、赓续传承提供了强大精神力量，为人类文明进步事业作出了重大贡献。中华文明的内容构成富有时代高度，包含着契合现代世界的普遍性价值。例如，在人与自身的关系上，中华文明强调自力更生、自强不息的奋斗观；在人与人（社会）的关系上，中华文明提倡各美其美、美美与共的交往观；在人与自然的关系上，中华文明主张天人合一、道法自然的自然观。这些都具有一定程度的普遍意义。18世纪的启蒙学者们曾从中华文明中寻得给养以打破封建神学的精神禁锢，捍卫“理性的法庭”。马克思、恩格斯曾热情洋溢地介绍了具有伟大世界历史意义的中华文明创造。综上，中华文明最有理由自信，中华民族最有理由自信，中国共产党最有理由自信。

当代中国是历史中国的沿革，当代中国文明是历史中华文明的发展。人类文明新形态正是中华文明的当代呈现，饱含着中华文明的传统精要。人类文明新形态之所以成为有别于其他一切文明形态的“新形态”，历史的根源就在于中华文明的文化特质。人类文明新形态的“为民本质”，生根于中华文明“民为邦本”“民说无疆”的传统；人类文明新形态的“世界情怀”，折射着中华文明“天下大同”“协和万邦”的传统；人类文明新形态的“和平属性”，反映出中华文明以德服人、和衷共济、讲信修睦的传统。可以说，中华文明从根本上滋养了人类文明新形态，赋予了人类文明新形态以强大的历史穿透力与文化感召力。

人类文明新形态的根本生成方式在于马克思主义基本原理同中华优秀传统文化相结合。人类文明新形态是马克思主义中国化进程中的文明凝结，形塑于马克思主义同中华文明价值融通的过程之中。正如习近平总书记所指出的，“马克思主义传入中国后，科学社会主义的主张受到中国人民热烈欢迎，并最终扎根中国大地、开花结果，决不是偶然的，而是同我国传承了几千年的优秀历史文化和广大人民日用而不觉的价值观念融通的”①。这种文明融通的历史性结果便是创造了人类文明新形态。

马克思主义的故乡在欧洲，同中国确实相距海天。但是，马克思主义以其彻底的理论旨趣、实践导向、价值立场而成为科学的理论、人民的理论、实践的理论、开放的理论，因而，“在德国和欧洲境界以外，在世界的一切文明语言中都找到了拥护者”②，并且在近代中国的历史转向中，确定了同中国共产党、中国人民、中华民族“命运般”的联系。从这个意义而言，马克思主义又同中国咫尺之遥。同时，马克思主义只有经历了中国化时代化的进程，才能真正消除其同中国的时空距离，真正建立其同中国的本质联系。而中华文明孕育于历史的中国，因而，作为标识其普遍性价值的中华优秀传统文化注定要经历时代的涤荡才能真正显现出来。只有赋予传统以现代的言说形式，中华文明才能真正实现与时俱进。

换言之，马克思主义中国化时代化和中华文明现代化，共同成为历史交付给中国的任务。中国共产党以推动马克思主义中国化的历史主动成功担负起这一重任。百余年来的实践充分证明，中国共产党人既是马克思主义者，也是中华优秀传统文化的忠实继承者和弘扬者。马克思主义中国化时代化就其文明表征而言，根本在于以马克思主义激活中华优秀传统文化，推动实现中华文明的现代化，以中华优秀传统文化“影响”马克思主

① 《习近平谈治国理政》第三卷，外文出版社2020年版，第120页。

② 《马克思恩格斯文集》第四卷，人民出版社2009年版，第265页。

义，实现马克思主义的中国化时代化，从而通过二者的“结合”，创新性地生发出符合时代需要、彰显中国特色的人类文明样态，这一文明样态历史地呈现为我们创造的人类文明新形态。正是由于马克思主义基本原理同中华优秀传统文化的有效结合，中华传统文化才免于同封建主义一道走向衰落，马克思主义才真正光大于中国，人类文明新形态才能在饱含马克思主义基本原理科学要素的同时，充盈着中华优秀传统文化的因子，成为中国贡献给世界的人类文明新形态。习近平新时代中国特色社会主义思想是当代中国马克思主义、21世纪马克思主义，是中华文化和中国精神的时代精华，实现了马克思主义中国化新的飞跃，使马克思主义的科学性得到进一步确证，尤其是蕴含其中的习近平文化思想，使中华文明得到进一步激活，是继续发展人类文明新形态理论和实践的科学指南。

三、胸怀天下的应变智慧

“第二个结合”在中国生成，为中华民族伟大复兴提供了不竭的文化资源，但其理论视野、时代观照、方案供给却并不囿于中国，而是放眼天下，折射出壮阔的世界眼光与天下情怀，包含对回答世界之问的深刻理论自觉，体现了对变化世界的应对之智。

（一）具有胸怀天下的理论担当

中华民族伟大复兴进入了不可逆转的历史进程，是21世纪的世界历史性大事件，它不仅深刻改变了中国，而且真切影响了世界秩序的重塑。“第二个结合”正是在这样的时代背景中被正式提出的，因而毋庸置疑地包含对世界的总体主张。这种主张，集成了马克思主义与中华优秀传统文化中的世界主义思想精粹，内含对当今世界及其发展的新见解，凸显了胸怀天下的理论旨趣。

马克思主义畅言了深刻的世界主义观点。世界主义源流久远而又歧义重重。马克思和恩格斯生活的时代，在资本主义生产方式的催动下，世界市场、世界贸易、世界历史等被开拓出来，世界主义再度流行。然而，在马克思和恩格斯看来，这不过是“伪善的资产阶级的世界主义”[①]。这种世界主义形式上承认人、人的独立性、人的自由，实际上却使人从属于资本、私有财产。德国“真正的社会主义者”自以为克服了资产阶级世界主义的伪善性，实际上，只是用思辨的抽象的人道主义，更明确地表达了小资产者关于“消灭没有财产的状况”的“博爱的意图”和“善良的愿望”。特别地，无论是德国“真正的社会主义者”还是青年黑格尔派，其所谓的世界主义都深深刻印着自大的民族偏见，“德国人的虚假的普遍主义和世界主义是以多么狭隘的民族世界观为基础的”[②]。因而，马克思的世界主义观点，主要是从两方面展开的，一是真正的世界主义关心全人类的共同命运，以人的解放为旨归；二是真正的世界主义不能是以世界主义之名行狭隘民族主义之实[③]。第二层含义是第一层含义的具体化。这就在原理层面阐发了马克思主义在世界主义问题上的基本态度。

中华优秀传统文化表达了积极的世界主义观点。世界主义从内涵来说，是一种“胸怀”世界并整体地看待世界的思想理念。有论者指出，中

① 《马克思恩格斯全集》第三卷，人民出版社1960年版，第169页。

② 《马克思恩格斯全集》第三卷，人民出版社1960年版，第554页。

③ 参见丰子义：《马克思视野中的“世界主义”》，《哲学研究》2023年第1期。

国人也有自己的世界主义，大致也就是天下主义。[①]天下主义是中华传统文化对于世界秩序的总体想象，首出于周朝。《尚书》有言：“用于天下，越王显。”大意为如果天下行王道，君主功德就会显扬。在观念上，中国人的天下想象，承载着兼容并包、求同存异、和平主义等包容理念，蕴含着大同理想。在实践上，传统中国的“创制天下”，即天下秩序建构，包含着安置、吸收、同化他者的行动，从而不断扩容着华夏文明体系。总体上，从积极向度来看，中华传统文化中的天下主义，包含两大原则。其一，天下无私。《礼记》言：“天无私覆，地无私载，日月无私照。”这里的“无私覆”“无私载”“无私照”，都有“公”的含义。《吕氏春秋》载：“天下，非一人之天下也，天下之天下也。”这句话的意思可以理解为“天下为公”。其二，天下无外。《原道》言：“孔子之作《春秋》也，诸侯用夷礼则夷之，进于中国则中国之。”这里的诸侯为夷还是中国，并无绝对规定。也就是说，天下没有绝对的他者，天下的边界是相对的，这彰显了中华民族“天下一家”的包容理念。

“第二个结合”集成了马克思主义与中华优秀传统文化的世界主义之智，彰显胸怀天下的理论之智。“第二个结合”，特别强调是把马克思主义基本原理同中华优秀传统文化相结合。原理具有相当程度的普遍性、抽象性，有着具体化的现实要求。中华优秀传统文化不是显性的，而是隐含在中华传统文化当中，有着时代性开掘的现实要求。“第二个结合”所凸显的胸怀天下之世界主张，是站在中国与世界之间，具体化把握马克思主义的世界主义基本观点而得到的；是基于现代中国与世界的需要，时代化审

① 参见任晓：《论中国的世界主义——对外关系思想和制度研究之二》，《世界经济与政治》2014年第8期。

视中华传统文化中的世界主义，取其精华，去其糟粕而得到的。比如，马克思关于人的解放理论，并不能直接实现，而要经过一系列的历史转化；而中华传统文化中的天下观念，虽然具有极强的包容性，但却内在表现了华夏中心论、远近尊卑等级、封建王权思想等陈旧的东西，近代中国的悲惨境况实际上也造成了中国人天下观的崩溃，也用事实宣告了天下主义本身是需要被检视、被洗涤的[1]。从本质上讲，“第二个结合”胸怀天下的世界主张，是在马克思视野中的世界主义基本观点具体化，在中华优秀传统文化中的世界主义创造性转化与创新性发展中生成的。这个过程并不是要把马克思主义与中华优秀传统文化中的两种世界主义之智单列出来，而是要找到两种世界主义之智的融通、契合之处，从而实现两种世界主义之智的文明集成、形态集成。

新时代以来，我们自觉以“第二个结合”的方法论路径把握世界、观照世界，主要体现在三方面：其一，明确人类是一个你中有我，我中有你的命运共同体，创造性提出了“人类命运共同体”的新理念；其二，明确人类文明各美其美，美美与共，创造性提出了“人类文明新形态”的新范畴；其三，明确各国发展要兼顾本国、本民族利益和世界利益，阐明中国共产党既立志于民族伟业，又致力于人类宏业，明确中国共产党的中心任务是“以中国式现代化全面推进中华民族伟大复兴”，而“推动构建人类命运共同体、创造人类文明新形态”本身是内含其中的基本要求，这彰显了中国共产党和中华民族的天下情怀。以上三方面内容构成了“第二个结合”对世界及其发展的总体认识，体现了对马克思主义与中华优秀传统文

① 参见刘擎：《重建全球想象：从“天下”理想走向新世界主义》，《学术月刊》2015年第8期。

化中的世界主义之智的守正创新，彰显了“第二个结合”胸怀天下的时代内涵和世界意义。

（二）为生成应对世界变局的确定性智慧提供根本方法论

21世纪是一个充满变动的世纪，“世界百年未有之大变局”是对其的形象概括。面对世界变局，必然会形成关于世界不确定性的判断，即必然会形成一系列的世界之问，“世界怎么了，我们怎么办”是蕴含其中的最大不确定性判断，是最根本的世界之问。习近平新时代中国特色社会主义思想在不确定性中把握了确定性，是应对世界变局的确定性智慧，“第二个结合”是其生成的重要逻辑。

当今世界正处于巨大的不确定性当中。以人工智能、大数据、物联网、元宇宙、脑科学等为标识的科技之变，不仅已然深刻改变了人类社会生活生产方式，而且也极大拓宽了人类知识的深度和广度，使得人类所直接面向的“未知世界”愈显膨胀；西方发达国家的实力相对下降、发展中国家的群体性崛起、世界地缘政治升温、数字经济兴起等显示了世界政治经济格局之变，世界格局的剧烈变化，使人类仿佛置身于从头开始的“原始丛林竞争”当中；国际贸易争端频起、金融危机频仍、传统与非传统风险交织等突出了全球治理体系的不适应、不对称问题，全球治理体系之变正在进行，也亟待深入。世界之变的客观存在与全面显现，意味着看似牢固的原有世界秩序开始晃动起来，这在一定程度上瓦解着人们对世界的确定性判断，引发了人们对世界及其结构的普遍疑惑，以“世界怎么了，我们怎么办”为轴心的一系列世界之问在世界变局中被提出来。世界变局的加速演进，一定意义上显示了世界的历史不确定性仍在扩大。

不确定性丛生的世界呼唤确定性智慧。不确定性的反面，是确定性。在不确定性当中找寻确定性是人类发展的生存论要求。把握世界、改变世界、创造世界，不是大自然的隐蔽计划，而是人类的公开行动，我们所谓的世界是人创造的社会世界，人不能忍受世界的不确定，而要把握世界的确定性。所谓“把握世界的确定性”，就是要揭示从而把握世界运行、历史发展之规律。“把握世界的确定性”过程，实际上是生成关于世界的确定性智慧的过程。关于世界的确定性智慧揭示了人类社会发展的内在规律，明确了世界发展的可靠图景。正是因为有了确定性智慧，世界的确定性才能被诠释，人才能在世界中找到并发扬历史主动，也才能真正克服世界的不确定性。马克思阐明了社会形态的演进规律，破解了历史的“斯芬克斯之谜”，站在世界历史的高度，在人类社会发展规律意义上科学揭示了现代世界的重建可能，从而使马克思主义成为关于世界发展的确定性智慧。21世纪的世界变局，呼唤马克思主义以更具时代化的形态彰显其确定性智慧，以便人们更好把握、应对世界的不确定性。

习近平新时代中国特色社会主义思想是应对世界变局的确定性智慧。世界变局意味着全球进入了新的历史拐点，人类发展抵达了新的十字路口。在这样的历史阶段，人类既处于“最好的时代”，也陷入“最坏的时代”。一方面，人类进步的事业不断拓宽拓深，世界多极化、经济全球化、文化多元化浩荡潮流不可阻挡。另一方面，世界发展面临重重挑战，世界经济复苏道阻且长、全球发展鸿沟不断加大、冷战思维死灰复燃、霸权逻辑阴魂不散、逆全球化浪潮袭来。新时代以来，在习近平新时代中国特色社会主义思想引航下，实现中华民族伟大复兴已然成为大变局中最确定、最积极、最大的“自变量”，中国特色社会主义的世界历史价值也愈加凸显，中国在21世纪的世界变局中高高举起了科学社会主义旗帜。习近平新时代中国特色社会主义思想是中国的理论，是当代中国马克思主义，同时也是面向世界的理论，是21世纪马克思主义。这一思想准确把握世界潮流的脉动，科学把握世界发展大势，积极回应全球共同挑战，为解决世界经济、国际安全、全球治理等一系列重大问题提供了创新理念，为人类面对“乱云飞渡”的世界，提供了“仍从容”的确定性智慧。

“第二个结合”是应对世界变局的确定性智慧生成的根本方法论。应对世界变局、回答世界之问、生成确定性智慧，需要历史自信、文化自信。马克思主义基本原理同中华优秀传统文化相结合，彰显着我们回答世界之问的历史自信、文化自信。一方面，“第二个结合”给予我们以创新理论回应世界变局的历史自信。历史在生动演绎中折射出人类社会发展的普遍规律，蕴含着理解、应答世界变局的独特密码。恩格斯说，“历史就是我们的一切”[①]，我们可以说，历史是我们中国共产党人的一切。坚持马克思主义基本原理同中华优秀传统文化相结合，开拓出了大历史观视野。这种结合意味着，新时代以习近平同志为主要代表的中国共产党人，自信于党的百余年奋斗史、五千多年的中华文明史、一万年的中华文化史，从而自觉从历史长河中汲取智慧、创立理论，更好探究了世界历史规律、把握了世界历史大势，更好具备了识变之智、应变之方、求变之勇。另一方面，“第二个结合”给予我们以创新理论回应世界变局的文化自信。文化自信体现为特定主体对自身文化传统、意识形态价值等的积极秉持，特别是以自身文化面向世界、影响世界、改变世界的从容。中国共产

① 《马克思恩格斯全集》第一卷，人民出版社1956年版，第650页。

党与中国人民的文化自信厚植于绵延数千载的中华文明之中，根植于中国共产党以马克思主义为指导思想领导革命、建设、改革的文化创新之中。坚持马克思主义基本原理同中华优秀传统文化相结合，充分彰显了新时代中国共产党人的文化自信。正是基于这种文化自信，新时代的中国共产党人能够夯实精神根基，从而得以在各种思想文化相互激荡交融交锋日渐频仍的世界变局中发中国理论之先声。

（三）为创造美好新世界提供智慧

“第二个结合”胸怀天下，密切关注世界及其未来发展，深刻洞察人类社会发展大势，为人类创造美好新世界提供了深邃的智慧。

1.在传统与现代的时代会通中创造美好新世界

马克思主义基本原理同中华优秀传统文化相结合，不仅是东西两种文化的结合，更是马克思主义现代性力量同中华历史传统文脉在当代中国的相知相融、相互砥砺。在这一过程中，作为一种直接现代性力量，马克思主义得以在中国不断发展，回答了自身的时代“在地性”问题；而蛰伏在历史当中的中华优秀传统文化的现代性价值也得以被开掘、被激活，从而回答了中华优秀传统文化的时代“在场性”问题。正是二者的成功结合，引导着我们在世界现代化进程中成功走出了饱含中国特色的中国式现代化道路，创造了集成社会主义文明同中华文明精要的人类文明新形态，努力建设中华民族现代文明。因而，习近平总书记向世界各国提出倡议：“我们要共同倡导重视文明传承和创新，充分挖掘各国历史文化的时代价值，推动各国优秀传统文化在现代化进程中实现创造性转化、创新性发展。”[①]

也就是说，在“第二个结合”的理解中，世界应当是兼容传统与现代的世界，应当是传统与现代融会贯通的世界。“第二个结合”表明，传统与现代（现代性、现代化）并非二元对立。从现代西方世界的生成来看，“即使是像英国的清教革命、光荣革命、荷兰起义、美国独立战争，都没有造成与传统的断然决裂，没有引起持久而尖锐的政治断裂”[②]。现代世界实际上是现代性和传统性兼具的世界。一个弃置传统的民族，注定只能如浮萍般陷入“无根状态”，成为现代世界中的“流浪者”。但传统毕竟不具备直接的现代性，也并不是所有的传统都能“不废江河万古流”，都能越是离开历史源头，越是生命洋溢。传统在漫长历史流变中积累，我们既可以在传统中谛听历史的脉动，感受历史的张力，也可以在传统中洞悉历史的局限性，观察到历史的某种不合时宜。传统本身是需要被洗涤、被选择的。文化传统是更为稳定、更为深层的传统要素，蕴含其中的优秀因子只有通过创造性转化与创新性发展，才能显示出自身的现代性价值，从而为现代世界的建构与发展提供精神力量，为回答世界之问提供传统智慧，成为现代世界的有机构成。

2. 在民族与世界的利益融通中创造美好新世界

民族国家是现代世界的基本存在形态，也是世界结构体系当中的基本单元。在关于世界主义的诸多探讨中，民族被置于世界的对立面，民族主

---

① 习近平：《携手同行现代化之路——在中国共产党与世界政党高层对话会上的主旨讲话》，《人民日报》2023年3月16日。

② 罗荣渠：《现代化新论——世界与中国的现代化进程（增订本）》，商务印书馆2009年版，第163页。

义被置于世界主义的对立面。然而，如果把民族从世界中驱离出去，世界的本质内容便也被同时抽离出去了，所谓的世界主义就会被抽象悬置起来。在世界历史的当前阶段，离开民族之发展谈论世界之发展，既不可能也不现实，世界的发展走向要同民族的进步方向相一致、相协调。当然，与世界并行发展的民族，应当是摒弃了“狭隘民族主义”的民族，其民族性应当是世界视野中的民族性，其利益选择与价值追求应当是融通世界利益的。否则，世界就会成为特定民族“谋求本民族特殊地位”的舞台，而这是以其他民族被压迫为代价的，是与世界真正之发展相背离的。

马克思主义基本原理同中华优秀传统文化相结合，既有其民族之内涵——为民族谋复兴，也有其世界之内涵——为世界谋大同。这里的为民族谋复兴，不是狭隘的民族主义，而是胸怀天下，同为世界谋大同具有深刻的历史一致性，是把中国人民的利益同世界各国人民的利益统一起来的行动选择。走向民族复兴、建设中华民族现代文明的中国，同时是对世界文明、人类文明有较大（更大）贡献的中国。习近平总书记指出：“越是民族的越是世界的。解决好民族性问题，就有更强能力去解决世界性问题；把中国实践总结好，就有更强能力为解决世界性问题提供思路和办法。这是由特殊性到普遍性的发展规律。”[①]也就是说，在“第二个结合”的视域中，世界同民族不可分割，民族国家有责任在回答国家（民族国家）之问的同时，回答世界之问，各民族国家，要在世界发展大势中把握民族利益，把握世界利益，不能为了一国、一民族之私利而损害世界利益，要坚持利益共享，共同做大世界发展的大蛋糕，在共建共享共赢的康

① 《习近平谈治国理政》第二卷，外文出版社2017年版，第340页。

庄大道上前行。这就根本有别于部分西方强国所奉行的霸权逻辑，为从根本上超越东方从属于西方、中心—外围的旧世界秩序提供了方法论。

3.在一体与多元的辩证共通中创造美好新世界

一体即全世界各国同属于一个全球发展共同体，多元即各国现代化探索具有多元特征。人类共同生活在一个地球家园，本就是一个命运共同体。新时代的中国共产党人，坚持把马克思主义基本原理同中华优秀传统文化相结合，把握马克思主义真正共同体思想、自由人联合体思想，高扬中华优秀传统文化的和合传统、包容传统等，创新性提出构建人类命运共同体。人类命运共同体不是复述过去的“消极共同体”，而是畅言以持久和平、普遍安全、共同繁荣、开放包容、清洁美丽为建设内容的“积极共同体”。全球发展共同体是人类命运共同体序列中最主要的共同体之一，反映了现代化是世界性潮流，彰显了世界各国想发展、要发展的一致诉求，其理念为回答世界何以发展、以何发展贡献了中国智慧。马克思主义基本原理同中华优秀传统文化的结合之道及其在中国的成功实践充分表明，在各国的现代化探索中，应当在把握现代化发展一般规律的同时，自觉增强对本民族、本国家历史文化传统的归属感、尊严感、认同感、荣誉感，在把握民族独特历史传统、文化诉求中走自己的发展道路，把发展放置在自己的力量基点上，各个国家应该在更加广阔的层面考虑自身利益，世界各国要共同绘就百花齐放、美美与共的多元发展图景。

总之，“第二个结合”既凸显了深刻的理论智识，更包含着深邃的实践智慧，对于超越旧思维、创造新事物、回答世界之问具有重大启示。

第八章

时代要求论

马克思主义是中国共产党的指导思想，具有强大的科学性、真理性和生命力，作为由国外传入中国的思想理论，如何才能让马克思主义更加充分地融入中华文明，从而更好地发挥指导作用，是一代代中国共产党人不懈思考求索的永恒命题。中华优秀传统文化是中华民族千百年来融汇凝练出的文化精华，是中华民族和中华文明的根脉。在不断的理论和实践探索中，中国共产党人创造性地提出了将马克思主义基本原理同中华优秀传统文化相结合的伟大理论，为坚持发展马克思主义和赓续传承中华优秀传统文化找到了契合之处、指明了前进方向。“第二个结合”，是党对马克思主义中国化时代化历史经验的深刻总结，顺应了不断谱写马克思主义中国化时代化新篇章的时代要求；是对中华文明发展规律的深刻把握，呼应了建设中华文明现代形态和中国式现代化文化形态的时代号召；表明党对中国道路、理论、制度的认识达到了新高度，在传承中华优秀传统文化中推进文化创新的自觉性达到了新高度，发出了进一步坚定历史自信、文化自信的时代宣言。

一、谱写马克思主义中国化时代化新篇章

马克思主义是指导中国共产党不断取得革命、建设、改革伟大成就的科学思想，具有永恒的真理价值。在中国共产党百余年的奋斗征程中，我们始终坚持并不断发展马克思主义，将马克思主义的旗帜牢牢插在中华大地。与时俱进是科学真理的重要标志，实践没有止境，理论创新也没有止境，推进马克思主义中国化时代化更是永无止境。不断谱写马克思主义中国化时代化新篇章，是中国共产党人必须肩负的时代重任和历史使命。习近平总书记在党的二十大报告中庄严指出：“中国共产党人深刻认识到，只有把马克思主义基本原理同中国具体实际相结合、同中华优秀传统文化相结合，坚持运用辩证唯物主义和历史唯物主义，才能正确回答时代和实践提出的重大问题，才能始终保持马克思主义的蓬勃生机和旺盛活力。”[①]习近平总书记关于“两个结合”尤其是“第二个结合”的重要论述，生动地揭示了“第二个结合”鲜明的理论特质、务实的理论品格和科学的理论价值，阐明了马克思主义和中华优秀传统文化内在融通的规律，指明了“第二个结合”的创新方向和实践路径。新时代新征程，我们要准确把握“第二个结合”的丰富意蕴，把握中国共产党在推进“第二个结合”中的时代作为，在“第二个结合”的过程中不断谱写马克思主义中国化时代化新篇章。

---

① 习近平：《高举中国特色社会主义伟大旗帜 为全面建设社会主义现代化国家而团结奋斗——在中国共产党第二十次全国代表大会上的报告》，人民出版社2022年版，第17页。

（一）深刻洞悉“第二个结合”的本质规律

在具有五千多年发展史的中华文明基底之上开辟和发展中国特色社会主义，将马克思主义基本原理同中国具体实际、同中华优秀传统文化相结合，是经过历史和实践反复证明的必循之道。2023年6月2日，习近平总书记在文化传承发展座谈会上再论“两个结合”，指出“这是我们在探索中国特色社会主义道路中得出的规律性的认识，是我们取得成功的最大法宝”[①]。习近平总书记特别阐释了“第二个结合”，将其称为“是又一次的思想解放，让我们能够在更广阔的文化空间中，充分运用中华优秀传统文化的宝贵资源，探索面向未来的理论和制度创新”[②]。“第二个结合”这一开辟理论创新新境界、提供实践遵循新范式的具有深远意义的重大命题，是以习近平同志为主要代表的中国共产党人立足当代中国和当今世界实际，宏观统筹中华民族伟大复兴战略全局和世界百年未有之大变局，对当代马克思主义以及中国共产党治国理政思想的又一次重大创新，极大拓展了马克思主义中国化时代化的内涵，充分展现了党的文化自觉和文化自信。准确把握“第二个结合”的丰富意蕴，深刻洞悉“第二个结合”的本质规律，是我们深化认识“第二个结合”并将其贯彻运用到传承发展中华优秀传统文化、建设中华民族现代文明之中的首要前提、必要准备。

“第二个结合”这一重大命题具有深厚的历史积淀和严谨的逻辑进

① 《习近平在文化传承发展座谈会上强调 担负起新的文化使命 努力建设中华民族现代文明》，《人民日报》2023年6月3日。

② 《习近平在文化传承发展座谈会上强调 担负起新的文化使命 努力建设中华民族现代文明》，《人民日报》2023年6月3日。

路，根植于五千多年的中华文明史和一万年的中华文化史，是百余年来中国共产党领导革命、建设、改革过程中长期探索形成的重要成果、凝练的宝贵结晶。习近平总书记深刻指出：“中国共产党从成立之日起，既是中国先进文化的积极引领者和践行者，又是中华优秀传统文化的忠实传承者和弘扬者。”[①]不管是在救亡图存的新民主主义革命征程中，在完成社会巨变的社会主义革命和建设中，还是在改变历史走向的伟大改革开放中，又或是在新时代的历史性变革中，中国共产党始终能够坚持将马克思主义基本原理同中华优秀传统文化相结合，用马克思主义真理力量激活积淀几千年的中华民族灿烂文明，使中华文明在历经风雨、饱受磨难后再次激荡出磅礴的精神伟力和文化活力，为中华民族不断前进提供动力。与此同时，中国共产党也在自知自觉的理论创新和实践探索中不断推进中华优秀传统文化与马克思主义相结合，坚持以中华优秀传统文化的内涵、素养和精神沁润、丰富和发展马克思主义，使之具有鲜明的中国风格、卓越的中国特色、独特的中国气派，为之注入了专属于中华文化的崇高精神和独到气质。

坚持和发展马克思主义，不断推进马克思主义中国化时代化，必须将马克思主义基本原理同中华优秀传统文化相结合。习近平总书记强调，“博大精深的中华优秀传统文化是我们在世界文化激荡中站稳脚跟的根基。中华文化源远流长，积淀着中华民族最深层的精神追求，代表着中华民族独特的精神标识，为中华民族生生不息、发展壮大提供了丰厚滋

① 《习近平著作选读》第二卷，人民出版社2023年版，第36页。

养”[①]。马克思主义之所以能在具有深厚历史基础的中国落地生根、发挥作用并不断发展，一个相当重要的原因就是其能够主动、深度融入中华文明，从中华优秀传统文化之中汲取宝贵养分。中华优秀传统文化源远流长、博大精深，与由外国传入中国的马克思主义在思想内核、价值观念等诸多方面具有高度的契合性。“天下为公、民为邦本、为政以德、革故鼎新、任人唯贤、天人合一、自强不息、厚德载物、讲信修睦、亲仁善邻等”[②]，这些党的二十大报告提及的彰显着中国人民宇宙观、天下观、社会观、道德观的中华优秀传统文化观念体现出丰富的意蕴，同中国特色社会主义共同理想和共产主义远大理想具有高度的内在融通性，是科学社会主义思想成果可以同中华优秀传统文化精华相融会的有力明证，凸显出中国共产党人深厚的历史自信、文化自信。

马克思主义基本原理与中华优秀传统文化的结合，不仅是让马克思主义在当代中国、当代世界焕发生机活力的重要方法，也是以中华优秀传统文化塑造中国式现代化文化形态的必由之路，我们要从二者双向互动、互相成就的高度上来深刻认知“第二个结合”所具有的丰富意蕴。“第二个结合”确定了中国道路的根本指向，开辟了中国特色社会主义道路更加宏阔深远的历史纵深，丰厚了中国特色社会主义道路的文化底蕴。“第二个

① 《习近平在中共中央政治局第十三次集体学习时强调 把培育和弘扬社会主义核心价值观 作为凝魂聚气强基固本的基础工程》，《人民日报》2014年2月26日。

② 习近平：《高举中国特色社会主义伟大旗帜 为全面建设社会主义现代化国家而团结奋斗——在中国共产党第二十次全国代表大会上的报告》，人民出版社2022年版，第18页。

结合”开辟了更加广阔的创新空间，推动我们将更加强大鲜活的思想文化源动力充分作用于新时代中国道路、理论和制度的创新发展。更为可贵的是，“第二个结合”标志着又一次的思想解放，拓宽了我们看待马克思主义、中华文化和文明历史的角度与视野，为持续的求索创新提供了广阔的思想文化空间。“第二个结合”巩固了文化主体性，强调了中华优秀传统文化是中华民族现代文明和中国式现代化文化形态的源头，极大地坚定了我们的历史自信、文化自信，从而为中华文明屹立于世界文明之林、中华民族屹立于世界民族之林提供了强大动力。在新的历史起点上，提出并贯彻“第二个结合”是历史必然、时代使然，只有将马克思主义基本原理同中华优秀传统文化相结合，二者互融共生、协同发展，中国特色社会主义才能不断获取新的胜利，中华文明的现代形态和中国式现代化的文化形态的建设方向才能愈加坚定明晰，文化强国建设才能创造更大的辉煌。

（二）把握好“第二个结合”的政党作为

历史和实践不断证明，“两个结合”尤其是“第二个结合”发展得越好，理论创新的源泉就越是涌流，理论创新的能量就越是强大。中国共产党是理论创新的主体，持续推进实践基础上的理论创新，中国共产党首先要把握好历史主动，勇担时代重任，深刻领悟“第二个结合”与马克思主义中国化时代化的内在联系，做到坚守人民至上理念、秉持独立自主原则、树立守正创新意识、弘扬立己达人精神、保持奋发有为姿态，从而在推动“第二个结合”过程中大有作为。人民至上是根本的原则取向，独立自主是内生的气质风骨，守正创新是清正的理论风格，立己达人是广阔的胸襟格局，奋发有为是昂扬的斗志写照。这几点构成了一个相融相生、高度统一的有机整体。把握运用好这些原则方法，中国共产党就能更加深入贴切地领悟“第二个结合”的理论意涵、思想主干和实践价值，对科学真理和现实实践的认识就会更加到位，对推动马克思主义中国化时代化的理论贡献就会更加突出，领导推进“第二个结合”也就更具有理论底气和实践动力。

1.坚守人民至上理念

历史是由人民创造的，人民群众是世界历史的主体。群众观点和群众路线是党在领导革命、建设、改革的过程中不断传承赓续的光荣传统和克敌制胜的关键法宝，愈来愈焕发出历久弥新的光彩。推进“第二个结合”要坚守人民至上理念，“结合”的前提是彼此契合，马克思主义所强调的人民性和中华优秀传统文化蕴含的民本思想具有高度的契合性。我们在推进“第二个结合”过程中要尊重人民群众主体地位和首创精神，运用群众路线和群众观点的工作方法，顺应历史进程中的人民意愿和时代大潮，坚守中国共产党为中国人民谋幸福、为中华民族谋复兴的初心使命，秉持中国共产党鲜明的人民立场和人民情怀。

2.秉持独立自主原则

坚持独立自主是中国共产党人在革命实践中淬炼出的精神气节和宝贵品格，是立党立国、兴党兴国的重要理念原则和强大精神力量。独立自主来源于中华民族五千多年的灿烂文明史，根植于中国共产党一百多年的奋发斗争史，贯穿改革开放四十多年的蓬勃发展史。新时代新征程，我们要毫不动摇坚持道路自信、理论自信、制度自信、文化自信，坚持独立自主，坚持自信自立自强，把中国发展进步的命运牢牢掌握在自己手中，强化原则定力，把握历史主动，坚定不移通过“第二个结合”努力建设中华民族现代文明以及中国式现代化的文化形态。

3.树立守正创新意识

要坚守根源本质之正，开创实践征途之新。坚持守正创新是辩证唯物主义关于辩证否定观和对立统一规律世界观与方法论的本质要求和价值旨归，生动彰显出习近平新时代中国特色社会主义思想牢固的理论根基、务实的理论品格和强大的理论力量。我们要一以贯之坚决维护马克思主义的指导地位，坚定不移走中国特色社会主义发展道路，坚持不懈将马克思主义基本原理同中华优秀传统文化相结合，回溯历史，立足当下，展望未来，在实践中树立并强化守正创新意识，造就马克思主义和中华优秀传统文化有机统一的新的文化生命体，不断开辟马克思主义中国化时代化新境界。

4.弘扬立己达人精神

立己达人精神是马克思主义人类观、文明观的时代表达，彰显了中国共产党为中国人民谋幸福、为中华民族谋复兴的责任担当，为人类谋进步的历史自觉，为世界谋大同的博大情怀。我们要弘扬立己达人精神，坚持胸怀天下，以推动人类发展进步为价值标尺，以构建和谐美丽世界为角度视野，把握人类文明发展大势和世界历史进程规律，积极构建人类命运共同体和人类文明新形态，发挥中国式现代化文化形态的典范作用和世界影响，为努力解决全人类面临的共同问题、推动人类文明现代化进程贡献中国文化智慧，注入中国文化动力。

5.保持奋发有为姿态

顺应历史要求，把握人民之需，回应时代之问，中国共产党人始终以奋发有为的昂扬姿态维护国家和人民利益、推动建设和谐美丽世界，这体现了中国共产党人强烈的责任担当、巨大的斗争勇气和真切的务实态度。在新征程的伟大实践中保持奋发有为姿态，要求我们必须从实际出发，坚持推进“第二个结合”，以不畏困难的英勇魄力、脚踏实地的坦诚品质和雷厉风行的实干作风，运用新理念新思路新办法发现问题、解决问题，让马克思主义和中华优秀传统文化的伟大结合在时代大潮中奋勇前行。

（三）坚持在“第二个结合”中继续推进马克思主义中国化时代化

文化是一个民族、一个国家最为深厚持久的力量，文化软实力是衡量一个国家是否真正强大的重要标准，在国际博弈中越发显示出其深远影响和珍贵价值。中华优秀传统文化源远流长、博大精深，与我们立党立国的指导思想——马克思主义在内涵精神、价值观念等方面具有高度契合性，二者具备结合共生、共同发展的前提和基础。马克思主义不是一成不变的教条，不断推进马克思主义中国化时代化是中国共产党重要的理论使命和思想旨归。而将中华优秀传统文化和马克思主义基本原理相结合，以中华优秀传统文化的思想魅力和价值塑造补充完善、丰富浸润马克思主义，使其在思维方式、精神气质上与中华民族更加贴合，夯实其群众基础、增强其辐射能力，是中国共产党人在中国特色社会主义新时代应当践行的重要使命。只有做到“第二个结合”，在理论和实践中坚持和发展马克思主义，用马克思主义之“矢”去射中国之“的”，才能不断让马克思主义拓展出新的时代内涵，具备强劲的精神动力，使之展现出更加鲜明的中国特色、中国风格、中国气派，让中国化的马克思主义顺应时代潮流、引领世界风尚。

文化一直以“无形胜有形”的姿态深深根植于社会的各个方面，先进文化作为思想演化沉淀的结晶，更是以“润物细无声”的方式生动影响着人类与社会。中国在五千多年的文明演进中，逐渐形成了统一的多民族国家，并且拥有着规模巨大的人口，同时孕育出了高度统一的思想文化和精神品格，在人口体量如此之大的国家实现文化的融合与统一，放眼世界历史，都是独一无二的；绵延五千多年的中华文明一脉相承、从未中断，在历史长河中演化出了特色鲜明、博大精深的文化观念和文明系统，这在世界历史上也是绝无仅有的。

文化之“化”、以文化人，体现出文化以多种形式影响并作用于人们的认知思维和实践活动，生动地彰显出文化与人紧密独特的内在联系，强调了文化对人的塑造、滋养、教化和引领功能。民心所向即是根本，民众拥戴向往的大众文化必然引起人们的心理认同和情感共鸣。我们要坚持不懈推动中华优秀传统文化创造性转化、创新性发展，加强对中华优秀传统文化宝贵资源的挖掘和运用，提炼并呈现出中华优秀传统文化独特的气质和风格，彰显中华优秀传统文化的思想意蕴、时代价值和世界意义，为传承发展中华优秀传统文化、坚定文化自信提供源头动力和强大保障。新时代新征程，以习近平同志为主要代表的中国共产党人坚持把古为今用和革故鼎新有机统一起来，把马克思主义基本原理同中华优秀传统文化有机结合起来，时刻注重为传统文化注入时代活力，从而不断让马克思主义科学真理呈现出鲜明的中国特色、显现出巨大的社会价值、体现出鲜活的生命张力，不断夯实马克思主义中国化时代化的历史基础、实践基础和群众基础，让马克思主义在广袤的中华大地上持续开花结果。

二、深刻把握中华文明发展规律

万事万物皆有规律可循，尊重规律、适应规律、掌握规律是马克思主义科学的方法论原则。理论来源于实践，强音回响于时代。要充分认识“第二个结合”所回应和提出的时代要求，首先就要深刻把握中华文明的发展规律，洞察中华优秀传统文化所具有的鲜明特质。习近平总书记在文化传承发展座谈会上强调，“第二个结合”是党“对中华文明发展规律的深刻把握”[①]。我们要从整体上系统把握中华文明的五大突出特性，洞察中华文明发展规律的集中表现和本质属性，推动中华优秀传统文化创造性转化、创新性发展，将对中华文明发展规律的认识成果运用到广袤的社会实践中去，达到认识和实践的辩证统一，进而以“第二个结合”为激活中华文明赋能增效，升华中华文明发展规律的理论意义和现实价值，在全面认知、深刻理解的基础上加强对中华文明发展规律的掌握运用，为“第二个结合”奠定认识论基础，培育理论性涵养，开拓实践新空间。新时代产生新要求，新征程肩负新使命，深刻把握中华文明发展规律，不仅是传承和弘扬中华优秀传统文化的必要前提，在更广阔的意义上，是做好“第二个结合”，以结合伟力推动建设中华民族现代文明、中华文明现代形态的时代呼唤。

---

① 《习近平在文化传承发展座谈会上强调 担负起新的文化使命 努力建设中华民族现代文明》，《人民日报》2023年6月3日。

（一）整体把握中华文明的突出特性

中华文明在五千多年的发展过程中积淀形成的许多鲜明特征和突出特性是中华文明发展规律的重要表现形式。习近平总书记在文化传承发展座谈会上强调，“中华优秀传统文化有很多重要元素，共同塑造出中华文明的突出特性”[①]。习近平总书记指出，中华文明具有突出的连续性、突出的创新性、突出的统一性、突出的包容性、突出的和平性[②]，这一重要阐释清晰地指明了中华文明有别于其他文明的独特属性，科学地揭示了中华文明深厚的历史底蕴，生动地概括了中华文明不断繁荣发展的内在原因。深刻理解、整体把握中华文明所具有的突出特性，准确认识中华文明发展规律和突出特性的辩证统一关系，是我们把握中华文明发展规律的本质要求和必要前提。

1. 中华文明具有突出的连续性

中华文明是世界上唯一没有中断、延续至今的文明，具有突出的连续性。中华民族是世界上古老而伟大的民族，中华文化源远流长，中华文明博大精深。中华民族具有百万年的人类史、一万年的文化史、五千多年的文明史。历经五千多年自强不息的蓬勃发展，中华民族所创造的灿烂的中华文明，在相当长的时间都处于世界文明发展的领先地位，以自身强大的科技和生产能力、开放包容的文化胸怀引领着人类文明的进步，是世界文

① 《习近平在文化传承发展座谈会上强调 担负起新的文化使命 努力建设中华民族现代文明》，《人民日报》2023年6月3日。

② 参见《习近平在文化传承发展座谈会上强调 担负起新的文化使命 努力建设中华民族现代文明》，《人民日报》2023年6月3日。

明史上一颗璀璨的明珠。在漫长的人类文明发展史中，许多原生或次生文明由于种种原因，都已经中断甚至湮灭在历史长河中，唯有中华文明不曾中断、一脉相传、绵延至今，并且以其古老传统和创新现代的融合形象傲然伫立在世界东方，向世界展示出古老厚重和开放包容的文明风格。中华文明突出的连续性，从根本上决定了中华民族必然要且一定能走好自己的路。

2. 中华文明具有突出的创新性

中华文明在传承发展中不断创新，积淀着中华民族最为深沉的价值追求和精神底蕴，具有突出的创新性。与时俱进、革故鼎新是贯穿中华文明发展进程的永恒气质。中华文明突出的创新性，根植于中华优秀传统文化所蕴含的变通思想、革新思维、创造意识及积极进取、勇于改革的精神品格。历史长河滚滚向前，中华民族于生生不息中产生了如孔子、老子等伟大的思想巨人，创造出诸多影响人类文明进程的科技创新成果和具有广泛世界影响的杰出文艺作品，为世界奉献了深邃的思想源流、精奇的科学和文艺成果、极富创造性的制度设计，极大地推动了世界文明的进步；塑造出了守正而不守旧、尊古又不复古的革新思维和不惧挑战、勇于变革的进取精神。中国的农业经验、天文历法、文学哲理、民本思想等在世界上影响深远，为人类文明永续发展注入了强大动力。历史和事实不断证明，中国人民和中华民族富有伟大的创新精神，中华文明具有显著的与时俱进特质。

3. 中华文明具有突出的统一性

中华文明在漫长的演进发展史中，逐步生发出深入人心的“大一统”观念，即强调国家统一、追求民族团结、促进文化交融，因而具有突出的统一性。我国是团结统一的多民族国家，统一性是中华文明和中华民族的核心观念、至上信念，天下为公、民为邦本的大同思想，其最后的价值旨归和历史导向是国家的大一统。在悠久的中华文明史中，爱国明责、团结一致的中国人民从始至终同舟共济、齐心协力、携手同行，开创了强大统一的多民族国家，培育了各民族互融共生、多元一体的和谐民族关系，共同创造了伟大辉煌的中华历史和璀璨夺目的中华文化。虽然中华文明在曲折的发展历程中不断经历着“分裂”和“统一”的交替变换，但国家的“统一”始终是历史主线、时代主流。中华文明具有悠久的历史，其统一时间之长、范围之广、跨度之大闻名于世界。中国五千多年的文明史就是一部各民族融合共生成一体多元的中华民族的历史，就是各民族协同开辟、发展、壮大伟大统一祖国的历史。这种历史基因和客观特性从根源上决定了中华大地上各个民族在诸多方面的交流交融，决定了中国人民面对危难时团结一心、同仇敌忾的风骨，“决定了国土不可分、国家不可乱、民族不可散、文明不可断的共同信念，决定了国家统一永远是中国核心利益的核心，决定了一个坚强统一的国家是各族人民的命运所系”①。

4. 中华文明具有突出的包容性

中华文明博采众长、海纳百川、博大精深，具有突出的包容性。从地理文化视角来看，中华文明形成于一个相对完整且独特的地理单元，雄踞亚欧大陆东端，边界山海环绕，具有相当的独立性，但这并不代表着中华文明具有自我封闭的排他性，拒绝同其他优秀文化的交流和同其他先进文

① 《习近平在文化传承发展座谈会上强调 担负起新的文化使命 努力建设中华民族现代文明》，《人民日报》2023年6月3日。

明的沟通。纵观上下五千多年发展史，中华文明始终不渝以海纳百川、包容四海的广阔胸怀和宽宏气度，坚持不懈地取长补短、择优而从，去粗取精、去伪存真。共建“一带一路”、人类命运共同体理念正是源于中华文化“天下大同”的观念，并致力于推动不同国家、不同民族、不同文明之间的交流沟通、互鉴合作。中华文明自古以来就以宽广包容和积极开放著称于世，并且在漫长的历史发展过程中通过同其他优秀文明的沟通互鉴持续激发出强大的生命力和崭新的创造力。突出的包容性，从根源上决定了中华民族积极开展对外交流、主动寻求文明交流互鉴的导向，决定了中华文明的丰富多彩，塑造了中华文明对世界各种文明兼收并蓄的开放胸襟。

5. 中华文明具有突出的和平性

中华文明自古以来就将“以和邦国”“和而不同”的原则奉为圭臬，具有突出的和平性。中华文明是具有悠久历史传统的古老文明，中华民族孕育了博大精深的中华文化、开辟了辉煌璀璨的中华文明，历史上的中国曾经是世界上最强大的国家之一，但从未有过侵略殖民其他国家的经历。谋求和谐、向往和平是中华民族的精神追求，是中国人民的思维基因。“以和为贵”“化干戈为玉帛”“国泰民安”等思想千古相传，至今仍是中华儿女重要的文化信仰。这也是中国共产党能够在新时代提出“一带一路”倡议、“人类命运共同体”“文明交流互鉴”“全人类共同价值”等一系列理念和举措的文化根基。历史和现实不断证明，中华文明具有突出的和平性，决定了中国始终是世界和平的建设者、全球发展的贡献者、国际秩序的维护者，决定了中国一直致力于推动文明间的交流互鉴，反对文化霸权主义，决定了中国不会将自身的意识形态和政治制度强加于人，决定了中国抵制对抗、倡导合作，决不搞“党同伐异”的小圈子。

整体把握中华文明的突出特性要坚持系统观念。系统观念是辩证唯物主义中关于普遍联系、辩证统一原理的世界观与方法论的集中表现，是经过实践检验的马克思主义科学真理，是我们应当在理论中发展、在实践中应用的科学的方法论原则。我们要深刻领悟系统观念的理论意蕴和实践意义，善于把握部分和整体、主要矛盾和次要矛盾、微观与宏观、抽象与具体、短期与长期等多个范畴的辩证统一关系，以高屋建瓴的谋划意识和犀利长远的战略眼光系统规划、科学布局、全面推进、整体发展，系统把握中华文明的五大突出特性，以“第二个结合”擘画中华文明现代形态的宏伟蓝图。

（二）推动中华优秀传统文化创造性转化、创新性发展

中华优秀传统文化是中华文明历经兴衰变迁凝结而成的文化精华，是中华民族的根脉，是我们在国际形势风云激荡中立于不败之地的根基。中华优秀传统文化蕴含着对回应时代之问的正确启示，是人们认识和改造世界的重要理论来源，是新时代治国理政的文化智库，是推动社会道德建设的原生动力。我们必须要在新的时代条件下乘势而为，让中华文化彰显出时代风华和恒久魅力。推动中华优秀传统文化创造性转化、创新性发展是将文化的内在力量转化为促进文化繁荣、建设文化强国动力的实践路径。

传承和弘扬中华优秀传统文化，赓续民族文化血脉和民族精神，为马克思主义基本原理同中华优秀传统文化的结合提供文化空间、培育土壤和动力支撑，就要不遗余力坚持做好中华优秀传统文化的创造性转化、创新性发展。创造性转化，就是要以时代需求为导向，对至今仍有借鉴价值的内涵和陈旧的表达方式进行更新改造，赋予其崭新的内涵、风格和呈现形

式，为其注入鲜活的源泉动力，从而让其在现代社会焕发新的光彩。创新性发展，就是要以时代进步方向为遵循，对中华优秀传统文化的内涵进行合理的补充和拓展，强化其辐射力和号召力。我们要通过持续的创造性转化和创新性发展，使中华优秀传统文化同现代社会相适应、同当代中国相协调、同现实文化相融通、同中华文明相共进，把跨越时空国界、具有永恒价值的文化精神传播弘扬出去，让中华大地上的文化遗产、经典古籍中的古老文字、博物馆里的精美文物都焕发出新的生命力，让历久弥新的中华文明同丰富灿烂的世界文明一道，为全人类提供强大的文化滋养和精神动力，源源不断地为“第二个结合”提供优秀文化资源。

牢记本源才能创造未来，善于传承才能更好创新。新时代做好“第二个结合”，其重要途径和实现方式就是系统整体、平衡协调地推动中华优秀传统文化的创造性转化、创新性发展，而做好这项工作的基本前提就是要辩证看待、准确把握中华优秀传统文化及其与现代文明社会之间的关系。要坚持马克思主义的基本方法和理论原则，坚持与时俱进、革故鼎新，以充分的甄别和科学的扬弃对待传统文化。既不能厚古薄今，也不能厚今薄古，而是要以实事求是的态度和辩证批判的作风，传承发展中华优秀传统文化，运用中华民族宝贵的思想文化财富来孕育和滋养现代文明。

推动中华优秀传统文化创造性转化、创新性发展，核心在于使其满足现代社会发展的需求。我们要坚持将传承中华优秀传统文化和建设现代文化有机结合起来，做到继承和发展彼此互动、相融相生。中华优秀传统文化作为一个具有完整、独立发展史的庞大文化思想体系，在数千年的风云变幻中已经形成了自身的本质属性、精神品格和逻辑特征。如果这些基本的性质和特征不能适应飞速发展的现代社会，无法创造正面的社会价值，那么中华优秀传统文化就很难实现高质量的创造性转化、创新性发展，在当今时代也就不可能焕发出顽强的生命力和旺盛的创造力。这要求我们必须有针对性地审视中华优秀传统文化的发展方向，把握其发展规律，真真切切下一番创新的功夫，不能囿于传统，定要有所开辟。要让中华优秀传统文化呈现新风貌、焕发新光彩，还要以包容开放的胸怀吸纳外来文化中的有益之处。但需强调的是，对待外来文化必须以辩证的态度作出符合自身实际的文化选择，绝不能犯盲目的“拿来主义”错误。

当前，我们要站在世界文化发展的高度加深对中华优秀传统文化的认知，有力把握“两个大局”下的世界发展大势，心系全人类前途命运，以更加宽广包容的视角审视中华优秀传统文化的发展现状和进步方向，推动中华优秀传统文化创造性转化、创新性发展，积极为世界文化发展作出贡献。要以守正创新的原则和理念，推动中华文化现代化发展，彰显中国人民的精神风貌，推动构筑中国精神、中国价值、中国力量。

（三）以“第二个结合”为激活中华文明赋能

“激活中华文明”是习近平总书记自党的十八大以来，立足“两个大局”，以大历史观深刻洞察中华文明发展规律，审视中华优秀传统文化传承发展现实提出的重要的全新理论命题，为中华民族伟大复兴提供了崭新视角，深化了对中国共产党领导社会主义文化建设历程的认识，具有深邃的理论和现实意义。把握好“第二个结合”和激活中华文明之间的辩证关系、厘清二者之间的互动逻辑是当代中国共产党人需要不断思考、勇于实践的时代课题。“第二个结合”是激活中华文明的有效方法和可行途径，其理论和实践的创新成果为激活中华文明奠定基础、开辟方向、规划路径。激活中华文明是“第二个结合”的目的导向和价值旨归，我们进行“第二个结合”是为了不断推动马克思主义中国化时代化，但更是为了滋养、完善、激活属于中华民族的中华文明，建设中华文明的现代形态，这无疑是为“第二个结合”谋定了宏观目标和发展方向，从而使“第二个结合”的理论内涵不断深化，理论价值不断彰显。

激活中华文明的生命力，不是在中华文明原有的基础上进行简单的修补，仅使其恢复生机活力，而是通过创新创造，让中华文明焕发出新的生机，开辟中华文明新的发展前景。当我们以马克思主义大历史观的视野和格局来宏观把握中华文明的历史走向时，不难发现，中华民族近代以来所遭受的屈辱意味着中华文明在世界文明中的逐步落后，那么在中华民族可歌可泣的近代史上，也就必然出现众多仁人志士意图挽救中华文明于水火、激活中华文明生命力和生长力的不懈奋斗和抗争。但是，这些努力由于缺乏正确的理论指导，也就无法找到正确的道路，甚至在对待中华文明的立场上还一度出现复古主义、全盘西化的极端观点。在艰辛的探索中，中国共产党人以马克思主义的理论伟力激活中华文明成为历史和人民的必然选择，而做好这项事业的基础和前提就是将马克思主义基本原理同中华优秀传统文化相结合，以二者有机结合形成的理论动力、实践伟力、时代张力推动激活中华文明。在实践中，马克思主义不仅激活了中华文明的指导思想、实现方式，还以马克思主义的思想、观念、价值合理认知和对待中华文明，为中华文明注入新内涵、开辟新道路、提供新动力、创造发展新方向，这是激活中华文明的本质内涵，也是以“第二个结合”为激活中华文明赋能的本质表现和实践路径。

习近平总书记指出：“在近代中国最危急的时刻，中国共产党人找到了马克思列宁主义，并坚持把马克思列宁主义同中国实际相结合，用马克思主义真理的力量激活了中华民族历经几千年创造的伟大文明，使中华文明再次迸发出强大精神力量。”[①]习近平总书记的相关论述特别点明了“激活”的核心要义，丰富了马克思主义中国化的理论意蕴。“结合”是“激活”的首要前提。我们要深刻认识到，推进“第二个结合”系统工程，只有在实现马克思主义与中华优秀传统文化的有机结合、融通共生，进一步促进马克思主义中国化时代化大众化的基础上才能够行稳致远。中华优秀传统文化讲的“知行合一”与马克思主义实践论之间，中国古人“位卑未敢忘忧国”的报国情怀与马克思主义使命观、天下观之间，“有无相生”的中国辩证哲思与马克思主义唯物辩证法之间，“天下大同”的家国观念与社会主义共同理想、共产主义远大理想之间，都存在着高度契合性和联通性。中华优秀传统文化所蕴含的唯物主义和辩证思想，是马克思主义能够在中国为人们所选择和接受的文化根源，并且为马克思主义在中国的发展与应用奠定了坚实的思想根基。我们要持之以恒将发展马克思主义与传承中华优秀传统文化有机融通起来，坚持不懈以思想文化力量助推激活中华文明。中华优秀传统文化是马克思主义中国化的文化基因，为马克思主义注入了本土化、民族化的灵魂。与此同时，中国化的马克思主义也为中华优秀传统文化提供了鲜活生机，使其又具备了时代性、全球性元素。两者的有机结合，推动了中国化的马克思主义创新性发展，弘扬了中华优秀传统文化、乘势激活了中华文明，开辟了中国特色社会主义文化建设事业新境界。

---

① 《习近平著作选读》第二卷，人民出版社2023年版，第418页。

以“第二个结合”奋力推动激活中华文明的时代伟业，要清楚地认识到中国化的马克思主义与中华优秀传统文化是密不可分、有机结合的。贯穿中国共产党百余年奋斗史的一条永恒主线就是持续推进马克思主义中国化，我们要毫不动摇以马克思主义中国化时代化最新成果推动中国特色社会主义文化建设，使历经风雨的中华优秀传统文化在新时代迸发出新的时代伟力。以“第二个结合”为抓手，中国共产党用马克思主义激活了中华文明，同样也用中华文明赋能了马克思主义，使马克思主义获得了源源不断的更新动力，焕发出昂扬向上的勃勃生机，这是中华文明价值得到充分彰显的深刻体现。面向光辉未来，我们可以进一步展望，随着马克思主义中国化时代化的不断推进，中华优秀传统文化、中华文明、马克思主义以及中国共产党领导的中国特色社会主义事业必将在实践中获得更大的发展、取得更大的成就。

三、保持高度的历史自信、文化自信

“自信人生二百年，会当水击三千里”，深入理解、深刻把握党的百余年奋斗史、五千多年的中华文明史以及一万年的中华文化史，从中汲取精神养分、积淀气质品格，从而保持高度的历史自信，是筑牢“第二个结合”历史基础、拓展“第二个结合”时空纵深的时代责任。深刻认识、系统掌握马克思主义科学真理和中华优秀传统文化灵魂内涵，从中获取信仰力量、提升文化素养，从而保持高度的文化自信，是丰厚“第二个结合”理论意蕴、打开“第二个结合”发展空间的时代呼唤。我们必须坚定历史自信、文化自信，坚持推陈出新、革故鼎新，赋予马克思主义鲜明的中国特色，不断厚植马克思主义中国化时代化的存在基础，让马克思主义在中国大地持续开花结果。将马克思主义基本原理同中华优秀传统文化相结合这一伟大的时代命题，要求我们于民族历史转向世界历史的宏观格局中始终保持对中国共产党历史、中华民族发展史坚定的历史自信，积极发挥历史主动精神，以大历史观视野审视世界历史变迁，把握历史运动规律，为“第二个结合”积淀历史底蕴、强化历史动力，要求我们在世界文明激荡和多元文化碰撞中，在马克思主义指导下始终坚定对中华优秀传统文化高度的文化自信，在传承和弘扬中华优秀传统文化中加强文化创新自觉性、主动性，为中华优秀传统文化注入生生不息的创新活力和更新动力，以创新促传承、谋发展，为“第二个结合”提供文化滋养、开辟创新空间。

（一）在坚定自信中开拓大历史观视野

要坚持把马克思主义基本原理同中华优秀传统文化相结合，开拓出大历史观视野。这种结合意味着，新时代以习近平同志为主要代表的中国共产党人，自信于党的百余年奋斗史、五千多年的中华文明史、一万年的中华文化史，从而自觉从历史中吸纳经验、凝练智慧、创新理论，并充分把握世界历史发展大势和演进规律，更好地砥砺出创新的智慧、进取的勇气和包容的胸怀。“虽有智慧，不如乘势”，了解历史才能看得远，理解历史才能走得远。推动“第二个结合”要求我们时刻站在中华民族伟大复兴的战略高度，面向世界百年未有之大变局，牢固树立大历史观，从历史大势、时代轨迹、世界风云中厘清演化逻辑、把握发展规律，为推进“第二个结合”提出相应的战略举措，强化“第二个结合”系统工程的创新性、时代性、应用性。

奋力推进“第二个结合”的时代任务，要求我们必须对百余年党史、五千多年中华文明史和一万年中华文化史始终保持高度的历史自信，以中国共产党人独有的大历史观看待、审视、研判“第二个结合”的历史进程和发展课题，将“第二个结合”融入历史发展过程，提炼“第二个结合”的历史演化规律，提升“第二个结合”的历史地位和战略地位。要深入理解、时刻明确中国共产党艰苦卓绝、波澜壮阔的百余年奋斗历史，坚持把马克思主义基本原理同中华优秀传统文化相结合，以马克思主义基本原理分析把握历史大势，从而掌握历史主动，成功开辟以中国式现代化全面推进中华民族伟大复兴正确道路的历史。五千多年中华文明史和一万年中华文化史就是开拓中华文明乃至世界文明发展方向、积淀中华优秀传统文化，从而培育出伟大的中华民族和优秀的中华儿女的历史。我们必须将“第二个结合”牢牢建立在高度的历史自信基础上，为“第二个结合”丰厚历史底蕴、注入历史动力、增强历史支撑。

习近平总书记指出：“拥有马克思主义科学理论指导是我们党坚定信仰信念、把握历史主动的根本所在。”[①]这一重要论断点明了党坚持马克思主义指导与把握历史主动的密切关系。在新的赶考之路上，不断推进“第二个结合”，要求我们高屋建瓴，提升历史站位、洞悉时代发展，深刻把握中华民族伟大复兴的历史主动，以更加坚定的历史自信、更为强烈的历史自觉，在强国建设、民族复兴新征程上继续谱写绚丽华章。我们要在推进马克思主义基本原理同中华优秀传统文化相结合的过程中掌握历史主

① 习近平：《高举中国特色社会主义伟大旗帜　为全面建设社会主义现代化国家而团结奋斗——在中国共产党第二十次全国代表大会上的报告》，人民出版社2022年版，第16页。

动。中华优秀传统文化是党创新理论的根源。马克思主义能够在中华大地落地生根，成为指导中国共产党引领中国革命、建设、改革事业的理论和实践原则，与其同中华优秀传统文化之间存在内在融通性和高度契合性密不可分。在新时代的伟大征程上继续发扬马克思主义的理论品格和实践精神，必须大力塑造并运用好马克思主义与中华优秀传统文化相融相通的独特优势。例如，中华优秀传统文化强调“兼善天下”“利济苍生”“以和为贵”“与人为善”“己所不欲，勿施于人”“兼容并包”“亲仁善邻”“和而不同”等。这些价值观念和道德规范已经深深融入中国人民的生产生活，并且在千百年来的历史演进中化为推动中华民族自强不息、拼搏奋进的强大动力，同马克思主义天下观、道德观、社会观等具有内在融通性、高度契合性。挖掘中华优秀传统文化中的优秀因子有助于使马克思主义的中国化时代化建立在中国的历史基础和群众基础之上，让马克思主义在中华大地上持续开花结果。同时，要将马克思主义同中华优秀传统文化融通起来，同人民群众日用而不觉的思想理念联系起来，同中国人的生产生活方式以及逻辑思维方式结合起来；提炼并展示中华文明的精神标识和思想精髓，加快构建马克思主义中国化时代化的话语体系、传播体系和价值体系，不断深化中华优秀传统文化的创新创造，使注入中华优秀传统文化基因的马克思主义在当代中国、当代世界彰显出更加强大的理论和现实力量。

党要在新的赶考之路上继续坚定历史自信，赢得历史主动，创造新的历史辉煌，不断推进“第二个结合”，用马克思主义观察时代、把握时代、引领时代，用中华优秀传统文化滋养时代、塑造时代、革新时代，不断回答中国之问、世界之问、人民之问、时代之问。

（二）在马克思主义指导下不断坚定对中华优秀传统文化的文化自信

文化自信体现为特定主体对自身文化传统、意识形态价值等的积极秉持，特别是以自身文化面向世界、影响世界、改变世界的从容。中国共产党与中国人民的文化自信厚植于绵延数千载的中华文明底蕴之中，体现在近代以来风雨激荡的文化救国之中，根植于中国共产党领导的革命、建设和改革的文化创新之中。正是基于强大的文化自信，新时代的中国共产党人能够夯实精神根基，从而得以在各种思想文化相互激荡交融交锋日渐频仍的变局世界中发中国理论之先声。新时代新征程，我们必须坚持推动“第二个结合”，不断筑牢文化自信根基，高举发展中国特色社会主义文化大旗，齐心协力建设中国特色社会主义文化强国，为以中国式现代化全面推进中华民族伟大复兴提供精神动力和文化支撑。

“第二个结合”的本质其实是文化上的结合，马克思主义作为科学的思想理论体系，是人类文明的永恒真理、文化精华，中华优秀传统文化作为中华文明源远流长、博大精深的文化显现，是中华民族的文化血脉、文化结晶。科学把握、整体推进“第二个结合”系统工程，首先就要从体现文化本质、顺应文化规律的高度来认识“第二个结合”的理论意义。这同时要求我们以马克思主义为指导，从对中华优秀传统文化的坚定文化自信出发，进一步对革命文化、社会主义先进文化保持高度的文化自信、文化自觉。“第二个结合”具有深厚的理论渊源、文化底蕴和精神涵养，其根本就是在传承中华文明基础之上的高度的文化自信。

“第二个结合”要求我们不断坚定对中华优秀传统文化的高度文化自

信，中华优秀传统文化的滋养促使马克思主义在中国牢牢扎根，也为文化自信提供了源源不断的精神给养与灵魂力量。中华优秀传统文化蕴含着中华民族五千多年文明史所积淀的智慧，是中华民族的丰厚精神财富，是中国最深厚的文化软实力。它不只局限于一域一族，而是深植于中国人精神血脉，随着代际更迭，以文化基因的形式不断得以传承与发展；它不仅足以与西方文化分庭抗礼，而且在整个东方乃至世界都占有举足轻重的地位；它不只兴盛于一时一世，而是能够开放包容、兼收并蓄，与时俱进、历久弥新，从而使中国成为“古而又新”的国家。优秀传统文化之所以能够为文化自信提供不竭动力，根源还在于其深藏并作用于人的心灵深处，并且与人本身存在着客观严密的联系。中华优秀传统文化中“君子和而不同、小人同而不和”是中国人求同存异、和合共生的为人之道，“道法自然、天人合一”是中国人绵延数千年的传统生态伦理观，协和万邦、睦邻友好是中国人延续至今的处世观念。中华优秀传统文化赋予了中国人修身齐家治国平天下的无穷智慧，经受了历史实践的洗礼和检验，又不断融入人们新的生命体验，稳定有力地造就了中华民族的文化认同，极大地提升了民族凝聚力和自信心，为构建人类命运共同体提供了厚重的文化底蕴和坚实的历史文化基础。

“第二个结合”要求我们将坚持马克思主义的指导作为不断坚定对中华优秀传统文化的高度文化自信的前提。马克思主义的指导激活了中华优秀传统文化的时代生命力，也为文化自信提供了坚实支撑和强大底气。“第二个结合”有利于丰富发展马克思主义，推进马克思主义中国化时代化，并且为夯实文化自信根基提供了科学的方法论。马克思主义基本原理和中华优秀传统文化双向互动、双向赋能以及有机结合的演进过程激发了传统文化潜力、夯实了文化自信根基，更好地促进了马克思主义中国化时代化。“第二个结合”指导并促进了中华民族对传统文化的扬弃，激发中华优秀传统文化潜力，使其得到更好的传承光大。同时，中华优秀传统文化为马克思主义中国化时代化提供了丰厚的文化“土壤”，使其成长为“活”的马克思主义，在实践中得以不断发展和丰富。当前，我们面临的外部环境比历史上任何时期都要复杂，中华优秀传统文化中丰富的治国经验，诸如以民为本、天下为公等，对于推进国家治理体系和治理能力现代化、维护世界和平稳定、化解全球性问题等，仍然具有十分重要的现实引领意义。

（三）于传承中继续发扬文化创新自觉性

马克思主义和中华优秀传统文化的本质是人类文化发展演进的时代精华。要让马克思主义和中华优秀传统文化在新时代焕发出更加灿烂的理论光芒、迸发出更加强大的实践伟力，就要坚持不懈、一以贯之推动二者在理论意蕴、运用空间、表达方式上的积极创新，同时推动二者在有机结合的系统过程中的不断创新。习近平总书记在文化传承发展座谈会上指出，“第二个结合”表明党在传承中华优秀传统文化中推进文化创新的自觉性达到了新高度。文化创新作为中国共产党在治国理政中坚持创新理念、进行创新实践的生动体现，是在新时代大力推进“第二个结合”的核心要义、必要前提。马克思主义作为由外国传入中国的科学理论，在中国特色社会主义新时代，其内涵观念、外化表达等都具备相当的创新空间，我们要在推进“第二个结合”的过程中以文化理论创新继续推动马克思主义中国化时代化大众化，从而让马克思主义在中国持续地深入人心。中华优秀传统文化是中华民族五千多年文明史的文化结晶，是中华民族的文化根基，新时代我们要秉持高度的文化创新自觉性，继续大力推动中华优秀传统文化创造性转化、创新性发展，以文化创新为“第二个结合”注入鲜活生命力和强大创造力。

“第二个结合”是两种具有不同生成逻辑、理论渊源、实践环境和传播语境的文化的结合，这样的结合没有历史模板，没有理论公式，更没有实践参考，需要我们以敢为天下先的创新精神和创新意识，以马克思主义和中华优秀传统文化为基础蓝本，以守正创新为指导理念，以广阔的中国式现代化事业为实践空间，不断激活中华优秀传统文化的生命力和创造力，不断为强国建设、民族复兴提供文化动力。大力推动文化创新充分彰显了中华优秀传统文化的宝贵价值，是以“第二个结合”建设中国特色社会主义文化、提振中华文化影响力的新方案、新蓝图。新时代以来，中国共产党持续推进中华优秀传统文化创造性转化、创新性发展，传承和弘扬了一批批横越时空国别、极富价值魅力、体现时代需求的优秀文化和可贵精神，为我们推进中华民族伟大复兴提供了强大的动力支持。面向未来，我们要坚定文化自信、增强文化自觉、坚持守正创新，不断为“第二个结合”创新发展增添新色彩、注入新动能。

中华优秀传统文化源远流长、博大精深，表现在诸多思想领域中，是文化创新的基础，例如中华优秀传统文化中所讲求的“天地与我并生，而万物与我为一”的人与自然和谐共生观念、所追求的“仁、义、礼、智、信”的素质修养与道德价值、所树立的“天行健，君子以自强不息”的进取精神和“天下兴亡，匹夫有责”的责任意识。此外，中华优秀传统文化强调的“民惟邦本，本固邦宁”的民本思想以及“为政以德”“天下为公”的治国情怀、“亲仁善邻”的处理国与国关系的理念对于中国共产党治国理政也有着重要的借鉴意义。

以中华优秀传统文化的创新发展为抓手推动“第二个结合”的创新发展是一项具有系统性、科学性的伟大事业，需要制定实施蓝图、规划方式路径。中华优秀传统文化拥有深厚的历史底蕴和时代沉淀，但其并不故步自封，而是开放发展的，其内涵在时代潮流中更新丰富。中华优秀传统文化既能跟随社会发展变化的步伐与时俱进，又能通过文化交流互鉴吸收外来文化养分创新发展。当今，推动中华优秀传统文化以及“第二个结合”的创新发展，一个重要方法就是大力推动中华优秀传统文化与科学文化的相互促进和融合共生。传承科学文化，弘扬科学精神，提升全民族科学素养，为我们推动中华优秀传统文化创造性转化、创新性发展提供了更加新颖的角度和更加广阔的空间。中华优秀传统文化需要科学文化精华来为其创造性转化和创新性发展输血造血、注入强大动力；同时，科学文化也需要吸收中华优秀传统文化中的思想智慧，从而发挥更强大的社会功能。历史和现实都在告诉我们，坚定文化创新自觉性推动中华优秀传统文化创新发展，中华优秀传统文化必将彰显更加鲜活的生命力，“第二个结合”必将拥有更加牢固的文化根基，中国特色社会主义文化建设必将创造新的辉煌。

当代中国正经历着我国历史上最为广泛而深刻的社会变革，也正在进行着人类历史上最为宏大而独特的实践创新，我们要更好理解“第二个结合”的历史必然，脚踏中华大地、仰望历史星空，让中华优秀传统文化在马克思主义真理之光的照耀下迸发出新的强大生命力，沿着中华民族伟大复兴之路砥砺前行。新时代新征程，我们要牢牢站在传承发展中华优秀传统文化的历史基点上，顺应时代发展大势，学思践悟马克思主义思想精髓，把握中华优秀传统文化发展规律，持续推进“第二个结合”，要不断赓续民族传统、发扬文化精神，推动中华优秀传统文化创造性转化、创新性发展，以马克思主义真理力量激活中华文化的生命力和创造力，努力建设中华民族现代文明，这不仅是传承和弘扬中华优秀传统文化这一历史使命的需要，更是推动马克思主义中国化时代化大众化这一时代重任的要求。

第九章

守正创新论

守正创新蕴含着批判性思维和革命性价值旨归，彰显着马克思主义辩证思维的哲学旨趣，内蕴着新旧事物发展嬗递的一般规律，它不仅贯穿中国共产党的百余年奋斗征程，也是我们取得成功并不断取得新的成功的重要法宝。奋进新征程，在新的历史起点上以习近平文化思想为指引，继续推动文化繁荣、建设文化强国、建设中华民族现代文明，是中国共产党人要肩负起的文化使命，也是新时代文化建设的题中应有之义。守正是根基，创新是引擎，二者是遐迩一体的。守正是创新之本，唯有以守正夯实创新之根基，才能不迷失方向、不犯颠覆性错误，唯有创新才能把握时代、引领时代。二者体现了“变”与“不变”、继承与发展的辩证统一，是推动“第二个结合”由理论到实践、由实践到理论的密钥。守正创新昭示了“第二个结合”生成与发展的逻辑进路，彰显了马克思主义的本质特征，也是中国共产党人研究和解决时代课题的根本方法和把握现实世界的基本方式。“第二个结合”在准确把握当今国际国内大势的基础上，顺应中华民族伟大复兴的历史进程，彰显了中国共产党人带领中国人民朝着中华民族伟大复兴和人类命运共同体建构的光明前景不断迈进，在守正创新中重释文明、重构认同、重塑精神，合理阐释今日中国之治。在守正创新视野中探究“两个结合”以及二者之间的相互支撑，对于建设中华民族现代文明，实现中华民族伟大复兴具有重要的理论价值和方法论意义。

一、“第二个结合”的守正内涵

守正创新是一个合成词，由守正和创新组成。在这里，“守”是遵守、信奉、奉行之意，“正”是指事物的本质和发展的客观规律。“守正”即坚守正道，是对自然、人类社会、思维发展规律的遵守与奉行。纵观历史长河奔涌，横看人类文明演进。守正创新是具有悠久历史且具有中国特色的传统话语，蕴含着深刻的哲理和丰富的内容，也是中华民族长期发展中秉承的思想观点和思想方法。《史记》有云：“循法守正者见侮于世，奢溢僭差者谓之显荣。”中国人民自古以来就有遵循准则、奉行正道的价值追求和优良传统。“创新”最早见于南北朝时期的《魏书》，书中记载“革弊创新者，先皇之志也”，体现了古人朴素的变通、革新思想。中华民族文明史就是一部中华儿女守正创新史，可以说守正创新贯穿中华民族历史发展全过程。

从哲学层面的认识论意义看，守正创新汲取中华优秀传统文化智慧，内蕴着因势而变、因时而新的理论品质，体现了马克思主义认识论的内在要求。守正创新是党的思想路线的重要内涵，它不仅承袭于解放思想、实事求是，而且实现了对二者的逻辑综合，以及对与时俱进、求真务实的深化扩展，是马克思主义基本原理同中国实际和时代特征相结合的产物。可以说，守正创新是实事求是、解放思想在中国特色社会主义新时代的表现形式、创新发展，是我们把握现实世界的基本逻辑和实践方式。守正创新内蕴着鲜明的认识论与方法论，“守正”就是“守实”和“求是”，守的是现实存在与客观规律，“创新”就是解放思想、与时俱进，“守正”是前提基础，“创新”是动力源泉，守正创新既是对实事求是、解放思想、与时俱进与求真务实的思想继承与逻辑综合，也是对其的现实超越。概而言之，“第二个结合”内蕴着守正的基本意涵。“守正”就是坚守正道、追求真理，就是要坚持实事求是，坚持真理性认识，坚持正确政治方向。即坚持以马克思主义为指导，守马克思主义基本原理之正；坚持党的全面领导，守社会主义领导核心之正；坚持社会主义道路，守中国特色社会主义之正；传承中华优秀传统文化，守民族文化根基之正。要以科学的态度和追求真理的精神，始终站在历史正确的一边，确保党和国家的事业始终沿着正确的方向前进。

（一）守马克思主义基本原理之正

“守正”就是要坚持以马克思主义为指导，守马克思主义基本原理之正，就是要坚持以马克思主义为理论指导，紧紧抓住马克思主义一以贯之的精髓要义，用马克思主义活的灵魂解决新的问题。

马克思主义基本原理是科学的世界观与方法论，是我们解决现实问题的有力思想武器。“中国共产党为什么能，中国特色社会主义为什么好，归根到底是因为马克思主义行！”[①]马克思主义基本原理是马克思主义立场、观点和方法的集中表达，是关于自然、社会和思维发展客观规律，以及人类社会由低级向高级发展客观规律的理论学说。马克思主义以无产阶级和人类的解放为主题，致力于实现人的彻底解放和自由全面发展，具有

① 《习近平谈治国理政》第四卷，外文出版社2022年版，第10页。

赤诚的人民情怀与崇高的理想信念。马克思主义始终站在人类追求真理和道德的制高点上，拓展我们为人类求解放、为世界谋大同的世界眼光。马克思主义以辩证唯物主义和历史唯物主义作为基本内容，揭示了人类社会发展客观规律，是对客观世界发展、人的发展、人类社会的发展以及三者之间内在逻辑联系的科学阐释，是我们把握世界发展大势、解决现实难题的有效思想武器。尽管“时代在变化，社会在发展，但马克思主义基本原理依然是科学真理”[①]。马克思主义可以让我们站在科学和时代的制高点上把握当今世界整体上的真实，在处理好中国现实问题的基础上有效应对世界难题。

1. 坚持马克思主义指导地位

历史和实践充分证明，马克思主义作为指导思想是党和国家事业兴旺发达的动力源泉，为中国式现代化指明了前进方向。守马克思主义原理之正，就是要坚持马克思主义的立场、观点和方法，首要就是坚持马克思主义在意识形态领域的指导地位。“马克思主义就是我们党和人民事业不断发展的参天大树之根本，就是我们党和人民不断奋进的万里长河之泉源。背离或放弃马克思主义，我们党就会失去灵魂、迷失方向。”[②]马克思主义作为人类迄今为止最先进的思想理论体系，是我们立党立国的根本指导思想，是党的灵魂和旗帜，也是党坚定信念、把握历史主动的根本所在，在任何时候其指导地位都不能有丝毫动摇。所以，在世界百年未有之大变局中，我们在面对新事物、新挑战、新机遇时，要始终坚持马克思主义的

① 习近平：《论党的宣传思想工作》，中央文献出版社2020年版，第286页。

② 《习近平谈治国理政》第二卷，外文出版社2017年版，第66页。

指导地位，永不偏航、永不叛道。

2. 坚持马克思主义基本原理

马克思主义基本原理以辩证唯物主义和历史唯物主义为基础，立足解放全人类的思想路线，科学划分社会形态、分析事物演变机理、科学把握事物发展规律，是逻辑严密和结构合理的科学理论，也是我们立足时代把握事物发展规律的科学认识工具。习近平总书记指出："马克思主义尽管诞生在一个半多世纪之前，但历史和现实都证明它是科学的理论，迄今依然有着强大生命力。"①一百多年来，尽管人类社会发生了翻天覆地的变化，但从世界社会主义的宏阔视野来看，马克思主义所指明的历史时代、所阐述的一般原理仍是科学真理，占据着人类思想真理与道义的制高点。马克思主义是我们认识世界与改造客观世界的有力思想武器。实现中华民族伟大复兴，实现人民幸福，中华儿女必须勠力同心、同向发力，用马克思主义的立场观点方法去洞察时代发展大势、把握历史主动，坚持和运用辩证唯物主义和历史唯物主义的世界观和方法论，深刻把握世界物质性及其发展规律、人类社会发展规律、人的解放和自由全面发展规律，领会与运用好马克思主义的实践观、发展观、矛盾观，在知与行的深度融合中实现对马克思主义基本原理的"学精"与"悟透"。

（二）守社会主义领导核心之正

"守正"就是要坚持党的全面领导，守社会主义领导核心之正。这既

---

① 习近平：《在哲学社会科学工作座谈会上的讲话》，人民出版社2016年版，第8页。

是我们过去取得一切伟大成就的成功密钥，也是全面推进中国式现代化、实现中华民族伟大复兴的政治保障。

1. 中国共产党的领导是中华民族和中国人民的命运所系，是坚持马克思主义指导地位的必然要求

一百多年来，中国共产党作为中国工人阶级、中国人民和中华民族的先锋队，不断团结带领全国人民顽强拼搏，取得了革命、建设和改革的伟大成就。可以说，中国人民和中华民族之所以能够扭转近代以来的历史命运、取得伟大成就，最根本原因是中国共产党的坚强领导。中国共产党是马克思主义理论武装的政党，是中国特色社会主义的开创者和领导者，也是中国特色社会主义事业不断取得新成就的坚强领导核心与政治领导力量。只有在中国共产党的领导下，才能不断深化对“三大规律”的认识，才能实现党和国家事业的稳步发展。

2. 中国共产党的领导是确保中国式现代化始终沿着社会主义方向前进，实现从“站起来”“富起来”到“强起来”阶段跨越的重要保障

习近平总书记指出，“中国特色社会主义最本质的特征是中国共产党领导，中国特色社会主义制度的最大优势是中国共产党领导，党是最高政治领导力量”[①]。在中国共产党的领导下，我们成功开辟了中国特色社会主义道路，形成了中国特色社会主义理论体系，建构和完善了中国特色社

① 习近平：《决胜全面建成小康社会 夺取新时代中国特色社会主义伟大胜利——在中国共产党第十九次全国代表大会上的报告》，人民出版社2017年版，第20页。

会主义制度，丰富和发展了中国特色社会主义文化。在中国特色社会主义制度的大厦之中，党的领导是横贯其中的大梁，支撑起党和国家各项事业，并对其起着统摄与引领的作用。新时代，中国共产党的领导是实现中华民族伟大复兴须臾不可动摇的最本质原则和最大政治优势。

3.坚持和加强党的全面领导不动摇，守社会主义领导核心之正

马克思指出："一个单独的提琴手是自己指挥自己，一个乐队就需要一个乐队指挥。"[①]在纷繁复杂的世情、国情、党情中推进国家现代化建设，坚持党的全面领导至关重要。"党的领导直接关系中国式现代化的根本方向、前途命运、最终成败。"[②]中国共产党是团结带领全国各族人民实现中华民族伟大复兴的总指挥。无论是取得新民主主义革命的胜利，还是在社会主义革命和建设时期组织动员各种力量建设新中国，为推进国家现代化建设奠定物质基础，还是在改革开放和社会主义现代化建设新时期调动更广泛的力量解放和发展生产力，抑或是在中国特色社会主义新时代，党和国家事业取得历史性成就、发生历史性变革，党的领导在其中起到了至关重要的组织和整合作用。在中国特色社会主义事业发展全局中，党的领导地位是根本性的、决定性的。坚持中国共产党领导是中国百余年奋斗历程的基本经验，也是建设社会主义现代化国家的必然要求。作为世界上最大的马克思主义执政党，中国共产党以其高尚境界、超凡意志和博大胸怀，前行于时代之中，在面对各种风险考验中一以贯之地推进党和国家各项事业发展，在坚持"两个结合"中不断推进实践基础上的理论创新。

---

① 《马克思恩格斯文集》第五卷，人民出版社2009年版，第384页。

② 《习近平在学习贯彻党的二十大精神研讨班开班式上发表重要讲话强调正确理解和大力推进中国式现代化》，《人民日报》2023年2月8日。

（三）守中国特色社会主义之正

“守正”就是必须坚持社会主义道路，守中国特色社会主义之正，也就是守中国特色社会主义道路、中国特色社会主义理论体系、中国特色社会主义制度、中国特色社会主义文化之正，不断推进党和国家事业迈向新阶段。

1.坚持中国特色社会主义道路

中国特色社会主义道路是中国共产党在马克思主义指引下，推进马克思主义中国化时代化的成功实践，是党和人民历经长期艰辛探索开创的符合我国国情的、反映人民意愿的、适应时代发展进步要求的正确道路。这条道路具有深厚的历史渊源和文明积淀，是近代以来无数仁人志士上下求索和中国共产党自成立以来持续探索的伟大成果，也是中国共产党人坚持“两个结合”，探索出的本质上与科学社会主义一脉相承的、具有中国特色的社会主义道路。这条道路是党不断求索、付出巨大代价才取得的伟大成就，也是一条通往民族复兴的正确道路。全面建成社会主义现代化强国，我们唯有坚持正确的方向、沿着正确的道路，才能稳步实现既定目标。

2.坚持中国特色社会主义理论体系

中国特色社会主义理论体系是中国共产党在社会主义建设的实践探索中形成的。这一理论体系坚持和发展了马克思主义，凝结了几代中国共产党人的理论智慧，也是立足时代前沿、与时俱进的科学理论，是指导全体人民沿着中国特色社会主义道路不断前行，进而实现中华民族伟大复兴的正确理论。新时代，以习近平同志为核心的党中央从新的实践和时代特征出发，科学回答了新时代坚持和发展什么样的中国特色社会主义、怎样坚持和发展中国特色社会主义等重大时代课题，创立了习近平新时代中国特色社会主义思想，为积极推进中国式现代化，有效回答中国之问、世界之问、人民之问、时代之问提供了理论指南。

3.坚持中国特色社会主义制度

习近平总书记指出，“中国特色社会主义制度是当代中国发展进步的根本制度保障，是具有鲜明中国特色、明显制度优势、强大自我完善能力的先进制度”①。随着历史发展，社会主义已不再是马克思、恩格斯的理论设想，而是在现实发展中与资本主义同时存在，并不断彰显出超越资本主义的社会制度。中国特色社会主义制度是中国共产党人坚持科学社会主义原则，自觉将马克思主义基本原理与中国具体实际相结合的科学典范，从建立到发展的进程中可见其传承性、创新性、民族性的历史承载与鲜明特色。经过改革开放以来的一系列制度探索和创新，中国特色社会主义制度已经发展为一个涵盖政治、经济、文化、社会、生态、军事、外交等各方面制度的严密完整的科学制度体系，这一制度体系中的根本制度、基本制度、重要制度为中国式现代化的持续推进提供了全方位、多层次的坚强制度保障。

4.坚持中国特色社会主义文化

中国特色社会主义文化是中华民族五千多年文明史积淀的结晶，不仅是中华民族独特的精神标识，也是中国人民奋勇前行的精神力量与自信之源。改革开放以来，党领导人民大力发展社会主义先进文化，推进文化强国建设，为推进中国式现代化提供了有力的文化支撑。党的十八大以来，

① 《习近平谈治国理政》第二卷，外文出版社2017年版，第36页。

中国共产党人以坚定的文化自信大力传承和弘扬中华优秀传统文化，提出“创造性转化、创新性发展”的重大命题和科学方法，在推动马克思主义中国化时代化的进程中赓续文明根脉，将中国特色社会主义深深根植于中华文明的深厚土壤，为中国特色社会主义道路的探索和推进提供了丰厚的文化滋养和有力的文化支撑。肩负起新的文化使命，要以习近平文化思想为指引，在守正创新中激扬中华文明之活力，建设中华民族现代文明，为实现中华民族伟大复兴提供更加深厚的文化底蕴和更加强大的精神力量。

要坚持中国特色社会主义方向不动摇。“中国特色社会主义是改革开放以来党的全部理论和实践的主题”[①]，也是中国共产党始终高举的思想旗帜。在新时代坚持和发展中国特色社会主义是一部鸿篇巨制，我们必须从道路、理论、制度和文化四个维度来把握中国特色社会主义的独特优势，在回答现实生活中和群众思想上迫切需要解决的问题中充分发挥主动性和创造性，以“两个结合”不断推进马克思主义中国化时代化，在不断夺取新的胜利中持续书写中国特色社会主义的美好篇章。

（四）守民族文化根基之正

“守正”就是守中华民族的文化根基之正。在守正创新中把握“第二个结合”主要表现为对中华优秀传统文化的忠实传承和接续弘扬，以及在此基础上的创造性转化和创新性发展，也就是党在推进马克思主义中国化时代化的过程中运用中华传统思想智慧，以及对中华优秀传统文化时代价

① 习近平：《决胜全面建成小康社会 夺取新时代中国特色社会主义伟大胜利——在中国共产党第十九次全国代表大会上的报告》，人民出版社2017年版，第16页。

值的彰显。

1. 中华优秀传统文化具有深厚的文化底蕴与价值底色

“参天之木，必有其根；怀山之水，必有其源”，中华优秀传统文化传承千年而生生不息，饱经磨难而历久弥新，是因为其具有深厚的人文底蕴，以及中华儿女对其始终如一的守护与传承。中华优秀传统文化中蕴含着天下兴亡、匹夫有责的担当意识，崇德向善、见贤思齐的社会风尚，孝悌忠信、礼义廉耻的荣辱观念。这些思想理念涵盖了国家层面的爱国情怀、社会层面的公德意识、个人层面的道德素养，体现着中国人民评判是非的价值标准和行为处事之道。仁、义、礼、智、信、温、良、恭、俭、让、忠、勇、孝、悌、廉等优秀的中华传统道德观念已成为中华民族的价值基因，深深熔铸于中华儿女的血脉之中，成为中国人民日用而不觉的价值观念与行为准则，彰显了中华优秀传统文化深厚的文化底蕴和价值底色。

2. 中华优秀传统文化凝聚着中国人民的集体智慧和理性思辨

中华优秀传统文化不仅为中国共产党治国理政提供思想智慧，也在新时代彰显出跨越时空的恒久魅力和时代价值。

（1）中华优秀传统文化中的民本思想为马克思主义中国化时代化奠定发展基调

历代王朝更替印证着民心就是最好的政治，也是执政者治国理政的核心理念，唯有始终将人民利益放在最高位置并为之不断努力，才能实现长期执政。“政之所兴在顺民心，政之所废在逆民心”，“圣人无常心，以百姓心为心”，中国共产党始终把人民放在第一位，依靠人民进行波澜壮阔的伟大斗争，开辟出了具有中国特色的社会主义现代化道路，用实际行动诠释着对民本思想的传承与坚守。

（2）中华优秀传统文化中的辩证思维为推进理论创新注入博采众长的思想基因

“有无相生，难易相成，长短相形”，推进实践基础上的理论创新既要充分吸收古人辩证智慧，也要合理借鉴西方优秀文化成果，在不断反思和比较中始终坚持“以我为主、为我所用”，总结一切有利于实现中华民族伟大复兴的先进经验和优秀成果，不断推进马克思主义中国化时代化。

（3）中华优秀传统文化中的整体思维为推进理论创新提供全局视野和天下观念

中国人民自古就有着超越国家与民族的天下观念，始终秉持着包容的心态和“以和为贵”的原则对待多元文化、化解文化冲突，具有“协和万邦”“天下大同”的天下观。中华民族尚和合、求大同的思想观念不仅为中国式现代化的和平发展提供价值支撑，有力回击了“文明冲突论”和“国强必霸”逻辑，也为解决当代中国和世界的现实问题提供了传统智慧与思想指引。

3. 中华优秀传统文化是中华民族在世界文化激荡中坚定历史自信、文化自信的底气所在

中华优秀传统文化铸就着中华民族坚定的历史自信和文化自信，是中华儿女历史自信和文化自信的精神底气，也是使中华民族避免陷入文化虚无主义和历史虚无主义泥淖的文化根基。推进马克思主义中国化时代化既需要充分汲取中华优秀传统文化的精华，使马克思主义以特有的中国形式来指导中国实践，解决中国问题，彰显中国之治，又需要以马克思主义激活中华优秀传统文化，使之成为中华儿女和中华民族历史自信与文化自信的坚实根基，彰显出跨越时空的恒久魅力和时代价值。马克思主义作为一种外来文化，若不同中华优秀传统文化结合，就很难得到中国人民的充分认同，也就无法指导中国的实践。而中华优秀传统文化必须同马克思主义相结合，才能适应中国现代化的要求。中国特色社会主义文化发展道路是在传承发展中华优秀传统文化的基础上，在推进马克思主义中国化时代化的过程中走出来的一条正确道路，是立足中华大地进行文明更新、理论创新的结果。中华优秀传统文化以其丰富的人文精神、哲学思想、道德规范、价值理念不仅为中华民族提供了精神支撑与发展给养，也为马克思主义在中国生根发芽提供了文化沃土，有力地推进了“真理本土化”的进程。同时，在推进马克思主义基本原理本土化的过程中，中华文明也在进行生命更新与现代转型，从而不断推进马克思主义中国化时代化。“第二个结合”是对“第一个结合”的深化拓展，将马克思主义和中华文明关联起来，开启了马克思主义中国化时代化的新叙事，展现了高屋建瓴的理论创新精神。从天下大同到人类命运共同体，从万物并育到人与自然和谐共生，中华优秀传统文化在创造性转化、创新性发展中达到了民族文化基因同现代社会的协调，中华文明实现了从传统到现代的跨越，中国化的马克思主义也成为中华文化和中国精神的时代精华。

二、“第二个结合”的创新要求

任何一种理论，想要保持长久的生命力必须与社会具体现实相连接，与时代发展相一致。马克思主义普遍真理要与具体的、历史的现实条件相结合，才能指导实践，解决现实问题。将来自外国的马克思主义运用到中国具体实际，也必然要有一个理论本土化、具体化的过程，这也是一个推动马克思主义中国化、时代化的过程，我们也在这一过程中实现了对马克思主义的创新发展。习近平总书记指出：“不断谱写马克思主义中国化时代化新篇章，是当代中国共产党人的庄严历史责任。”[①]纵观世界社会主义历史，守正创新是马克思主义不断丰富发展的关键所在，也是用理论把握时代、引领时代的关键。我们要坚持守正创新，从中国实际出发，在回答“四个之问”中不断创当代中国马克思主义之新，创当代中华文明之新。

（一）坚持从中国实际出发创新

坚持从中国实际出发，准确把握中国国情是实现守正创新的基础和依据。“坚持一切从实际出发”是党取得百余年辉煌成就的历史经验与核心密码。所谓同中国具体实际相结合，就是要同中国历史、中华文化、中国实践相结合。中国国情是一个综合性的整体范畴，从纵向看，涉及中国过去、现在和未来；从横向看，涉及经济、政治、文化、社会、生态文明等治国理政的方方面面。“一切从实际出发”意味着要在准确把握中国国情的基础上坚持和发展马克思主义。当前，我国进入新发展阶段，但我们仍处于并将长期处于社会主义初级阶段，推进马克思主义中国化时代化要坚持守正创新，既要清醒地看到我国发展不平衡不充分的问题，又要展望未来，谋划新发展阶段战略蓝图，唯有如此才能制定出符合我国国情的正确的路线、方针、政策。

① 习近平：《高举中国特色社会主义伟大旗帜 为全面建设社会主义现代化国家而团结奋斗——在中国共产党第二十次全国代表大会上的报告》，人民出版社2022年版，第18页。

要坚持和发展马克思主义，必须“不唯上、不唯书、只唯实”[①]，在推进马克思主义中国化时代化的过程中要坚持问题导向，以我们正在做的事情为中心，在回应与解决社会主义现代化建设的实际问题中不断总结实践经验，进行理论创新。马克思主义是科学的世界观与方法论，可以为我们的实践提供科学理论指导。然而，马克思主义不是教条，不能为各国产生的具体问题提供现成答案，只有结合各国的实际情况作出符合实际的具体判断，才能实现对马克思主义的守正创新，作出理论创新与突破。用马克思主义来指导中国实践，就是把马克思主义与中国现实、中国历史、中国文化相结合的过程，进而形成具有中国特色的、富含中国文化底蕴的中国化的马克思主义。中华优秀传统文化深深根植于中华民族历史文化沃土，与人民现实生活息息相关。我们在推进理论创新的过程中绝不能割断中华优秀传统文化这一根脉，也绝不能抛弃马克思主义这一魂脉。在推进“第二个结合”的过程中，不仅要使马克思主义同中华优秀传统文化实现思想理念上的融通，也要不断夯实其历史基础、现实基础和群众基础。也就是说，“第二个结合”实质上是一个立足中国实际，使马克思主义不断中国化、中华优秀传统文化不断现代化的过程。因此，我们要始终着眼于社会主义现代化建设的实际，坚持以实践为先导、以规律为遵循，以回应人民现实需要、推动实践发展为理论创新的任务，不断地发现问题、解决问题，在实践中不断坚持和发展马克思主义，以实现对马克思主义的守正创新。

① 《陈云文选》第三卷，人民出版社1995年版，第371页。

（二）创新回答“四个之问”

立足时代特点回答中国之问、世界之问、人民之问、时代之问是实现守正创新的关键。“问题就是公开的、无畏的、左右一切个人的时代声音。问题就是时代的口号，是它表现自己精神状态的最实际的呼声。”[①]自觉回答社会主义现代化建设中的实际问题是实现守正创新的突破口和主要标志。百余年来党正是由于回答和解决了各个历史时期面临的一系列重大理论与实践问题，才取得了革命、建设、改革等的一系列伟大成就，才实现了对马克思主义的守正与创新。“哪里有没有解决的矛盾，哪里就有问题。”[②]纵观马克思主义发展史，理论创新取得的重大成果都是以解决重大现实问题为突破口的。党也是在正确回答与解决一系列的重大理论与实践问题中成功推进了马克思主义中国化时代化。

在当今时代，要继续推进马克思主义中国化时代化，必须不断回答“四个之问”。脱离了对实际问题的回答，就不能正确了解社会现实，也就不可能在解决现实问题中深化对共产党执政规律、社会主义建设规律、人类社会发展规律的认识，也就无法实现理论创新。在党的百余年奋斗历程中，历代中国共产党人始终把解决革命、建设、改革实践中的重大问题作为理论创新的关键点，从而不断推进马克思主义中国化时代化。面对快速发展的世界，不能思想僵化、故步自封，只有具备理论创新的勇气、破釜沉舟的信念、深化改革的决心，才能在有效回答“四个之问”中推进党和

① 《马克思恩格斯全集》第四十卷，人民出版社1982年版，第289—290页。

② 《毛泽东选集》第三卷，人民出版社1991年版，第839页。

国家事业的稳步前进，才能使马克思主义持续焕发旺盛活力。为此，我们必须准确把握时代大势与世界历史走向，时刻保持开放视野，既要加强对当代资本主义的研究，准确把握其新变化新特征，也要保持战略定力，立足时代特点与人民立场正确分析研判当前局势，在坚持中发展，在继承中创新，对“四个之问”作出符合中国实际和时代要求的正确回答，从而更好地推动实践发展。

（三）创当代中国马克思主义之新

马克思主义是与时俱进的科学理论，需要根据现实情况不断创新发展。实践性、开放性是马克思主义的最本质特征，与时俱进是对其本质特征的集中概括。作为与时代变迁和人类社会同行的科学理论，马克思主义以其顺应时代潮流、引领时代发展而长盛不衰。马克思主义是科学真理，为人类社会发展指明方向，是人们追求真理的通途与密钥。守正与创新，本质上都是对揭示客观规律的马克思主义的坚守，创新可以不断揭示新规律。以真理的精神去追求真理，这既是守正的根本要求，也是创新的根本要求。

中国共产党人以正确的态度对待马克思主义和中华优秀传统文化，成功推进了马克思主义中国化时代化。“实事求是”一词出自《汉书》中的“修学好古，实事求是”，意指严谨的治学态度与方法。毛泽东将其与马克思主义相结合，创造性地概括为党的思想路线。“小康”一词出自《诗经》中的“民亦劳止，汔可小康”，意思是百姓太过劳苦，也该稍稍得到安乐了。邓小平将其与马克思主义相结合，将小康社会确定为中国式现代化的一个发展阶段。“与时俱进”源自《易》中的“与时偕行”，意指一种变通性。江泽民将其与马克思主义相结合，指出“党的全部理论和工作要体现时代性”[①]，并将与时俱进纳入党的思想路线中。“和谐社会”源自中国古代的“和合”思想，胡锦涛将其与马克思主义相结合，创造性地提出了“和谐社会”的思想。习近平总书记从世界文化发展的视角，深入挖掘中华优秀传统文化蕴含的独特价值观念、民族精神、思想智慧、道德伦理，结合马克思主义进行理论创新与创造，实现了马克思主义中国化时代化新的飞跃。在二者的有机结合中，中华优秀传统文化中历史的观点被发展为更大格局与视野下的“大历史观”，中华优秀传统文化中整体的观点被发展为“整体思维”和“全局视野”，中华优秀传统文化中辩证的观点被发展为辩证思维。[②]百余年奋斗历程中，党始终坚决反对教条主义、经验主义、形式主义、虚无主义，决不把因循守旧、僵化教条当作守正，不照搬照套前人模板，敢于说前人未说的新话，敢于做前人未做的事情，坚定马克思主义立场，立足中国优秀历史文化传统，在不断追求真理中守正，不断创当代中国马克思主义之新。

（四）创当代中华文明之新

“源浚者流长，根深者叶茂”，中华民族作为世界上最古老的民族之一，有着历史悠久且源远流长的中华文明，其以独特的价值观念和文明体系成为影响整个世界的、世界上唯一自古延续至今且从未中断的古老文明。中华文明突出的连续性、创新性、统一性、包容性、和平性是其区别

① 《江泽民文选》第三卷，人民出版社2006年版，第537页。

② 参见田鹏颖：《论“守正创新”视野中的“两个结合”》，《学术探索》2023年第1期。

于其他文明的鲜明特征，也是中华民族现代文明得以生成发展的根基所在，铸就了整个民族的文化自信与开放包容之根基。习近平总书记强调，“如果不从源远流长的历史连续性来认识中国，就不可能理解古代中国，也不可能理解现代中国，更不可能理解未来中国”[①]。中华文明以其有别于其他文明的鲜明特征，从根本上决定了中华民族必然走一条彰显本国特色的社会主义道路。我们只有坚持运用大历史观观察中华民族发展的历史脉络，才能全面深入准确地了解中华文明，才能更好地创当代中华文明之新，建构当代的中华文明。

五千多年中华文明孕育的中华优秀传统文化是中华民族得以生生不息的文明根脉，在马克思主义中国化时代化的进程中，中华优秀传统文化的现代性价值被中国共产党人自觉接续与创新发展，其既凝结在党的理论创新成果中，又在社会主义现代化实践探索中得以显现。从毛泽东提出新民主主义文化观为文化发展指明了方向，到邓小平提出建设社会主义精神文明，“两手抓”“两手都要硬”的重要论断，到江泽民提出大力发展先进文化的观点，将文化创新思想战略上升到全新高度，再到胡锦涛在深刻审思文化建设现实问题的基础上提出了文化强国思想，直到习近平总书记凭着对中华文明高超的认知与把握，提出“两个结合”的重大理论观点，把中国特色社会主义文化建设推到了崭新高度。以习近平同志为核心的党中央坚持在守正中创新，积极推动中华文明溯源，推动中华优秀传统文化创造性转化和创新性发展，充分激活其活力，充分彰显其时代价值和鲜明特色。

---

① 《习近平在文化传承发展座谈会上强调 担负起新的文化使命 努力建设中华民族现代文明》，《人民日报》2023年6月3日。

以习近平同志为核心的党中央从中华优秀传统文化中汲取具有时代价值、世界意义的思想精华，并将其转化为治国理政的思想方略。如人民至上思想体现了“民惟邦本，本固邦宁”的民本理念，人类命运共同体理念体现了“天下大同”“天下为公”“和衷共济”的博大胸怀，人与自然和谐共生思想秉承“天人合一”“道法自然”的天人之道……正是由于充分汲取了这些优秀传统文化的思想精髓与智慧精粹，才造就了习近平新时代中国特色社会主义思想的独特性、民族性、创造性。这些治国理政新理念既为解决中国改革、发展、稳定等方面的实际问题提供了思想指导，又为解决人类社会发展问题贡献了中国智慧、中国方案。在习近平总书记的引领下，中华民族长期积淀形成的优秀传统文化被彻底激活，在新时代散发出耀眼光彩，焕发出蓬勃生机。可以说，习近平新时代中国特色社会主义思想在对中华优秀传统文化的继承中激活其现代性价值，彰显了中华民族高度的文化自觉和文化自信，也为人类文明发展作出了历史性贡献。习近平文化思想是习近平新时代中国特色社会主义思想的文化篇，也是建设中华民族现代文明、铸就中华文化新辉煌的根本遵循与行动指南。

登高方识远，天地纳于心。在推进“两个结合”的过程中，我们必须以习近平文化思想为指引，站稳民族文化的坚定立场，把目光聚焦优秀本土文化，在立足本民族历史文化的基础上，不断将中华文明与马克思主义相贯通，既要彰显中华文明的时代价值为推动“第二个结合”提供自信底气，又要不断夯实马克思主义的群众基础。要在守民族文化根基之正中创当代中华文明之新，不断用马克思主义观察时代、解读时代、引领时代，用先进取代落后、用文明化解野蛮、用和平取代冲突，马克思主义在21世纪必将展现出更为强大的真理力量。

三、在守正创新中把握“两个结合”

“两个结合”是推进马克思主义扎根中国大地，不断推进马克思主义中国化时代化的必由之路。中国共产党在建党百余年来的奋斗征程中把马克思主义理论不断应用于中国的实践，在守马克思主义之正中，创“两个结合”相互成就之新，才形成了马克思主义中国化时代化的伟大理论成果。在守正创新视域下把握“第二个结合”，前提是把握好“第一个结合”。在两个结合中“第一个结合”是基础前提，侧重于理论与实践的相互关系，强调用科学的方法去分析解决现实中的具体问题，彰显了马克思主义彻底的唯物主义立场和科学的知行统一观。“第二个结合”是必然趋势，侧重于思想文化传统与现实的内在融通，强调马克思主义从中华优秀传统文化中汲取文化养料与思想精髓，彰显理论的中国特色，以及运用马克思主义基本原理充分激活中华优秀传统文化，使其在现代彰显时代价值。可以说，“两个结合”逻辑严密，互为补充、相辅相成。“第一个结合”是马克思主义要与现实国情相结合，“第二个结合”是马克思主义要与沉淀后的历史、文化、国情相结合，“两个结合”归根结底是与过去的中国、当下的中国乃至未来的中国具体实际相结合。“两个结合”开创并坚持和发展了中国特色社会主义，彼此之间相互成就，推动创造了人类文明新形态。[1]所以，我们要在守正创新中充分把握“两个结合”，实现

① 参见田鹏颖：《论“守正创新”视野中的“两个结合”》，《学术探索》2023年第1期。

“两个结合”的相互支撑与彼此成就。

（一）在守正创新中把握“第一个结合”

守正创新的方法论运用在马克思主义基本原理上，表现为坚持与发展、继承与创新相结合。作为党的根本指导思想，马克思主义必须随着时代发展而发展，在守正的基础上，不断创理论与实践之新。

“第一个结合”是推进马克思主义中国化以指导实践的理论需要。一方面，形成于西方语境的马克思主义，必须与中国实际相结合，才能实现马克思主义的具体化和中国化，进而指导中国实践。恩格斯指出：“马克思的整个世界观不是教义，而是方法。”[①]只有将理论同实践相结合，才能不断推进马克思主义，进而在理论与实践的相互作用中实现理论的创新与发展。中国革命、建设和改革需要中国化的马克思主义的指导，理论与实践相结合才能发挥理论指导实践的现实作用。马克思主义只有结合中国实际指导中国实践，才能牢固扎根中国大地，才能在解决中国现实问题中彰显其科学性与开放性，这一结合既是理论创新的内在要求，也符合推进社会实践发展的现实需要。

“第一个结合”实际上是一个主体与客体相互作用的过程，中国共产党人将马克思主义运用于中国，实现了理论与实践有机结合，进而实现了马克思主义从“在中国”到“中国化”的根本转变。“马克思主义的活的灵魂，就在于具体地分析具体的情况。”[②]正确看待马克思主义就要坚持

① 《马克思恩格斯文集》第十卷，人民出版社2009年版，第691页。

② 《毛泽东选集》第一卷，人民出版社1991年版，第187页。

运用其立场观点方法，深入分析具体问题进而制定符合实际的方针政策，并在实践中加以验证，由此不断推进马克思主义的丰富发展。

1.准确把握我国具体国情

毛泽东指出："认清中国的国情，乃是认清一切革命问题的基本的根据。"[①]中国国情是一个总体范畴，既包括历时性的中国的过去、现在和未来，也包括共时性的经济、政治、文化、社会和生态文明等各个方面。其内涵十分广泛，所以整体把握我国国情是一个大工程，也是推进马克思主义与中国具体实际相结合必不可少的前提基础。

2.一切从实际出发，解放思想，实事求是

实事求是是党的思想路线，也是持续推进马克思主义基本原理与中国具体实际相结合的必由之路。所以，要与时俱进地运用马克思主义基本原理指导实践，并根据实践发展来坚持和发展马克思主义，不断总结社会主义现代化实践中的新经验，进而不断提升运用马克思主义基本原理的能力和水平。既要全面把握我国所处历史方位，深入研究中国具体实际，将重大实践问题作为二者相互结合的现实连接点，又要以重大实践问题作为推进二者相结合的契机，扩展马克思主义基本原理同中国具体实际相结合的深度与广度。

3.习近平新时代中国特色社会主义思想是对马克思主义守正创新的典范

中国共产党人将马克思主义与中国历史命运、现实国情和未来发展趋向有机结合，将马克思主义中国化的理论成果转化为实践力量。作为一个

---

① 《毛泽东选集》第二卷，人民出版社1991年版，第633页。

长期执政的政党，中国共产党充分吸收了马克思主义思想精髓，以鲜明、独特的守正创新品格，在领导中国革命、建设和改革的百余年奋斗历程中不断进行理论创新与理论创造，这也是一部中国共产党人对马克思主义的守正创新史，彰显了中国共产党人的理论自觉与理论自信。

习近平新时代中国特色社会主义思想，特别是习近平文化思想立足中国的历史、文化和国情，在指导中国具体实践中不断深化对“三大规律”的认识，实现了对马克思主义世界观与方法论的守正创新。习近平文化思想既蕴含了马克思主义基本原理的科学要素，又彰显了当代中国的文化元素，守马克思主义基本原理之正、守科学社会主义基本原理之正，创当代中华文明之新、创当代马克思主义之新、创人类文明新形态之新，是贯通历史与现实的科学的世界观与方法论。

新时代新征程，我们唯有以马克思主义的宏阔视角观察当今时代，坚定文化自信、把握历史主动，才能在坚持与发展中深化对马克思主义的科学认识，在继承与创新中把握中华优秀传统文化；才能在实事求是中守正，在解放思想中创新；才能在不断回答“四个之问”中着力解决新时代改革开放和社会主义现代化建设的各项难题，不断推进马克思主义中国化时代化。

（二）在守正创新中把握“第二个结合”

马克思主义作为科学的理念与思想，既与中华优秀传统文化相融通，又与中华民族的政治信仰和价值观念相契合。中华优秀传统文化是中华文明的智慧结晶和精华所在，也是我们推进“第二个结合”的文化根基。从守正创新的视角把握“第二个结合”，就是要实现“理论”与“文化”的有机结合，充分认识到这种结合的理论与实践伟力。既要以中华优秀传统文化作为发展马克思主义的文化滋养，赋予理论以民族特色和文化底蕴，也要在继承优秀传统文化中推进文化创新、巩固文化主体性，彰显中国特色社会主义的文化自信，不断发展人类文明新形态。

党在推进“第二个结合”的过程中对中华优秀传统文化进行守正创新，表现为治国理政历程中正确对待中华优秀传统文化，即在运用传统思想智慧与文化精髓中守正，在对其进行创造性转化和创新性发展中创新。中国化的马克思主义需要有中华优秀传统文化的坚实根基作为支撑，才能在中国站稳脚跟。作为在中国历史发展过程中形成的思想观念、价值观点、道德规范、社会体系等的集合，传统文化不可避免地存在一些不符合现代社会要求的旧思想旧观念。这就需要我们运用马克思主义的立场、观点和方法对其加以辨别并继承和发展其优秀部分，进而在继承发展中推进其优秀部分的创造性转化和创新性发展，实现马克思主义与中华优秀传统文化的融通。中华民族孕育了灿烂的古代文明，在将马克思主义基本原理与中华优秀传统文化相结合的过程中，既要保留中华优秀传统文化的思想精华与民族元素，也要促进中华优秀传统文化与时俱进，在新时代的背景下彰显出其新的时代价值，进而更好地影响人们的思想观念与行为方式。“第二个结合”为推动中华优秀传统文化创造性转化、创新性发展指明了方向，这意味着中华优秀传统文化将通过与马克思主义的融通实现自身的现代性转化，展现出时代活力与当代价值。要推动中华优秀传统文化与社会主义核心价值观相贯通，并在社会公德、职业道德、家庭美德、个人品德建设中全面融入人民的生产生活。习近平总书记在继承发展中华优秀传统文化讲仁爱、重民本、守诚信、崇正义、尚和合、求大同等理念的基础上，提出了“以人民为中心”“绿水青山就是金山银山”“构建人类命运共同体”等一系列治国理政新思想新理念，这些新思想新理念实现了中华优秀传统文化的创造性转化和创新性发展，让中华优秀传统文化焕发出时代活力，展现出当代价值。

要推进马克思主义与中华优秀传统文化相互作用、相互成就。“第二个结合”凝结着中华优秀传统文化的思想智慧和时代价值，在结合的过程中，中华优秀传统文化与马克思主义因共同的价值指向、前进方向而相互促进、相互激活、相互成就。一方面，是用马克思主义激活中华优秀传统文化，使后者在新时代背景下焕发生机、彰显时代价值。另一方面，是让中华优秀传统文化与马克思主义同向而行，使后者在指导中国革命、建设与改革的过程中得到民族精神与民族文化的滋养。“第二个结合”实现了以人民为中心的发展思想与中国古老的民本思想有机结合、社会主义核心价值观与中华民族传统的优秀价值取向有机结合、社会主义先进文化与中华优秀传统文化有机结合、人类命运共同体理念与协和万邦的邦交之道有机结合，实现了马克思主义与中华优秀传统文化的“互相成就”。“第二个结合”使得马克思主义不断地从中华优秀传统文化中汲取精神营养与传统智慧，为新时代中国特色社会主义的发展凝聚价值共识和实践力量，使中国共产党带领中国人民更好地解决中国问题、引领时代发展，不断地从一个胜利走向另一个胜利，创造一个又一个人间奇迹。

（三）在守正创新中把握“两个结合”的相互支撑

马克思主义是开放的理论体系，理论创新只有进行时，没有完成时。在这一理论创新过程中，中国共产党领导人民进行的伟大社会实践为“两个结合”的相互支撑发展提供了实践动力，也是推进马克思主义中国化时代化的现实基础。“两个结合”展现了更加宏阔的历史纵深和理论创新空间，在中华民族伟大复兴的战略全局和世界百年未有之大变局的时代背景下，在新时代新征程的历史节点上凝萃马克思主义中国化时代化的历史经验，不仅筑牢了中国特色社会主义发展道路的实践根基，推进了实践基础上的理论创新，而且也使得中国特色社会主义道路的文化根基不断丰厚，有利于在新的历史时期建设当代中华文明。

习近平总书记在庆祝中国共产党成立100周年大会上指出：“我们坚持和发展中国特色社会主义，推动物质文明、政治文明、精神文明、社会文明、生态文明协调发展，创造了中国式现代化新道路，创造了人类文明新形态。”[①]我们在推进“两个结合”中坚持和发展了中国特色社会主义，也在理论与实践的结合中解决了中国难题，彰显了中国之治。从二者关系来看，“两个结合”具有严密的逻辑关系，二者互为补充、相辅相成。“第一个结合”是马克思主义与不断变化发展的现实国情的结合，“第二个结合”是对“第一个结合”的深化，体现为马克思主义进一步深层次地与本民族的历史、文化相结合，也就是与纵贯过去、现在乃至未来的中国历史实际相结合。“两个结合”遐迩一体、相互支撑，不仅坚持和发展了中国特色社会主义，也创造了当代中国马克思主义之新、中华文明之新。

1.开创中国特色社会主义道路

中国特色社会主义道路是“两个结合”在中国发展道路上的重要成

① 习近平：《在庆祝中国共产党成立100周年大会上的讲话》，《人民日报》2021年7月2日。

果，是马克思主义中国化时代化的成功实践，也是一条反映中国人民意愿、顺应历史发展大势、符合我国具体国情的正确道路，更是中国共产党人在守正创新中建设中国特色社会主义发展道路的生动体现。“中国特色社会主义是党和人民历经千辛万苦、付出巨大代价取得的根本成就，是实现中华民族伟大复兴的正确道路。”[①]这条道路在“第一个结合”中生成。“第一个结合”科学把握马克思主义基本原理同中国具体实际的辩证关系，把我们从教条主义、本本主义的束缚中解放出来，使我们能够更好认识中国问题，进而独立探索适合中国国情的正确道路，坚定不移走中国特色社会主义道路。这条道路在“第二个结合”中生成。“第二个结合”科学把握马克思主义基本原理同中华优秀传统文化的辩证关系，把我们从“古今中西之辨”的思维窠臼中解放出来，使我们不断深化对马克思主义中国化时代化的历史经验和中华文明发展规律的认识，既在推进马克思主义中国化的伟大实践中汲取中华优秀传统文化的精华，巩固文化主体性，又在推动中华优秀传统文化创造性转化、创新性发展中夯实马克思主义的现实根基，实现对中国社会历史发展理论与实践逻辑的有机统一。可以说，中国特色社会主义道路是“两个结合”的重要产物，也是反映人民意愿，顺应历史发展大势，适应时代发展要求，且兼顾中国发展与世界各国共同发展的伟大道路。中华民族灿烂历史文明和马克思主义科学真理是我们坚定走中国特色社会主义道路的强大根基。面对当今国内外复杂局势，我们必须时刻保持战略定力，坚持对马克思主义的高度认同与对中华优秀传统文化的高度自信，在守二者之正中不断深入挖掘其理论与实践的伟

---

① 《习近平谈治国理政》第四卷，外文出版社2022年版，第10页。

力，在创理论之新、实践之新、制度之新、文化之新中不断谱写新的时代华章。

2.创造中国式现代化道路

中国式现代化道路是中国共产党人立足中华文明与经济社会发展现实，在马克思主义与中华优秀传统文化相结合的理论视域下，成功推进马克思主义中国化时代化而创造的新型现代化道路。随着时代发展，当代中国发展迫切需要马克思主义的理论引领，迫切需要中华优秀传统文化的精神滋养，也迫切需要在深化“第一个结合”的基础上推进“第二个结合”，这既是推进中国式现代化的现实需要，也是开辟马克思主义中国化时代化新境界的内在诉求。习近平总书记在党的二十大报告中指出：“中国式现代化，是中国共产党领导的社会主义现代化，既有各国现代化的共同特征，更有基于自己国情的中国特色。”①人口规模巨大、全体人民共同富裕、物质文明和精神文明相协调、人与自然和谐共生、走和平发展道路是中国式现代化区别于其他国家现代化的显著特征。中国式现代化道路充分彰显着“第二个结合”的理论智慧与实践伟力，是对马克思主义和中华优秀传统文化的守正创新。如“天下为公”“民为邦本”“为政以德”为中国式现代化道路建设提供价值引领；“革故鼎新”“自强不息”“求同存异”为冲破资本主义对现代化的垄断提供合理因素；“天人合一”“民胞物与”为人与自然和谐共生思想提供价值理念；“讲信修睦”“亲仁善邻”“以和为贵”为和平发展的理念提供思想基因。中国式现代化道路是中华

① 习近平：《高举中国特色社会主义伟大旗帜　为全面建设社会主义现代化国家而团结奋斗——在中国共产党第二十次全国代表大会上的报告》，人民出版社2022年版，第22页。

文明走向现代文明的必由之路，中国这个东方大国，在马克思主义指导下，坚持独立自主，结合本国实际，结合中华优秀传统文化，从贫穷落后逐步走向繁荣富强，实现了对资本逻辑的超越，用事实证明了实现现代化的道路不止一条。

3.创造人类文明新形态

人类文明新形态是中国共产党领导中国人民在革命、建设和改革百余年奋斗中的伟大创造，是中国特色社会主义在推进中国式现代化进程中创造的文明新形态。“第二个结合”是中国共产党人积极推进中国式现代化的价值引领和实践进路，深刻改变了我们对于中华优秀传统文化的认识态度，只有正确认识、密切结合中华优秀传统文化，才能更好地认识中国具体实际，才能积极发挥中华优秀传统文化对于推动现代化进程的重要作用。现代化是人类文明发展进步的目标，实现社会主义制度与现代化的有机统一是中国共产党人的不懈追求。人类文明新形态承载着全面实现现代化、实现中华民族伟大复兴的重大任务，是一种人类文明普遍性和中华文明特殊性相统一的文明新形态，与西方文明有着明显界限和本质不同。党的二十大提出“促进世界和平与发展，推动构建人类命运共同体”①，其彰显的立己达人精神和世界眼光超越了西方个人本位的现代性思维，这一思想主张体现了人类文明新形态对于西方文明的超越。人类文明新形态从产生基础上来说，是一种以辩证否定的观点借鉴资本主义文明中的优秀成果，在价值理念、发展模式、实现路径上超越了资本主义文明的人类文明

① 习近平：《高举中国特色社会主义伟大旗帜 为全面建设社会主义现代化国家而团结奋斗——在中国共产党第二十次全国代表大会上的报告》，人民出版社2022年版，第60页。

新形态；从文明根源上来说，是一种在中华民族伟大复兴征程中，以马克思主义真理激活了中华优秀传统文化的生机，为民族复兴提供精神给养的人类文明新形态；从发展理念上来说，是以创新、协调、绿色、开放、共享理念为引领的人类文明新形态；从具体内容上来说，是一种坚持“五大建设”统筹推进、“五大文明”协调发展，不断彰显中国特色社会主义道路、理论、制度、文化优越性的人类文明新形态；从世界意义上来说，是坚持全人类共同价值，坚持走和平发展道路，不断为解决世界难题贡献中国智慧、中国方案的人类文明新形态。[①]可以说，人类文明新形态是一种突破西方文明框架、充分彰显全人类共同价值、代表人类文明发展方向的全新文明形态。

4.建设中华民族现代文明

中华民族现代文明是内生于中华民族伟大复兴历史进程之中的文明形态，是中华文明的现代形态。“第一个结合”的深入发展必然会触及文化这一更为深层的社会结构。习近平总书记提出“第二个结合”这一重大命题，并在党的二十大报告中和文化传承发展座谈会上进一步阐明其基本内涵、实践要义和重大意义，为推进马克思主义中国化时代化提供了方向与遵循。“第二个结合”作为“第一个结合”的逻辑展开，把“结合”提升到崭新高度，进一步彰显了中华优秀传统文化之于中华民族现代文明的建设性力量。中华文明蕴含着深厚的文化底蕴，拥有着灿烂的历史文化，是人类文明的重要组成部分。从“文明蒙尘”到探索“文明复兴”，中华民

① 参见田鹏颖：《论“守正创新”视野中的“两个结合”》，《学术探索》2023年第1期。

族对于现代文明的探索与现代化进程、民族复兴紧密相连。历史尘沙淘洗，中华文明以其突出的连续性、创新性、统一性、包容性与和平性绵延数千年，在新时代展现出独特的历史底蕴，绽放出耀眼光彩。中华民族伟大复兴也必然包含中华文明的当代复兴。全面推进强国建设、推进中华民族伟大复兴需要在中国式现代化进程中将中华文明建设为中华民族现代文明。中华文明是中国式现代化的文明基础，“第二个结合”是建设中华民族现代文明的必由之路。建设社会主义现代化国家需要建设与之相适应的中华文明，为现代化道路的持续推进提供文明底蕴与精神支撑。深刻把握中国式现代化蕴含的独特世界观、价值观、历史观、文明观、民主观、生态观，以此作为建设中华民族现代文明的哲学基础，推进中国式现代化的实践探索，是建设中华民族现代文明的实践根基。“第二个结合”将中国式现代化和中华民族现代文明关联起来，实现了对“第一个结合”的守正创新，在理论内涵上实现了新的飞跃，不仅使得中华优秀传统文化为治国理政提供不竭的思想智慧，也使得中华优秀传统文化在新时代重新焕发生机，成为独特的民族文化基因。

“第二个结合”在推进中华优秀传统文化创造性转化、创新性发展中推动建设中华民族现代文明，实现对马克思主义基本原理与中华优秀传统文化的守正创新。中国历史是一个纵贯过去、现在和未来的概念，当代中国是对过去中国的延续，未来中国是对当代中国的发展。“第二个结合”是理解当代中国、中国式现代化的密钥，也是深化对中国特色社会主义道路的规律性认识的重要法宝。中国特色社会主义道路是在马克思主义指导下、五千多年中华文明中孕育而成的通往现代化的道路，不仅保留了中华优秀传统文化的优质内核，而且彰显了中华文明的现代内涵。中华文明也在推进中国式现代化的进程中，在“两个结合”相互贯通中进行着现代转向。中华民族现代文明是建立于中华优秀传统文化根脉与马克思主义基本原理魂脉基础之上的文明产物，也是与中国式现代化同行的现代文明。2023年6月，在文化传承发展座谈会上，习近平总书记着眼强国建设、民族复兴，立足赓续中华文脉、建设现代文明，从党和国家事业发展全局战略高度，指出中华文化传承发展需要深刻把握中华文明的突出特性，并深刻阐释了“两个结合”的重大意义，进而指出我们要更好担负起新的文化使命。

历史镜鉴未来，守正方能创新。守正创新昭示了“第二个结合”生成与发展的逻辑进路，也彰显了马克思主义的本质特征，是中国共产党人研究和解决时代课题的基本方法和把握现实世界的基本方式。“第二个结合”是对马克思主义理论发展规律的全面深化，蕴含着守正创新的哲学意蕴，彰显着马克思主义辩证思维的哲学旨趣，是我们取得成功并不断取得新的成功的重要法宝。百余年间，中国共产党在理论与实践的互动中坚持守正创新，在历史与现实的贯通中指导中国具体实践，将马克思主义的范畴、逻辑、观点与价值放置于中华民族的具体实际之中，在中华文化的视域下将其深化和延伸为中国共产党人的革命之法、治国之道、管党之方，不断推动马克思主义中国化时代化，使科学社会主义在中国焕发蓬勃生机。新时代新征程，中国共产党人会脚踏中华民族五千多年文明沃土继续守正创新，以踔厉奋发之姿态，一往无前继续谱写全面建设社会主义现代化国家新篇章！

| 第十章 |

世界影响论

当今世界，百年未有之大变局加速演进，人类社会发展面临着种种不确定性，人们对未来既寄予期待又感到困惑。“世界怎么了，我们怎么办”是整个世界都在思考的问题。随着西方国家治理普遍遭遇系统性困境，固有的国家治理模式出现了越来越明显的民主失灵和体制运转困境，越发凸显了完善全球治理体系的紧迫性，越发需要中国为世界发展、人类进步提供中国智慧、中国方案、中国力量。中华优秀传统文化是中华民族的精神之根，马克思主义是中国共产党人的信仰之本，让马克思主义深深扎根于中国这片古老而又年轻的土地，将中华优秀传统文化中所蕴含的民族力量、民族特点、民族智慧融入马克思主义，二者的创造性结合激活了中华优秀传统文化内在的极具中国特色的世界观及思维方式。对于“第二个结合”的世界影响论，我们有必要从为世界现代化发展提供中国价值、为解决全球性问题提供中国方案、为繁荣世界文明百花园提供中国智慧三个维度来深刻领会。

一、为世界现代化发展提供中国价值

习近平总书记指出：“马克思主义传入中国后，科学社会主义的主张受到中国人民热烈欢迎，并最终扎根中国大地、开花结果，决不是偶然的，而是同我国传承了几千年的优秀历史文化和广大人民日用而不觉的价值观念融通的。”[①]中国人看待世界、看待社会、看待人生，有独特的价值体系，因此与资本主义国家的现代化不同，中国式现代化本质上是用民族的语言表述全人类共同价值的中国叙事。从世界视域观之，马克思主义深刻揭示了自然界、人类社会和思维发展的普遍规律，为人类社会发展进步提供了明确方向，同样，中华优秀传统文化蕴含的诸如天下为公、和而不同、人民至上等思想理念，也符合世界人民普遍追求的共同价值和共同愿景。这二者的深度结合，既是对世界现代化理论与实践的一次重大创新，为完善全球治理提供了新的可能，又为构建新的人类文明形态提供了方向指引。这种世界影响的不断彰显，形塑了中国式现代化良好的国际形象，中国智慧、中国方案正在为解决诸多人类共同面对的现代化难题提供有益启迪。

（一）“以人民为中心”的发展思想

从空间上讲，现代化始于近代欧洲，西方资本主义现代化凭借其在世界历史进程中的先发优势，成为世界各国现代化发展进程中不可忽略的一个重要影响因素。但是，西方现代化始终遵循以资本为中心的发展模式，资本家凭借占有生产资料而将雇佣工人所创造的剩余价值占为己有。随着资本主义的扩大再生产，社会财富日益集中到资产阶级手中，而无产阶级作为社会财富的直接创造者却只能获得少量财富，这就导致西方国家在生

① 《习近平谈治国理政》第三卷，外文出版社2020年版，第120页。

产力迅速增长的同时，贫富不均现象日益加剧。随着现代化的不断发展，这种趋势已很难遏制得住了。从20世纪80年代开始，随着两极分化的加剧，美国的犯罪率开始飙升，而美国监狱关押的囚犯大都来自社会底层。通过分析这一社会剪影，我们似乎不难得出这样的结论：日益加剧的贫富两极分化势必引发高犯罪率，甚至引发司法腐败、政治腐败、社会腐败，引发社会动荡，从而危及国计民生。[①]诚然，西方国家也意识到了贫富差距所引发的一系列社会问题，试图通过实行福利化政策提高工人工资和福利来缓解贫富差距问题，甚至通过攫取发展中国家劳动人民创造的剩余价值，给本国福利化提供来源。前一种手段试图将福利化政策引入资本主义体系中，而这无法规避资本主义根本矛盾带来的一系列问题。增加劳动者的福利违背了资本的本性，最终依然是由劳动人民买单，因而归根结底是给资本家解困，不利于劳动人民。而后一种手段无疑将会导致国际性的贫富两极分化，必定引起国际社会的反对。

相较而言，坚持人本逻辑是历史赋予中国式现代化的重大使命。习近平总书记强调："我们要特别重视挖掘中华五千年文明中的精华，把弘扬优秀传统文化同马克思主义立场观点方法结合起来，坚定不移走中国特色社会主义道路。"[②]习近平文化思想正是马克思主义基本原理同中华优秀传统文化相结合的光辉典范。其坚守马克思主义魂脉和中华优秀传统文化根脉，在秉持马克思主义群众观人民观的基础上，深入探求中国古代"民为贵""民惟邦本，本固邦宁"等治国理念，从而为"以人民为中心"的

---

① 参见刘玉安：《西方社会贫富分化现象透视》，《人民论坛·学术前沿》2022年第24期。

② 《习近平谈治国理政》第四卷，外文出版社2022年版，第315页。

发展思想提供了理论基础。可以说，中华优秀传统文化自身携带着“人民至上”的天然基因和本来诉求。例如，孔子认为为政者要有爱民思想，以民为本是为政的核心，他特别强调，“道千乘之国，敬事而信，节用而爱人，使民以时”，“足食，足兵，民信之矣”。这些思想，无不体现着中华优秀传统文化对人民的深切关怀，都在强调人民群众所具有的不可忽视的强大力量。“水能载舟，亦能覆舟”，从源远流长的中华优秀传统文化中，如“民为邦本”“政之所兴在于顺民心，政之所废在于逆民心”等，我们可以找到与坚持人民至上高度契合的文化土壤，这是中华优秀传统文化的精神内核，也是马克思主义唯物史观的基本观点，对于当前世界面临的不少问题都是一剂良药。

改革开放以来，中国共产党积极探索中国式现代化道路，坚持人本逻辑，既实现了对传统文化中“民本”理念的语意拓展，又通过马克思现代化思想对资本主义现代化形态的批判，获取了超越资本主义现代化的信念。“理论在一个国家实现的程度，总是取决于理论满足这个国家的需要的程度。”[①]现代化这一概念在进入中国后经过国人的反思和拓展发展成“中国式”的现代化，其原因就在于我们在具体历史实践中结合自身特殊的历史文化条件，坚持以“人本逻辑”取代“资本逻辑”，这就充分体现了“第二个结合”在中国式现代化历史进程中的深刻影响。马克思主义基本原理同中华优秀传统文化的融通已然释放出新的思维力量，并融入中国特色社会主义文化，成为习近平文化思想的重要组成部分。因此，作为“观念上层建筑”，它为中华文明的“转型”开辟出“自由主义”与“保守

① 《马克思恩格斯选集》第一卷，人民出版社2012年版，第11页。

主义”之外的全新路径，对中国式现代化的具体历史进程产生了积极影响，并推动了实践基础上的理论创新。党的十八大以来，中国共产党始终坚持以马克思主义基本原理为魂脉，以中华优秀传统文化为根脉，不断为中国式现代化提供丰富的文化滋养。比如，中国共产党继承“凡治国之道，必先富民”的优秀文化传统，始终坚持人民至上的价值理念，凸显了中国式现代化的社会主义性质；通过科技兴农、教育扶贫等大规模的精准扶贫计划，中国坚决遏制了贫困根源，不仅成功消除了绝对贫困，还解放了贫困者的生产力。这一系列措施使人们能够通过辛勤劳动实现自己的价值，体现了中华民族追求共同富裕的价值目标，推动了均衡发展和共同富裕目标的早日实现。从本质上讲，当代全球问题源于资本主义现代性的不断扩张。人民至上作为马克思主义和中华优秀传统文化共同的价值立场，在应对世界现代化发展所带来的危机和问题时，以民族经验和智慧为基础，向世界展现了全新的中国思维和中国智慧。

（二）“以和为贵”的治国之道

20世纪40年代，西方现实主义国际关系理论曾将零和博弈思维植入国家层面，认为国家利益的不可调和导致斗争与冲突的必然产生是国际关系的基本特征。美国作为欧洲政治理论的试验田，其走向繁荣壮大的过程中驱赶原住民、压迫奴隶，就体现着其在政治思想与国际关系思想中非此即彼的零和思维。美国等西方国家这种非此即彼的零和思维也使得它们直按照零和博弈的逻辑推进现代化，在行动上主要体现为殖民扩张和对外掠夺。这种将国际关系视为零和游戏的做法必然会导致灾难性的错误。长此以往，西方随着现代化的进程不断延伸，与世界其他地区的不和谐情况将变得越来越严重。

伟大的文明之所以被广泛认可并持久传承，并不在于其形式，而在于其最深层次的价值追求。自古以来，中华文明在国家理念方面高度重视讲信修睦、亲仁善邻的和平思想，其最终目标是追求天下太平与世界和平。中华文明一直倡导“和平相处”“和而不同”，注重和平价值，和平发展的理念深植于中华文明，并融入中华民族的血脉，深深烙印在中国人民的精神基因里。实现全人类的和平与幸福，不仅是马克思主义的核心价值追求，也是中华文明的重要价值观之一。中国式现代化摒弃了西方现代化所追求的生产力发展单纯服从于资本逻辑的观念，摒弃了以资本为中心的现代化、两极分化的现代化、物质主义过度膨胀的现代化，以及对外扩张掠夺的现代化的老路。中国式现代化坚持克服西方现代化道路的不足，选择了和平发展之路。

相较于西方现代化诉诸侵略、战争，以牺牲他国利益实现自身发展的强权政治，中国式现代化反对西方中心主义、霸权主义世界观，跳出“修昔底德陷阱”，走的是一条“尚和合”的现代化之路。《论语》中主张“和为贵”，强调“君子和而不同，小人同而不和”，《礼记》中强调“和也者，天下之达道也”。在人类命运共同体的整体视域下，不同文明应进行交流互鉴，实现文明和谐共存。《国语》中说的“夫和实生物，同则不继”，是指将和谐性作为万物生长发育的前提。这些都清晰表达了中华民族亲仁善邻、协和万邦的世界观，体现了人与自然和谐共生、人与人之间友善互助的价值意蕴。党的十八大以来，中国共产党将中华优秀传统文化中“以和为贵”的观念同马克思主义所揭示的人类社会向“真正共同体”演进的规律性认知有机结合，创造性地提出了构建人类命运共同体理念，向世界传递了清晰明确的信号，主张各国在开放合作中实现共同发展从而推动人类进步。这为超越资本逻辑提供了丰富的经验与智慧，推动了全球治理体系变革和构建世界发展新秩序，为世界发展的光明未来提供了中国方案。

“单则易折，众则难摧”，坚持“以和为贵”方能实现世界大同。在波澜壮阔的人类历史进程中，唯有全人类合力，才能聚沙成塔、集腋成裘，真正推动世界发展、增进人类福祉。

（三）“以自然为本”的生态理念

马克思指出，人类的劳动“首先是人和自然之间的过程，是人以自身的活动来中介、调整和控制人和自然之间的物质变换的过程”[①]。在中国古代哲学领域，《易传》以“生生之谓易”总结了天地的生生不已，这里的“生生”既指宇宙中人与自然是以生命有机体的形式存在的，又指生命体生育、生长的属性，宇宙世界正是生命有机体生生不已的过程。为了建设人与自然和谐共生的中国式现代化，就需要深入理解党的十九大报告中提出的“人与自然是生命共同体”。“人与自然是生命共同体”理念，既坚持了历史唯物主义的实践原则，又传承发展了中国古人对天人关系的基本理解，是破解现代社会人与自然紧张关系的理论利器。其以“生命”作为人与自然的共同点，以“共同体”明晰人与自然的有机关系。在现代化发展过程中审视人与自然的关系问题，我们需要明晰，生态问题是世界人民的普遍关切，并且现在已经形成两种发展道路——人与自然和谐共生的中

① 《马克思恩格斯文集》第五卷，人民出版社2009年版，第207—208页。

国式现代化和西方资本主义生态现代化。

面对生态环境问题，资本主义国家采取了“先污染后治理”的方式，甚至采取生态殖民主义，为了摆脱本国的生态危机向发展中国家转移污染，对发展中国家的经济发展权和生态安全权进行双重剥夺。事实表明，西方资本主义国家对于全球生态环境的破坏已使生态环境逼近承受极限，这使得全球陷入生态困境。当人类欢呼对自然的“胜利”之时，也就是自然对人类惩罚的开始。尽管部分西方国家已经意识到建设生态文明的重要性，但是限于私有制的制度根源，西方国家的生态治理始终没能触及经济发展与生态文明建设的矛盾根本，也就无法从根源上改善人与自然的关系。中国传统文化讲究“天人合一”的思想，“第二个结合”从中挖掘出人与自然保持和谐与统一的隐含意义。无论是出自《易经》的“有天地，然后有万物；有万物，然后有男女”，“观乎天文，以察时变；观乎人文，以化成天下”，“财成天地之道，辅相天地之宜”，出自《老子》的“人法地，地法天，天法道，道法自然”，还是出自《孟子》的“不违农时，谷不可胜食也；数罟不入洿池，鱼鳖不可胜食也；斧斤以时入山林，材木不可胜用也”，无不启示我们将天地万物与人类社会看作一个有机整体的重要性，无不强调人与自然相互依赖、共生共荣的价值理念，无不告诫我们“取之有度，用之有节”的必要性，无不要求我们将自然生态同人类文明联系起来，尊重自然规律、顺应自然法则、保护自然生态。习近平总书记吸收中华优秀传统生态文化的丰富营养，提出“人不负青山，青山定不负人”“生态兴则文明兴，生态衰则文明衰”“让群众望得见山、看得见水、记得住乡愁”等一系列生态文化理念，将自然生态与经济发展、社会民生有机融合在一起，形象深刻地阐述了人与自然和谐共生的内在规律和本质要求，充盈着浓郁的中国味，具有强大的文化感染力，推动中华优秀传统生态文化创造性转化、创新性发展。中国式现代化始终坚持“绿水青山就是金山银山”的理念，反对对自然的轻视、支配和破坏，更加注重尊重自然、保护自然、与自然和谐共生。与传统的现代化道路相比，“以自然为本”的生态理念，使得中国式现代化更加注重发展的可持续性，为推进全球可持续发展提供了中国方案，为世界现代化谱写了新的篇章。

基于以上理解，中国式现代化强调人与自然和谐共生的发展理念，提倡可持续发展和生态文明建设。在推进中国式现代化过程中，中国共产党深刻洞察生态文明与经济发展的关系，提出加强生态文明建设是推动经济社会高质量发展的必然要求，将生态文明建设上升到关乎全人类共同利益的高度，实现了经济发展和环境保护的双赢，突破了西方“先污染后治理”生态观的局限。因此，在中国式现代化中生态文明建设成为重要的国家战略和民生工程，为促进社会经济发展和环境保护提供了新思路和新方法。在当前世界背景下，人类需要明确，不注重环保谈经济发展是竭泽而渔的做法，我们应坚持在发展中保护、在保护中发展，实现人与自然的和谐共生。

二、为解决全球性问题提供中国方案

当前，世界之变、时代之变、历史之变正以前所未有的方式展开。战争阴霾依旧笼罩于人类社会，地缘政治博弈出现复杂化、扩大化趋势。全球经济发展面临动能不足、速度减缓和失衡等问题。传统安全和非传统安全领域问题频发，军事威慑、政治打压、经济制裁、极端气候、疾病大流行、粮食危机、恐怖主义事件等屡见不鲜。全球治理体系面临失灵、失效困境，逆多边主义思潮迭起。全球治理面临严重的和平赤字、发展赤字、安全赤字、治理赤字等危机，各类全球性问题层出不穷。时代给人类社会提出了一系列亟待解答的重大理论和实践课题，使人类社会再次面临何去何从的历史性考验。在此背景下，作为世界第二大经济体、联合国安理会常任理事国的中国，以中国式现代化的世界观为引领，胸怀世界变革大局，通过将中华优秀传统文化同马克思主义基本原理相结合，向国际社会发出全球发展倡议、全球安全倡议和全球文明倡议，这三大倡议继承了“和合思想”“天下大同”“协和万邦”等传统价值理念，必将在破解世界之问、时代之问，推动构建人类命运共同体的历史进程中发挥重要的引领作用。

（一）以全球发展倡议引领人类发展未来

2021年9月21日，习近平主席出席第七十六届联合国大会一般性辩论并发表题为《坚定信心 共克时艰 共建更加美好的世界》的重要讲话时，立足全球发展历史方位，顺应全球人民共同意愿，勇担全球变革时代重任，面向全世界首次提出全球发展倡议，主张坚持发展优先、坚持以人民为中心、坚持普惠包容、坚持创新驱动、坚持人与自然和谐共生、坚持行动导向，呼吁国际社会以全人类的团结合作伟力共同推动实现更加强劲、绿色、健康的全球发展。

全球发展倡议汲取了马克思主义理论与中华优秀传统文化的丰厚养分，彰显了引领世界历史的中国智慧。马克思、恩格斯指出：“代替那存在着阶级和阶级对立的资产阶级旧社会的，将是这样一个联合体，在那里，每个人的自由发展是一切人的自由发展的条件。”[①]中华优秀传统文化同样体现了“自由人联合体”思想，向世界表达了和合共生的理念。中华优秀传统文化追求“大道之行也，天下为公”，倡导“和衷共济”“守望相助”，致力于推动实现人类社会的携手发展、共同进步。

中国共产党一贯高度重视发展，将发展作为党执政兴国的第一要务。在新民主主义革命时期，尽管党尚未走向全国执政，但其在根据地建设、无产阶级政权建设的实践探索中已经形成了一定的发展经验。中华人民共和国成立以后，以毛泽东同志为主要代表的中国共产党人积极推动中国融入世界发展大势，提出统筹国内和国外两个发展大局以及和平共处五项原则等一系列促进全球合作与发展的历史性举措，推动建设国际政治经济新秩序。党的十一届三中全会以来，以邓小平为主要代表的中国共产党人提出“和平和发展是当代世界的两大问题”的科学论断，推动中国和世界更深层次的交流互融，中国对于世界发展的贡献迈上了新的台阶；江泽民指出，“各国文明的多样性，是人类社会的基本特征，也是人类文明进步的动力。世界各种文明和社会制度，应该长期共存，在竞争比较中取长补短，在求同存异中共同发展”[②]，这一观点是中华优秀传统文化中“和而不同”思想的体现，其在国际关系实践领域中的运用展示了中国人民为维护世界和平与发展作出的重要贡献；胡锦涛主张“以宽广深邃的战略眼光、以互利共赢的时代思维”[③]来审视和处理国家关系，充分展示和表达

---

① 《马克思恩格斯选集》第一卷，人民出版社2012年版，第422页。

② 《江泽民文选》第三卷，人民出版社2006年版，第311页。

③ 胡锦涛：《全面推进中美建设性合作关系——在美国友好团体举行的晚宴上的讲话》，《人民日报》2006年4月22日。

了中国人民同世界各国人民一道努力建设一个持久和平、共同繁荣的和谐世界的美好愿望。党的十八大以来，以习近平同志为主要代表的中国共产党人深刻洞悉世界发展趋势，把握世界发展本质规律，先后提出人类命运共同体、“一带一路”倡议等新理念和新方案。全球发展倡议即是立足世界百年未有之大变局，在思考如何建设美好世界基础上提出的理论构想，是中国共产党关于全球发展建设理论的精华。

全球发展倡议是中国化时代化的马克思主义在全球发展困境中引领世界发展的生动体现。全球发展倡议具有深邃的马克思主义理论背景，是中国化时代化的马克思主义理论创新成果。马克思主义中关于世界市场的不均衡不平等发展状况的论述以及关于“使东方从属于西方”等不平等国际关系的观点，是我们提出全球发展倡议的基本理论依据。而马克思主义所秉持的协调、绿色发展观点以及马克思主义政党应当肩负维护世界和平发展、推动全人类解放使命的马克思主义政党使命观，也为提出全球发展倡议提供了科学的理论遵循和强大的精神动力。此外，全球发展倡议也饱含着中华优秀传统文化内在的哲学追求与向往。《论语》中的“不患寡而患不均”提倡社会分配的平等和均衡，引导建立公平正义的社会秩序；《庄子》中的“天地与我并生，而万物与我为一”讲求人与自然的和谐共生，反映出对于自然规律的尊重；《大学》中的“苟日新，日日新，又日新”则强调创新求变，凸显出创新作为社会发展动力的重要意义。这些朴素的价值观念作为全球发展倡议中共享、绿色、创新发展理念的文化基础，全面彰显出中华优秀传统文化在推动全球发展方面的重要理论意义和时代价值。

全球发展倡议为国际社会走出发展困境指明了方向。习近平总书记提出的全球发展倡议是对“建设一个什么样的世界，怎样建设这个世界”这一重大时代课题作出的科学回答，具有深刻的理论意义和实践价值。全球发展倡议的主要内容包括坚持发展优先、坚持以人民为中心、坚持普惠包容、坚持创新驱动、坚持人与自然和谐共生、坚持行动导向。这“六个坚持”直击问题本质、回应人民关切，共同构成了全球发展倡议的基本框架，高度概括了全球发展倡议的理论内涵、价值内核和实现路径。

（二）以全球安全倡议破解人类安全赤字

全球安全倡议是在全球治理紊乱失序、国际社会人心不齐、天灾人祸多点暴发的时代背景下，中国向国际社会提供的一份重要公共产品。全球安全倡议通过马克思主义基本原理与中华优秀传统文化的互相结合，不仅丰富和发展了马克思主义中国化时代化的实践成果，而且展示了中国共产党为人类谋进步、为建设一个和谐世界而努力的战略眼光。

全球安全倡议彰显了中国促进世界和平和人类进步事业的大国担当。“安危不贰其志，险易不革其心”，矛盾并不可怕，正是矛盾推动人类社会发展前进。当今，国际社会安全形势看似“乱云飞渡”，实则逻辑清晰。全球安全倡议就是中国为破解全球安全困境、应对全球安全挑战提出的科学方案，它将中华优秀传统文化中的“协和万邦”“天下大同”思想与马克思主义共同体思想有机地结合起来，旨在推动世界和平的实现，构建真正的全球共同体，彻底摒弃狭隘的传统西方地缘政治安全理论，是践行人类命运共同体理念的生动体现，对于维护世界的和平发展事业具有重要意义。

全球安全倡议在人类命运共同体的宏大视域下，将中华优秀传统文化中的“和而不同”“美美与共”的社会观与马克思主义的社会发展理论有机地结合在一起，站在全人类普遍安全、共同安全的历史高度，向国际社会发出中国坚定维护世界和平与发展的时代强音。它始终着眼于构建"真正的人类社会"这一终极目标，从人类共同福祉角度出发，从国际主义角度出发，提倡用对话协商代替武力冲突、用合作共赢代替零和博弈、用交流互鉴代替"闭门造车"，从根本上否定了西方政治哲学基于人性本恶论、社会达尔文主义的错误发展路线。全球安全倡议为国际社会找到了一条能够真正化解国与国、人与社会之间矛盾问题的科学之路，走出了国际社会所"必然"面临的安全困境、填平了预言"战争不可避免"的"修昔底德陷阱"、医治了"金德尔伯格陷阱"的历史性"胡言乱语"，完成了对带有阶级偏见的传统西方地缘政治安全理论的超越。

全球安全倡议根植于中华优秀传统文化中的和平理念，打破了西方话语在全球安全治理领域中长期占据主导地位的局面，体现了世界上爱好和平与发展的力量必将战胜霸权势力的坚定决心和历史必然，是人类社会坚持"正义必胜、和平必胜、人民必胜"伟大历史真理的时代明证。中国有着五千多年的文明史，对于和平的向往与追求，是中华文明永恒不变的历史主题。从中国古代经典著作中，可以看出古人对于"和合"的追求。"天下为公"是《礼记》中的经典言论，强调整个国家或世界是公众所共有的，天下万民共同享有社会资源，体现了一种理想的社会政治秩序，倡导国家社会的和谐与共同发展。《墨子》中的"兼爱""非攻"不仅主张人与人之间的相互尊重、相互理解、相互帮助，实现和平共处，同样也适用于国与国之间，即国家之间应相互爱护，避免使用武力和战争，以实现共同的利益，促进世界和平。《道德经》里"挫其锐，解其纷，和其光，同其尘"指出通过消除自己的锋芒和傲气，化解矛盾和纷争，建立更加和谐的人际关系，通过保持内心的光明和正能量，融入尘世之中，这样可以与世界同行，传达了一种和合的人生态度。《论语》中的“和而不同”表明人们应该在追求和谐的基础上，尊重并容纳不同的观点、习俗和文化，以实现社会的多样性和平衡发展。和平是社会进步和人类文明发展的基石，人类对于和平的追求和向往是亘古不变的。

全球安全倡议为人类命运共同体理念注入崭新时代内涵。第二次世界大战结束后，历史并没有按照人类“预先”编排好的剧本发展，世界各国人民所祈盼的持久和平、共建繁华盛世的美好愿景没有在现实中实现，而是在对抗与战火中化为泡影，最终成为“镜中花”“水中月”。长达近半个世纪之久的冷战对抗，让人类社会染上了沉重的不安与对抗情绪，而从20世纪90年代初开始，海湾战争、阿富汗战争、伊拉克战争、利比亚战争、叙利亚战争等，更是让人类社会这个有机体患上了严重的疾病，出现了多种并发症。在纷繁复杂的世界局势下，中国向国际社会发出全球安全倡议，为消弭局部冲突对抗，实现世界持久和平安宁指明了新方向，提供了新路径，极大丰富了人类命运共同体理念的安全内涵。

（三）以全球文明倡议点燃人类文明之光

“第二个结合”使中国传统的国家观和世界观具有了与时俱进的现代维度，也为经历人类历史上规模最大的现代化的中华文明打开了促进全人类进步的广阔空间。获得广泛响应的全球文明倡议便是这一结合的生动成果体现，其作为中国式现代化的时代产物，内在体现了人类文明新形态对于资本主义文明形态的超越，验证了科学社会主义理论的强大生机活力，加速了人类社会迈向共产主义的历史进程，彰显了中国式现代化的文明魅力。

全球文明倡议始终坚持包容共生。五千多年的中华文明发展史是一个独特且富有张力的历史演变过程，中国从最初星罗棋布的民族聚居格局逐渐发展为如今人口众多、多民族共存、国土广阔的中华民族共同体。在漫长的历史演进过程中，中华文明的发展伴随着诸多王朝与政权的更迭，与西方在不断破碎重组中最终形成众多规模较小的民族国家不同，中国最终成为一个拥有广袤疆土、人口规模巨大的统一的多民族的现代国家。中华文明以自信包容的胸襟和谦虚宽厚的姿态，积极吸纳世界各种文明之所长，充分展现了发展的不竭动力和永恒活力，为人类文明发展提供了中国典范。中华文化主张和谐共存、尊重差异，倡导交流互鉴，反对排斥霸凌，为解决人类文明难题提供了深厚的哲学底蕴和坚实的文化根基。中华文化高度赞赏并弘扬君子之风，倡导“和而不同”的包容特性，从而孕育出正义与和平的民族品格。全球文明倡议根植于中华民族优秀历史文化传统，是马克思主义民族观、文明观的时代表达，其开放包容、和谐共生的价值内涵充分彰显了文明共存、文明交流、文明进步的历史潮流和时代理念，将对人类文明发展产生深远的影响。

全球文明倡议始终坚持多元统一。在人类文明演进发展的历史长河中，不同的文明形态总是源生于不同群体根据相应生产力基础（自然、地理、人文等）而形成的特殊生产关系。人类文明因政治传统、宗教文化、社会道德、风俗习惯等方面的因素，表现出多元性的特征，这是人类文明在发展过程中被历史环境和时代条件塑造的必然结果，但在这种特性背后其实是普遍存在的人类文明共性。中华文明具有强大的向心力、统一性和高度的传承性，即使中华文明在形成发展的过程中，始终贯穿着地理空间分布广泛、自然环境差异明显、生产生活方式不同等诸多因素，但这些都没有成为统一的中华文明共同体意识的形成障碍，而中华文明“大一统”观念及其历史实践则有力地推动了中华文明的凝聚。中华文明始终坚持追求实质统一，这是中华文明蕴含的最为强大的民族基因。“大一统”是中华文明在国家层面对于国土统一的至上追求，“天下大同”则描绘了中华文明在更高的世界层面对于人类文明协同进步的美好愿景。倡导协和万邦，寻求共同创造“天下大同”的和谐世界，与马克思主义关于民族国家、人类未来的理论观点高度契合。全球文明倡议立足时代潮头，恪守人民立场，以超越“文明冲突论”、共同构建人类命运共同体的强大号召彰显了新时代中国的文明观。全球文明倡议鼓励进行高水平高质量的文化交流和民间往来，以文明发展的内生驱动力来推动世界现代化，繁荣人类文明“百花园”，生动地展现了对人类文明多样性的尊重、崇尚和礼敬。同时，全球文明倡议所弘扬的和平、发展、公平、正义、民主、自由的全人类共同价值，是对人类文明共同价值理念的提炼凝结，是人类文明进步发展的信仰基础，这是中华文明“天下大同”传统思想的时代书写，也是人类作为文明缔造者对于文明进步逻辑的生动创新。

在当前的世界格局中，各国之间的联系前所未有的紧密。人类共同居住在一个地球村，世界越来越成为一个相互关联、相互影响的命运共同体。面对人类所面临的各种挑战，没有一个国家能够单独应对，也没有一个国家能够回归到孤岛式的封闭状态。这就要求各国在追求本国利益的同时，必须兼顾其他国家的合理关切，必须在追求自身发展的同时，促进各国的共同发展，不断扩大各国共同利益的交汇点。在中国式现代化的世界观中，人类被看作是一个命运共同体，各国的前途和命运紧密相连。不同的文明应该相互容纳和共存，相互交流和互相借鉴，共同推动人类社会的现代化进程，共同繁荣世界文明的花园。在人类社会的现代化进程中，不同文明均发挥着不可替代的作用。它们一起为推动人类社会的进步和发展作出了重要贡献。基于这种认识，中国致力于构建人类命运共同体。中国把应对气候变化视为转变发展方式的重大机遇，并积极探索适合中国国情的低碳发展路径。同时，中国提出了全球文明倡议，旨在消除不同文明之间的隔阂和误解，促进不同文明的平等和平共处，从而夯实世界和平和发展的基础。这一倡议助力各国人民维护自身独特的文明，尊重其他文明的成就，摒弃冷战思维，走出霸权主义和强权政治的阴影。同时，这一倡议巩固了全球发展和全球安全的理念基础，弘扬了全人类共同的价值观念。

三、为繁荣世界文明百花园提供中国智慧

“和而不同”“尺有所短，寸有所长”都是中华优秀传统文化中的思想智慧。不同文明应该互相尊重、求同存异、和谐共存，用文明的相互交流超越文明隔阂，用文明的相互借鉴超越文明冲突，用文明的共存共生超越文明优越。在全球化的背景下，各地域文明间的交流越发重要。在中华大地上，马克思主义基本原理与中华优秀传统文化创造性结合，进而推动形成与时代需求相符合的人类文明新样态，即“人类文明新形态”，这是一种新的力量，为全人类的文明共同进步注入了新的动力，而且其不同于西方的文明形态，西方的文明形态是资本主义的文明形态，“人类文明新形态”则是在马克思主义真理光辉照耀下的社会主义新型文明形态。中华文明“民为邦本”的民本思想与人类文明新形态的“为民本质”深相契合，中华文明“协和万邦”的和谐思想与人类文明新形态的“和平属性”异曲

同工，人类文明新形态根植于中华传统文明，中华文明赋予人类文明新形态强大的生机与活力。人类文明新形态秉持着“和羹之美，在于合异”的开放理念，摒弃“文明优越论”“文明中心论”，促进文明的多样性和包容性发展，坚持以人民为中心，注重可持续发展，推动人类文明不断进步和发展，积极为人类的幸福和未来作出贡献。

习近平总书记指出：“中国共产党将致力于推动文明交流互鉴，促进人类文明进步。当今世界不同国家、不同地区各具特色的现代化道路，植根于丰富多样、源远流长的文明传承。”[①]这启示世界各国要充分挖掘各国历史文化的时代价值，推动各国优秀传统文化在现代化进程中创新发展，进而创造出更多优秀的现代文明成果。人类文明新形态为世界各国的实践提供借鉴，不断促进人类的进步发展，向世界提供方向指引，因而有着强大的生命力和推动力，为繁荣世界文明百花园提供了中国智慧。人类文明新形态以为人们创造更加美好的生活为价值目标，内嵌了中华文明以民为本、和谐共生、美美与共等价值理念，对于发展中国家现代化建设具有重大意义和启示作用。中国在未来将更加开放包容，用更加充满生机和力量的现代文明成就贡献世界。

当前，世界正处于百年未有之大变局，西方发达国家的实力相对下降、发展中国家群体性崛起、地缘政治紧张加剧、数字经济迅速发展等，显示了世界政治经济格局之变。人类文明发展进入动荡变革期，具体表现在：西方国家奉行经济利益至上观念导致社会价值观分裂、社会矛盾和冲突加剧；推行文化霸权主义导致文化同质性问题，削弱了民族文化和传统

① 习近平：《携手同行现代化之路——在中国共产党与世界政党高层对话会上的主旨讲话》，《人民日报》2023年3月16日。

的多样性等。一系列的社会变革发展也反映了西方文化理念在解决当今全球发展问题上的失灵，世界迫切需要新的文明理论。事实上，西方文明衰落早在第一次世界大战期间就被预见，并且在当时就有学者指出未来中华文明会引领人类文明走向新的发展。然而近代以来，伴随着西方工业革命的发展，一直处于世界文明前沿的中华文明开始落后于西方文明。面对西方帝国主义的侵略和压迫，中华民族和中华文明的发展陷入前所未有的困境，关于中华文明引领人类文明发展方向的讨论也无果而终。如今，世界之变的客观存在与全面显出，意味着看似牢固的原有世界秩序开始晃动，以“世界怎么了，我们怎么办”为轴心的一系列世界之问在世界变局中被提出来，处于变局中的世界呼唤新的文明方向。

中华文明以其深厚的历史和文化积淀，与时俱进地向现代化转型，为理解和应对全球化时代的挑战提供了独特的视角和智慧。中华文明以向现代化转型回应时代变化，并不是以回到古时的辉煌的形式来开启新局面，而是在如今新的时代条件下在实践中进行创新。中华民族现代文明是中华文明向现代转型的崭新的文明形态，其根植于深厚的中华优秀历史文化和马克思主义文明理论，为人类文明发展提供了新的模式。中华民族现代文明在应对21世纪全球变局中发挥着关键作用，指明了在复杂多变的国际环境下应对世界不确定性的方向。这不仅体现了中国对马克思主义的创新性发展，也彰显了中华文明在推动构建人类命运共同体中的积极贡献。深刻挖掘中华文明的现代价值，发展中华文明崭新的现代形态，对解决中国现实问题和当今人类发展面临的重大问题均具有重要意义和价值。

作为具有悠久历史的文明，中华文明展现了不断创新转型、开启世界文明新方向的决心和勇气，为繁荣世界文明百花园提供了中国智慧，体现了中国在推动世界历史进程中的大国担当。中华民族现代文明的建设，更展现了中国在全球舞台上的责任感和引领新时代人类文明发展的伟大志向，标志着世界文明向着更加公正、和谐的新纪元迈进。中华文明担负起推动世界文明发展的重任，以中国制度文明、中国文明传播方式、中国文明观向世界展示中国文明的智慧，促进世界文明迈向新的方向，丰富着世界文明百花园。

（一）中国制度文明向世界文明提供中国智慧

人类社会由不同的文明共同构建而成。文明是人类在历史长河中所创造的智慧和价值观，包括语言、文化、科技等各个方面的表现，不同的文明具有各自的特点和贡献，通过交流、互动和对话等形式，人类社会的不同文明在不断演进。文明的建设和发展对于人类社会的稳定和繁荣非常重要。制度文明则是人类文明在形成和发展的过程中形成的重要的文明形式，它是人类社会运行和发展的重要支撑，对于维护社会秩序、促进社会进步和繁荣具有重要作用。制度文明试图建立公正、公平、高效、透明、规范的制度体系，确保社会各方面有序发展和运行。中国在两千多年之前就进入文明形成期，这一时期的文明经过一系列发展形成一种制度文明，这一时期也就是我们所熟悉的春秋战国和秦帝国时期，在后来也被西方学者称为文明的“轴心时代”。自此中华文明逐渐进入了较为快速的发展时期。中华文明的价值和智慧具有重要意义和影响力，为人类社会的和谐、可持续发展提供了宝贵的借鉴。

然而近代中国社会的落后、西方制度的不断发展，使得西方的制度文明被世界大多数国家认可，并且将其当作标准。而事实上，中国的制度文明和现代化元素的出现远早于西方，中国古代的政治、经济和社会制度已经相对完备，尤其是中央集权的国家体制、中国古代辉煌的科技成就等都对全球的现代化进程产生了重要影响。虽然近代以后，西方随着工业革命和科技进步，实现了大规模的工业化和现代化转型，形成了西方民主政治体制，中华文明在列强侵略下遭受严重打击，但在文明发展史上，中国的制度文明是值得被关注和研究的，美国学者弗朗西斯·福山更是“把中国当作国家形成的范本”，指出了中国的制度文明在人类历史上的重要地位，表明中国古代的制度文明是“范本”，是可以被模仿和复制的文明形态。

文明的发展需要图强求变，这表明文明在不断的变革和进步中可以产生强大的力量和影响力。古代中国经过不断的发展，向世界贡献了中华文明；近代以后，在中国共产党的领导下，中华民族进取求新，将马克思主义基本原理同中国具体实际相结合、同中华优秀传统文化相结合，创造了中国式现代化新道路。中国式现代化正以全新的姿态向世界展示着中国的制度文明。新时代，中国人以自己孜孜以求、顽强拼搏的探索，向世界展示了人类文明新形态。如今的世界局势变幻莫测，机遇与挑战并存，中国正在向世界提供全新的人类文明形态，这种文明形态必将为世界贡献新的力量。

文明是需要并且应当相互借鉴的，各种文明之中存在着丰富多样的思想、价值观，文明的相互借鉴促进文明的发展和进步。人类文明新形态正以自身独特的魅力向世界贡献新的力量。西方文明要求世界向西方看齐，遵循“他们的规则”，而不屑于借鉴其他文明，这反映了西方文明的狭隘性和片面性。而人类文明新形态保持开放和尊重其他文明的态度，真正去理解和吸收其他文明的精华，并将其与本土文明进行有机结合进而加以创新，同时保持着自身文明的独特性和核心价值观，与不同文明平等交流和对话。正因如此，人类文明新形态与不同文明相互交流借鉴，推动世界文明的进步和发展，促进人类和谐共处。

制度文明是社会发展的重要标志，在保障公众利益、维护社会公平正义方面起着重要的作用。古代中国，以不断探索和创新，培育全新的制度文明，向世界提供制度范本，为世界文明的发展作出了不可磨灭的贡献。如今，当世界局势风云诡谲，世界格局变得更加多元、复杂和不稳定时，中国再次向世界贡献中国智慧。马克思主义与中华文明相结合，创造出的具有更加普遍意义的文明范本和制度范本，不仅具有更好的可复制性，而且兼容并包，以更加平等正义的姿态走向世界，以更加开放包容的心态拥抱世界，为世界和人类贡献新的文明力量。

中国制度文明以自己的方式不断向世界提供中国智慧，以中国式现代化为主要发展思路的中华文明，正在进行深刻的升级和发展转变。未来，中国制度文明必将为世界文明百花园奉献更多的中国智慧、中国方案；未来，中国必将以更加包容开放的姿态，更充分地向世界展现中国制度文明的蓬勃生机。

（二）以中华文明故事向世界展现中华文明

习近平总书记强调，“要立足中国大地，讲好中华文明故事，向世界展现可信、可爱、可敬的中国形象”[①]。讲好中华文明故事，是我们向世

① 《习近平在中共中央政治局第三十九次集体学习时强调 把中国文明历史研究引向深入 推动增强历史自觉坚定文化自信》，《人民日报》2022年5月29日。

界展现中华文明的最好方式。习近平总书记的指示，是我们进一步做好国际传播工作的根本遵循。只有把我们的文明故事讲给世界听，世界才能正确地认识我们的文明，才能更好地了解中国，才能进一步理解我们的理念和价值观。

中华文明故事，就是最好的中国故事。中华文明凝聚着中国人民的智慧、创造力和灵感，博大精深、源远流长，是世界最宝贵的文明之一，更是中华儿女的根基所在、中国文化创新的宝藏。在中华大地上，中国人民以艰苦奋斗、自强不息的精神，不断进取、积极探索的勇气，推陈出新、创新拼搏的实践，经历了不同于其他文明的文明发展历程，走出了一条属于自己的文明之路。中华文明也因此在世界的东方闪烁着耀眼的光芒。向世界讲好中华文明故事，需要系统科学完整的方法和体系。经过众多学者的不断研究，我们在中华文明的发展历程、内容构成、发展特点及传播形式创新等各个方面，形成了更加透彻的认识。继续讲好中华文明故事，需要对现有的方法和体系加以丰富和创新，深入挖掘中华文明的内涵和价值。

讲好中华文明故事，要坚持以中华优秀传统文化为根基。中华优秀传统文化是中国几千年来的历史和文化积淀，是中华文明的根基所在，对中华文明的形成发展起到了重要的推动作用。把中国故事讲好，必须传承和弘扬中华优秀传统文化，坚持历史唯物主义，坚持“第二个结合”，推动中华优秀传统文化创造性转化和创新性发展。传承和弘扬中华优秀传统文化需要在内容和形式上创新：一方面，中华优秀传统文化内容丰富，要加强中华优秀传统文化教育，培养中华优秀传统文化的继承者和传播者，同时发挥革命文化和社会主义先进文化在育人方面的作用；另一方面，充分利用互联网等现代科技手段，将中华优秀传统文化进行数字化传播，创新继承和传播形式，在全社会营造良好的文化传承氛围。在传承和弘扬中华优秀传统文化的基础上，讲好中华文明故事，要充分利用现有的物质文化资源，比如文物和文化遗产等。

讲好中华文明故事，要建立与文明研究相适应的学科体系、学术体系和话语体系。建立具有鲜明中国特色的学科体系，注重将中华优秀传统文化纳入教学内容和研究视野，形成中国特色的学科结构、课程设置和教学方法，传承和弘扬中华优秀传统文化的智慧和价值；建立具有鲜明中国特色的学术体系，发展具有中国特色的学术理论和研究方法，推动学科内部和跨学科领域形成融入中国文化和中华文明的视角，形成富有独创性和国际影响力的学术成果；建立具有鲜明中国特色的话语体系，以具有中国特色的视角和语言，探讨和阐述中国文化和中华文明的内涵和意义，推动形成反映中国价值观念和思维方式的话语体系，扩大国际传播的影响力。建立具有鲜明中国特色的学科体系、学术体系、话语体系，以更加科学的表述，用中国理论阐释中国实践，讲好中华文明故事，对中华文明进行更加深刻的阐释。

从古至今，中华文明秉持开放包容的态度，愿意并且注重与其他文明的交流和合作，为世界文明的多样发展和繁荣作出了重要贡献。讲好中国故事、传播好中国声音，是我们坚持文化自信自强的重要表现，也是当前乃至未来在推进文化强国建设方面的重要任务。构建中华文明的传播体系，更好地推动中华文化走向世界，就要拓宽国际文化传播渠道，提供更加优质的文化产品和内容，不断加强国际交流与合作，提高中华文明的国际影响力。相信在不久的将来，中华文明及其内含的思想和价值观必将被世界上更多的国家和人民认可和接受。中国以自身力量推动世界文明的交流合作，进而推动构建人类命运共同体。

在中华文明中孕育形成的中国式现代化，是如今的中国向世界给出的中国答案，其中蕴含的中华文明中的“和合”理念、人民至上情怀、万物共生原则等，为世界各国人民奔赴更加光明美好的未来指引了方向，中国式现代化真正地站在真理和道义的制高点上擘画出人类社会发展的路线图。要积极讲好中华文明故事，向世界充分展现中华文明和中国式现代化强大的生命力。

（三）以中国文明观丰富世界文明百花园

习近平总书记指出，“我们主张平等、互鉴、对话、包容的文明观”[①]。文明观是对于文明的理解、认知和态度，中国始终主张和坚持以平等和尊重、开放和包容、交流与互鉴、和谐与共赢的态度对待所有不同的文明。中国的文明观以理解、尊重和促进不同文明的和谐共存为基础，倡导平等并尊重每种文明，认同多元文化的存在和多样性的价值，以文化的交流和互鉴发展文明，最终通过相互合作、交流和互惠互利的方式，推动不同文明的发展和进步，实现共同繁荣的目标。在中国文明观的倡导下，马克思主义基本原理同中华优秀传统文化的结合，必将不断丰富世界文明百花园。

不同的文明观对于文明的发展有着不同的作用。千百年来，中国秉持平等、互鉴和包容的文明观，推动着中国社会的发展和进步，甚至在民族

---

① 习近平：《坚守初心 共促发展 开启亚太合作新篇章——在亚太经合组织工商领导人峰会上的书面演讲》，《人民日报》2022年11月18日。

危难之际，中国的文明观也以自身独特价值，发挥着挽救和振兴民族的积极作用。俄国十月革命后，随着马克思主义传入中国，中国以自身开放包容的文明观，接受并发展马克思主义，将马克思主义基本原理同中国具体实际相结合、同中华优秀传统文化相结合，给处于危亡之中的中华民族正确的方向指引。正是因为中华民族拥有兼容并包、海纳百川的文明价值观，才吸引外来文明走进中国。如今，秉持正确的文明观，中国不断发展文明，并推动文明走向世界，丰富着世界文明百花园。

人类文明的发展需要有像中国这样的平等、尊重、开放、包容的文明观。正确且有价值的文明观对于建立和谐、进步和繁荣的人类社会具有重要的意义。尽管各个国家和民族在文化、历史和政治等方面存在差异，但是建设美好世界、实现和谐发展是共同的追求，这就需要正确的文明观指引。中国提出世界各国文明共同发展，不仅繁荣本国的文明，也要为他国的文明创造发展的条件，从而推动世界文明百花园的繁荣。习近平总书记指出："交流互鉴是文明发展的本质要求。只有同其他文明交流互鉴、取长补短，才能保持旺盛生命活力。"[①]这是对中国文明观在中国社会发展中起到的积极作用的经验总结，同样也适用于各个国家文明以及世界文明的发展。

各个国家都有自身的文化价值体系和文明观，这是不同国家在追求自身利益时表现出不同行为的关键原因所在。文化价值体系支撑和指导着社会的行为和决策，随着社会的变革和全球化的深入，不同文明价值观难免会发生冲突和对立，通过对话、交流和互相理解，寻求共同的价值基础和

① 《习近平谈治国理政》第三卷，外文出版社2020年版，第469页。

解决方案尤为重要。建设美好世界需要各个国家的共同努力，要尊重和包容不同的价值观和文明观，推动共同发展和进步。一个社会的文明发展对于个人有着遵守社会规范、参与社会事务和承担社会责任等各方面的要求，而世界的文明发展同样需要每个国家的努力。中国的文明观坚持从每个国家自身的情况出发，尊重各个不同国家的文化传统、历史经验和发展需求，认为各个国家都有权利根据自身独特的历史、文化和发展阶段来发展自身的文明。各个国家在发展好自身文明的同时，相互交流和借鉴，这符合国际社会的潮流，有助于增进彼此间的相互理解，实现合作共赢，为建设美好世界作出积极贡献。

人类命运共同体理念，不仅在宏观上要求各国之间协调发展，而且从微观角度要求人与人之间和谐相处。中国文明观助推人类命运共同体的构建，强调共生共荣，强调各种文化之间相互欣赏。当今世界，所实现的物质文明成就远胜以往，但也面临着前所未有的挑战，世界局势风云诡谲，呈现出更加多元、复杂和不稳定的局面。中国文明观在这样的世界大背景下，倡导构建人类命运共同体，倡导世界文明交流互鉴，倡导各种文明共同繁荣共同发展。

如今互联网等科技的高速发展，使得庞大的世界日益联系成一个紧密的整体，逐渐形成一个小小的“地球村”。如何在这样的“小圈子”里，让世界各国的文明都绽放光彩，是我们必须要思考的问题。中国的文明源远流长，在整个世界文明百花园中绽放着属于自己的光彩，同时中国强调“百花齐放”。中国将以自身文化的繁荣发展，为世界文化繁荣注入更多的力量；中国将携手各方，积极践行全球文明倡议，努力开创世界各国人文交往、文化交流、民心相通新局面，让世界文明百花园姹紫嫣红、生机盎然。

马克思主义是博大精深的理论体系，其核心是为人类寻求解放。中华优秀传统文化追求的是为生民立命，为万世开太平。在新时代，将两者深度结合，能够更好地推动人类命运共同体的构建。因此，我们应该弘扬中华文明交流与融合的优良传统，同时继续学习世界各种文明的有益成果，并秉持全球观念，走向世界，融入世界。要在文明互鉴、国际交流、世界互联的过程中，进一步创新发展马克思主义与中华优秀传统文化。这种创新发展可以通过深入理解和挖掘中华优秀传统文化的智慧和价值观，以及加强中华优秀传统文化与马克思主义基本原理的对话和结合来实现。通过这样的努力，我们能够更好地汲取中华文明所孕育的智慧，在马克思主义与中华优秀传统文化的创新发展中，不断回答中国之问、世界之问、人民之问、时代之问。

结　语

结 语

当我们以“十论”的形式和内容全面解读了“第二个结合”这一命题之后，方才有可能就“第二个结合”作一些更关乎本质的“总的思考”。这样的思考本身是隐而不显地“蛰伏”在“十论”当中的，我们在结语部分使其彰明出来。

1. 回答“究竟什么是中华优秀传统文化，怎样对待中华优秀传统文化，如何把握马克思主义基本原理同中华优秀传统文化的关系”问题是“第二个结合”的基本主题

在马克思主义中国化时代化的历史进程中，把马克思主义基本原理同中国具体实际相结合是一次思想解放，其基本主题主要是回答“究竟什么是马克思主义，怎样对待马克思主义”的问题。对这一重大基本问题的创造性回答，把人们从对马克思主义的教条式理解中解放了出来。把马克思主义基本原理同中华优秀传统文化相结合，是马克思主义中国化时代化历史进程中“又一次的思想解放”，其基本主题主要是回答“究竟什么是中华优秀传统文化，怎样对待中华优秀传统文化，如何把握马克思主义基本原理同中华优秀传统文化的关系”问题，把人们从对中华优秀传统文化的“文化虚无主义”认识中解放出来，从马克思主义基本原理同中华优秀传统文化“不能通约”“不可对话”的两极对立思维中解放出来。从马克思主义中国化时代化的历史看，“第二个结合”对于“第一个结合”具有逻辑的先在性，因而更加重要、更加根本。

文化作为人们的生存方式，其功能独特，既根植于民族血液，又深嵌于民族发展过程，是国家繁荣、民族兴盛、文明进步的动力之源。中华民族在百万年的人类史、一万年的文化史、五千多年的文明史中，创造创新、丰富发展了富有独特价值和永恒魅力的中华优秀传统文化与实践智慧，形成了中华民族独特的精神根脉和突出优势。中华优秀传统文化是中华民族的突出优势，是我们在世界文化激荡中站稳脚跟的根基。“第二个结合”的前提，在于马克思主义和中华优秀传统文化相契合。这一结合的结果，使马克思主义同中华优秀传统文化“互相成就”，让马克思主义成为中国的，中华优秀传统文化成为现代的，二者经由“结合”而形成的新文化成为中国式现代化的文化形态。正是因为马克思主义浸润了中华优秀传统文化这块精神园地，才使中华优秀传统文化实现了创造性转化和创新性发展，与现代文化相适应，与现代社会相协调，满足实践需要、鼓励向上向善，展现跨越时空、超越国界的永恒魅力。

2. 在新的历史起点上，继续推动文化繁荣，建设文化强国，建设中华民族现代文明，是“第二个结合”的时代使命

习近平总书记指出，“在新的起点上继续推动文化繁荣、建设文化强国、建设中华民族现代文明，是我们在新时代新的文化使命”[①]。这就要求我们必须坚定文化自信，坚持走自己的路，立足中华民族伟大历史实践

① 《习近平在文化传承发展座谈会上强调 担负起新的文化使命 努力建设中华民族现代文明》，《人民日报》2023年6月3日。

和当代实践，用中国道路总结好中国经验，把中国经验提升为中国理论，实现精神上的独立自主。必须秉持开放包容，坚持马克思主义中国化时代化，传承发展中华优秀传统文化，促进外来文化本土化，不断培育和创造新时代中国特色社会主义文化。必须坚持守正创新，以守正创新的正气和锐气，赓续历史文脉、谱写当代华章。这就迫切需要我们大力推进“第二个结合”。

站立在九百六十多万平方公里的广袤土地上，吸吮着中华民族漫长奋斗积累的文化养分，拥有十四亿多中国人民聚合的磅礴之力，我们走自己的路，具有无比广阔的舞台，具有无比深厚的历史底蕴，具有无比强大的前进定力。我们必须坚持马克思主义这个立党立国、兴党兴国之本不动摇，坚持植根本国、本民族历史文化沃土发展马克思主义不停步，将中华民族的伟大精神和丰富智慧更深层次地注入马克思主义，有效地把马克思主义思想精髓同中华优秀传统文化精华贯通起来，聚变为新的理论优势，不断攀登新的思想高峰。必须不断拓宽理论视野，以海纳百川的开放胸襟学习和借鉴人类社会一切优秀文明成果，形成兼收并蓄、博采众长的理论大格局大气象，为建设中华民族现代文明提供思想理论支撑。

3. 守好马克思主义魂脉和中华优秀传统文化根脉，坚持历史自信、文化自信，推进马克思主义中国化时代化，是“第二个结合”的历史责任

马克思主义与中华优秀传统文化是推动马克思主义中国化时代化的魂脉和根脉。推进理论创新，不断开辟马克思主义中国化时代化新境界，必须讲新话，但不能丢了老祖宗，数典忘祖就等于割断了魂脉和根脉，最终会犯失去魂脉和根脉的颠覆性错误。“第二个结合”重大理论命题的提出，是党对马克思主义中国化时代化历史经验的深刻总结，而不是历史的终结，它标志着马克思主义基本原理同中华优秀传统文化相结合的新开端。

中国共产党既是马克思主义的忠实信仰者和践行者，又是中华优秀传统文化的忠实传承者和弘扬者。在一百余年马克思主义中国化时代化的伟大历史进程中，中国共产党始终坚持“以古人之规矩，开自己之生面”，不断与时俱进地传承和弘扬中华优秀传统文化。培根铸魂，使马克思主义这个“魂脉”日益生机勃勃，中华优秀传统文化这个“根脉”不断吐故纳新。

中国特色社会主义进入新时代以来，习近平总书记对关系新时代党和国家事业发展的一系列重大理论和实践问题进行了深邃思考和科学判断，就“新时代坚持和发展什么样的中国特色社会主义、怎样坚持和发展中国特色社会主义，建设什么样的社会主义现代化强国、怎样建设社会主义现代化强国，建设什么样的长期执政的马克思主义政党、怎样建设长期执政的马克思主义政党”等重大时代课题，提出一系列原创性的治国理政新理念新思想新战略，创立了习近平新时代中国特色社会主义思想。习近平新时代中国特色社会主义思想是当代中国马克思主义、21世纪马克思主义，是中华文化和中国精神的时代精华，是马克思主义基本原理同中华优秀传统文化相结合的光辉典范。

4. 在人类文明新的十字路口，回答世界现代化之问，推动构建人类命运共同体，创造人类文明新形态，是“第二个结合”的世界担当

早在改革开放这个党的一次伟大觉醒、伟大思想解放开始之际，邓小平即指出：“我们讲解放思想，是指在马克思主义指导下打破习惯势力和主观偏见的束缚，研究新情况，解决新问题。”[①]作为“又一次的思想解放”，“第二个结合”旨在以马克思主义基本原理与中华优秀传统文化的结合之道，打破习惯势力和主观偏见的束缚，研究新情况，解决新问题。“第二个结合”是有强烈问题意识的结合，是以问题为导向的结合，其不仅要回答中国之问，而且要回答世界之问，是体现世界担当的“又一次的思想解放”。

人类文明的演进、人类社会的发展曲折起伏。当前，世界之变、时代之变、历史之变正以前所未有的方式展开。世界遭遇全球经济复苏艰难、南北发展鸿沟不断拉大、生态环境持续恶化、冷战思维阴魂不散等一系列发展难题，而西方以资本为中心的、两极分化的、物质主义膨胀的、对外扩张掠夺的现代化老路被不断证明走不通，西方文明经受着考验，多重挑战与危机交织叠加，人类文明特别是人类社会现代化进程又一次来到历史的十字路口。人类面临着“两极分化还是共同富裕”“物质至上还是物质精神协调发展”“竭泽而渔还是人与自然和谐共生”“零和博弈还是合作共赢”“照抄照搬别国模式还是立足自身国情自主发展”等一系列现代化之问。

“第二个结合”蕴含着应答世界之问的时代智慧。早在一百多年前，在中国问题重重时，作为“西方思想解放巨擘”的罗素，在苦恼“西方文明的希望日显苍白”之时，就明确指出：“我相信，中国人如能对我们的文明扬善弃恶，再结合自身的传统文化，必将取得辉煌的成就。”[②]当代

① 《邓小平文选》第二卷，人民出版社1994年版，第279页。

② ［英］伯特兰·罗素：《中国问题》，秦悦译，学林出版社1996年版，第4页。

中国，在中国共产党的坚强领导下，在马克思主义基本原理同中华优秀传统文化的互相滋养、互相砥砺、互相成就中，光大了马克思主义的真理智慧，激活了中华文明的当代价值，既传承历史文化又融合现代文明，既造福中国人民又促进世界发展，成功走出了既有各国现代化共同特征、更有中国特色的中国式现代化道路，成功创造了根本有别于资本主义文明形态的人类文明新形态，成为人类命运共同体的坚定倡议者和践行者，积极推动建设持久和平、普遍安全、共同繁荣、开放包容、清洁美丽的新世界，为打破“西方中心论”的迷思提供了中国典范，为发展中国家走向现代化提供了全新选择，为人类文明的前进提供了正确方向。

后 记

记得在《论马克思主义与中国传统文化相交融》(《理论学刊》2015年第11期)一文中,我开篇即言:"马克思主义与中国传统文化的关系问题,是一个极其复杂且论争旷日持久的世纪难题。""第二个结合"的提出,使学界就这一问题(难题)进一步解放了思想。《"第二个结合"论纲》,便是我在思维行程中进一步解放思想的学术成果。

在我看来,"第二个结合"虽然表达形式简约,内蕴却极为深刻丰富。作为又一次的思想解放,作为习近平文化思想的重要构成,"第二个结合"透辟洞悉马克思主义基本原理同中华优秀传统文化"为什么能够结合""如何实现结合""结合成什么""结合有何作用"等方面的哲思与机理,反映了党对百余年奋斗实践经验的深刻总结、对中华文明发展规律的自觉把握。由此,本书以"十论"的形式和内容,在贯通古代中国、现代中国、未来中国之中对"第二个结合"进行了分章论证、具体展开、内容深化,立足推动文化繁荣、建设文化强国、建设中华民族现代文明的时代需要,在深刻洞悉"第二个结合"的理论视野、历史脉络、实践伟力、意义关联中全面展现"第二个结合"的命题价值。

在本书的提纲构思、内容撰写、完善提升的过程中，诸多学界同人在许多方面都给予了宝贵的指导、鼓励。天津教育出版社的相关编辑同志为本书的顺利出版倾注了大量心血。陈飞羽、张小鹏、孙明阳、赵婉君、刘颖晴、张雪、李新宇、王晓慧、李晨、耿天宇、冯万强、王志贤为本书的材料收集、内容增色、后期完善付出了诸多心力。

由于时间、精力有限，书中难免存在不精准乃至错讹之处，恳请读者真诚、坦率地予以批评指正。期冀与读者产生思想上和情感上的共鸣，也期冀与学界同人一道进一步拓深拓宽“第二个结合”的思想田野。

田鹏颖

2024年春日于沈阳